JN097132

内村鑑三信仰著作全集

14

1912年 (大正元年　52才) 10月　札幌にて

例　言

一、本巻は宗教、摂理、奇跡、律法、さばき、祭司、預言、預言者、予定、聖召、神学・教義、安息日、礼典、神癒、異端、背教、人および宣教師に関する論文、文章、講演などを集めて編集したものである。

一、右の諸項目は必要に応じてさらに小項目に分類された。

一、本巻の諸項目に関連するもので他の諸巻および『内村鑑三聖書注解全集』に収録されたものがある。これらの関係については第二五巻の総索引および本巻の解説につかれたい。

一、標題の下方に＊印をつけたものは、著者の英文を著者自身が邦訳したものであることを示す。

一、各文の終わりの年月および誌名ならびに書名はその文が発表された年月および掲載誌・書名を示す。

一、本文および引用の聖句には書きかえが加えられた。書きかえには内村美代子があたった。

一、以上の諸点の詳細については第一巻の「編集に関することば」を参照されたい。

一、本巻には必要に応じて編者の注をつけた。

一、本巻には解説をつけた。解説には山本泰次郎があたった。

目次

宗教

予　定

聖　召

神学・教義

宗教

〈宗教とは何か〉

宗教とは何ぞや

某月某日、近県某地においてなせる講演の大意

今や宗教は一種の流行物である。誰も彼も宗教について語る。内務大臣語り、教育家語り、博士語り、学者語り、学生語る。彼らは、社会、国家、個人、ことごとく宗教無かるべからずと言う。さらば彼ら自身はいずれの宗教を信ずるやと問えば、いずれも「今や研究最中なり。確たる信仰あるなし」と答う。すなわち彼らは自身宗教を信ぜずして、社会国家に宗教の必要を説くのである。不真面目（ふまじめ）もまた、はなはだしいかな。宗教は自身これを信ぜずして、その何たるかを知るあたわず。しかるに、自ら知らざるものを他に勧めんと欲す。彼らの主張に力なきは言うまでもない。日本国の政治家、学者らの宗教論はたいてい、こんなものである。彼らは宗教の賛成家である。その保護者（ペトロン）をもって自ら任ずる者である。されども、おのが罪を悔い改めて神にすがりて、そのゆるしを乞（こ）う誠実と謙遜（けんそん）とがない。われら信者は、こんな政治家等に賛成せられたればとて、決して喜ぶべきでない。

そもそも宗教とは何であるか。神信心ではない。後生（ごしょう）願いではない。宗教とは、内務省の統計表に上げることのできるようなるものではない。政治、経済、宗教と称して、宗教をいわゆる人事の一と見るからこそ、宗教の何たるかが、わからないのである。宗教とは何ぞ。宗教とは内的生命である。ゆえに宗教は政治、経済と全然性質を異にするものである。この世の人らのなすところの事は、大となく小となく、高きとなく低きとなく、すべて、ことごとく外的である。名誉である。財産である。肉に関する事、人の評判に関する事である。これが彼らの生命である。財産を失い名誉を奪わるれば、彼らに

生きている甲斐(かい)が無くなるのである。彼らは肉において楽しまんと欲するのである。世に向かって威張らんと欲するのである。そうして不幸、一朝(いっちょう)その道を絶たるれば、彼らは生存の理由を失うのである。そうして、それはそのはずである。彼らに、外的生命のほかに生命と称すべきものが無いからである。しかしながら聖書に言えるがごとく、「人の内には霊魂の在(あ)るあり。全能者の息、人に悟りを与う」(ヨブ記三二・八)である。人には外的生命のほかに内的生命がある。肉体の生命のほかに霊魂の生命がある。この世の何ものをもってしても与うることのできない生命がある。そうして、これあるがゆえに人は特別に貴いのである。財産を奪われ、名誉を剥(は)がれ、よし健康を失いても、なお、のこるものがある。それが内的生命である。そうして、それを与うるものが宗教である。ゆえに宗教は、この世に在るものであって、この世の属(もの)でない。直ちに神より人の霊魂に臨むものであって、政府も学府も、しかり、教会も寺院も、与うることのできるものでない。

宗教は内的生命である。この生命がありて、人は初めて自足的、自動的の人となるのである。この生命なくして、人は不平家たらざらんと欲するもあたわずである。余の見たるたいていの場合において、不平的社会主義は、この生命の欠乏により起こったものである。この生命なくして、また人の人生観は悲観的ならざるを得ない。彼の外的生命はいつか必ず終熄(しゅうそく)すべきものである。その点において、政界、財界の幸運児も、その終わるところは、世の最大の不幸児と何の異なるところはない。死である。墓である。塵(ちり)より出でて塵に帰るのである。これを思うて、何びとか人生を悲観せざらんと欲するも得んやである。しかしながら、ここに死して死せざる生命がある。そうしてこれを得て、人は初めて歓喜、満足の人となるのである。内に充足せずして、外に全世界をおのれ一人の有(もの)となすを得るといえども、人はその心において満つる者となることができない。藤原道長、太閤秀吉、古河市兵衛らの生涯が、この事を証明し得て余りあるのである。

さらば、いかなる宗教がこの内的生命を人に供して間然するところないか。世のいわゆる宗教なるものの多数は、この生命とは何の関係なきものである、それらは、この世の幸福を得るの道にして、政治、経済とその目的を同じゅうするものである。世にもし純然たる霊的宗教ありとすれば、それは、新聖約書が伝うるキリスト教を除いて他に無いのである。キリストの福音に接して、人は初めて内的生命の何たるかを知るのである。キリストは言いたもうた、「われは天より下れる生命のパンなり。もし人、このパンを食らわば、限りなく生くべし」(ヨハネ伝六・五一)と。そうして、これすべて、キリストを信じ彼の教訓(おしえ)に従いて歩みし者の実験せしところである。聖書が示すところのイエス・キリストを知りて、人はすべて内に生くる人と成るのである。彼はおのれに永生を有したもう。ゆえに、これを人に与うることができる。イエスと共に生きて、われらは別世界の人と成ることができる。宗教の何たるかは、イエスを知らずしてはわからない。

さらば単に宗教の必要を唱うるを止めよ。キリスト教の賛成家たるは、かえってこれを汚すことである。進んで、おのが罪を悔い改めて、謙(へりくだ)りてイエスの弟子と成れよ。しかして、自ら内に充ちて歓喜満足の人と成りて、しかる後に宗教の必要を唱えよ。イエスの弟子たるは、大政治家、大学者、大富豪たるにまさるの名誉でありまた幸福である。自身宗教を信ぜざる者は、宗教を語るの資格なき者である。一九二〇年一月『聖書之研究』

本当の宗教

一九二二年四月十三日、宇都宮旭館において

日本において今日まで、宗教は社会または国家の問題にならなかった。その識者と称する者は異口(いく)同音に言うた、日本人に宗教は要(い)らない、要るものは知識である、日本には日本固有の道徳がある、日本道徳に加うるに西洋知識をもってして、日本は世界第一となることができると。そうして、たまたま人あり、宗教の必要を説き、宗教なくして強固なる道徳あるなし、宗教なくして知識そのものすらも深遠なるあたわずと唱うる者あれば、日本の政治家、教育家、思想家、その他社会全体は耳をおおうて、かかる言を聞かんと欲せず。彼らは無宗教をもって満足し、これを誇りとし来たったのである。河津祐之、中江兆民、加藤弘之らが、彼らを代表して宗教を攻撃し、あざけり、そうして少なからざる同情

と賛成とを、全社会より博したのである。ことに日本人は深き疑いの眼を注いで、西洋の宗教なるキリスト教を見た。キリスト教は忠孝道徳を教えず、ゆえに日本人固有の道徳をくつがえすもの、ゆえに日本の国家を毀（こぼ）つもの、ゆえに努めて排斥すべきものであると思うた。彼らは言うた、西洋の知識、文物はこれを輸入すべし、されども、その宗教たるキリスト教は断然排斥すべし、スペンサーの哲学、ダーウィンの進化論、ベンタムの経済論、マルクスの資本論は摂取すべきも、キリスト教は無用なるのみならず、有害である、断然これを排斥すべしと唱えた。

しかし時代は変わった。余輩は今や宗教の必要を説くの必要がなくなった。今や宗教は日本人中の大流行となった。変わりも変わったものである。今日もし中江兆民の『一年有半』または加藤弘之の『日本の国体と基督教』が世に出たならば、どうであろう。今や最も良く売れる本は宗教本である。『出家と其弟子』、『新約』、『復活』と。日本人は一足飛びに、無神論者より宗教熱心になったのである。今や何でも宗教である。三十年前に餓死せんとした宗教家も、今は成金（なりきん）となることができる。実に変わりやすきは日本人である。三十年経（た）てば、万事が一変する。昨日の忠臣は今日の国賊、今日の売国奴は明日の愛国者……たよるべからざるは時代思想である。時代思想は婦人の衣裳の流行のごときものである。後（あと）から後へと変わるものである。これに由（よ）って安心はない。しかも新聞と雑誌とは時代思想の代表者として存在し、世人の多数はこれに由ってその生涯を営みつつある。

宗教は今日の流行物である。時代思想である。今や何びとも宗教を語る。日本の国家までが、ある種の宗教の必要を感ずるに至った。日蓮と親鸞（しんらん）とは復活し、大正の日本は再び彼らの教化にあずからんとしつつあるかのごとき観がある。イエスの名さえ、文士によって唱えられ、新約、旧約、復活等のキリスト教的術語さえが、日本人日常の語となりつつある。宗教、宗教、何びとも宗教がなくてはならない、人生に徹底したい、神との徹底的交通に入りたい、人界に超越して霊界に徜徉（しょうよう）したい、霊魂の不滅を確かめたい、死後の生命を獲得したいと、これが日本人の今日の叫びである。僅々（きんきん）五、六年前までは宗教の事には全然没交渉たりし日本人全体…ことにその知識階級…の態度として、実に驚かざるを得ない。

宗教はまことに必要である。しかし、いかなる宗教が必要なるか。宗教に種々（いろいろ）ある。善き宗教がある。悪しき宗教がある。真（まこと）の宗教がある。偽りの宗教がある。いわしの頭も信心柄（しんじんがら）と言いて、宗教の種類を問わずということはできない。言うまでもなく、人は本当の宗教を求めなくてはならない。宗教は人の心の根本にかかわるものであれば、その選択の大切なるは言わずして明らかである。

宗教は外形的儀式でない。また社交的習慣でない。宗教は人事以外、現世以外の事たるは、今や一般に認めらるるに至った。さらば宗教は事実何であるか。まず第一にその事を究（きわ）むるの必要がある。宗教は、夢にあらず、現（うつつ）にあらず、空々漠々（ばくばく）として無限を瞑想（めいそう）することにあらず。あるいはまた特種の心理状態に入りて、神を観（み）、霊と交わることにあらず。宗教は魔法にあらず。妖術（ようじゅつ）にあらず。霊感に触れて病を癒（い）やすことにあらず。宗教はいわゆる奇跡にあらず。常識の人が常識をもって解し、感じ、実行し得る事である。本当の宗教は最大の偉人を作った。最大の哲学者、最大の詩人、最大の政治家、最大の実業家はすべて熱心なる宗教家であった。日本人が今日まで唾棄（だき）して顧みざりしキリスト教がなかったならば、今日の立憲政体も、銀行制度も、哲学も、文学も、芸術も、教育もなかったのである。宗教はこの世の事ではないが、この世に関係の無い事でない。この世にきらわれながら、深く強くこの世を感化するものである。世に実は宗教ほど確実なるものはないのである。

本当の宗教に本当の神がある。神は人の理想ではない。神は人の作った者でなくして、人を作った者である。パウロもルーテルもミルトンも、神を案出したのではなくして、その実在を認め、その聖旨（みこころ）を探り、これに服従し、奉仕したのである。神と呼びて、わが同輩でもなく、わが存在の仮定的対照物でもない。父母と呼び、天皇陛下と呼び奉るがごとき、あがむべき、敬うべき、服従すべき者である。神は、自分の勝手になるべき者でない。そんな者は神でない。神は、自己をささぐべき者、そうして、われとわが自由とをこれにささげて、自己存在の意義を知覚し得る者である。幸徳秋水が、神は「最大の暴君」であると言いて、よく一面の真理を語ったである。いわゆる絶対的解放を要求する現代人は、本当の神に堪うることができない。ゆえに彼らは神の死を唱え、神の支配より解放せしめられて初めて本当の自由を得たりと思う。かくて絶対的解放を要求する現代人に宗教の要求はないはずである。しかるに、解放と宗教とが同時に要求せられるのである。そこに、現代人の大矛盾がある。そうして、その矛盾の底に虚偽がある。現代人は実は解放をも宗教をも要求していないのである。彼らの欲するものはただ自己満足、それが解放ならびに宗教の美名をもって現われたにすぎない。

本当の宗教に、神の旨を伝うる聖書がなくてはならない。人の説は種々さまざまである。世論は時代と共に変わる。帝国主義とデモクラシーとが、同一の国民によって同時代に唱えらる。かかる変幻常なき世にありて、もし永久に変わらざる神の言が無いというならば、人生ほど、たよりないものはない。これ、あたかも羅針盤なくして大洋を航海するがごとく、破船は当然、不安この上なしである。しかも多くの人は、聖書にたよらずして宗教に徹底せんとしている。不可能である。彼らは徹底したりと称して、実は徹底しておらないのである。彼らの信仰は一時的流行にすぎない。大本教、太霊道、その他、目下流行しつつあるところの、あまたのいわゆる「新しき宗教」、これらのいわゆる宗教が数千年間にわたりて人類全体の運命を支配すると信ずるか。たぶん唱道者自身もそう信ずるものではあるまい。宗教はじょうだんでもなければ投機でもない。これは、身を十字架につけてのみ、建つることのできるものである。そうしてこれはまた全人類数千年間の実験をもって証明さるべきものである。新宗教の発見とよ、よしおのが身を殺してこれを証明せよ。千年とは言わず、百年とも言わず、少なくとも三十年、五十年の間、これを文明世界の中心にさらけ出して、その批判、攻究を仰ぎ見よ。しかして、もし、よくこれに堪えて生き残り得るならば、われらはその時、これに耳を傾けて謹聴（きんちょう）するであろう。しからずして、今日出で来て今日売り出せしもの、たとえその書は何百版売れたりとするも、われらはこれに、われらの現在の生命と未来永劫（えいごう）の運命をゆだぬることはできない。われらは旧（ふる）い聖書にたよる。六千年前にその源を発し、人類活動の中心に入りて、これを教え導き来たりて今日に至りし、旧き古き聖書にたよる。本当の宗教について語るべき事は、このほかにまだたくさんにある。しかし今日はこれにてやめる。

（一九二三年五月『聖書之研究』）

宗教談*

宗教とは何でございますか。

宗教とは、正義を信じて、これをおこなうことでございます。

ソレナラバ、宗教には神の必要は無いのですか。

さようさ、正義の神の必要がございます。

貴下（あなた）の御宗教は何でございますか。

私の宗教ですか、私の宗教は、詩人ロージャースのと同じものです。すなわち「ものの わかる 人 の 宗教」です。

ソレはどんな宗教ですか。

ロージャースはその問いに答えて、「もののわかる人は、そんな問いには決して答えない」と申しました。

貴下はキリスト信者でおいでなさいますか。

でもありますし、でもありません。

なぜ、あると、おっしゃりますか。

二十世紀の人として普通もののわかる人は、それよりほかの宗教を信ずることはできないはずですから。

なぜ、ないとおっしゃりますか。

私は今日この国においてキリスト信徒と称する者の仲間の一人ではありませんから。

ソレナラ貴下の御出席なさる教会はないのですか。

さようさ、天然自身の作った教会堂のほかにはありません。

ソレナラ私のお察し申しまするに、貴下は宣教師とは何も関係をお持ちなさらないのでしょう。

さようさ、私の宣教師におけるは、私の本願寺の僧侶（そうりょ）におけると同じことです。

貴下はキリスト教の聖書をお読みなさいますか。

もちろん私は読みます。聖書は世界の書です。この書を読まない者は実に無学文朦（もんもう）の人です。

ソウシテ、貴下は聖書に書いてある事をお信じなさいますか。

さよう、私はその中の最も肝要なる部分を信じます。

もちろん、その内には誰も信じない事があります。

しかし、もちろん貴下は奇跡はお信じなさいますまい。

奇跡を信じませんと。貴下は星の虚空（こくう）に掛かっておりまするのを信じませんか。

私は天然の法則は信じますけれども、奇跡は信じません。

貴下は、いわゆる科学者でおいでなさると見えます。ドウゾ、いかにして貴下が世に来たりしか、ソレを説明なすってください。

ソレナラバ貴下は、宗教は科学と和合するものだとお考えなさるのですか。

さようです。私は正義はすべての学術と和合するものだと信じます。正義のためにおこなわれたる奇跡は、科学の厳則にかのうているものでなければなりません。聖書に書いてある奇跡なるものは、自然現象の度を高めたものだと私は信じます。

この事については、私はとても貴下に及びません。貴下はまた文部省教育の弱点をお示しになります。奇跡を信ずることのできない人は、偉大なる事業をやって見ることのできない人です。もし正義のためにやって見んと欲すれば、不可能のことも可能となります。

どれが世界中で最も良き宗教ですか。

最も多くの善をなす宗教、それが最も良き宗教です。

それはどの宗教ですか。

それは貴下御自身の御判定なさるべき問題でございます。

世人一般の評に、仏教は世界の宗教中最も哲学的のものだと申しまするが、貴下もそうお考えなさいますか。

さようさ、もし「哲学的」とは「形而上学的」を言うものならば、そうかも知れません。仏教ほど、その教義の中に多くの逃げ道を供えたる宗教はありません。実に仏教はすべての宗教を総合したもののように思われます。その内に、なんでもありますのは、なんにも無い事を証拠立てるかも知れません。

しかし貴下は、それがわが国になしたる大なる善事を否むことはできますまい。

さよう、ソレは多くの善もなしました。また多くの悪もなしました。ソレは貧者と虫けらに対するあわれみを教えました。しかし自由平等の大問題については全く沈黙を守りました。仏教は隠遁者（いんとんしゃ）を作ります。しかし勇者と愛国者とを作りません。

貴下は神道を、どうお考えなさいますか。

私は白状いたします、私はソレについて、ただ、わずかしか知りません。その内に深い真理が在（あ）るかも知れません。しかし、在りとするも、世界には少しも知れわたりません。

しかし貴下はその、わが国家組織に対する緻密（ちみつ）の関係を御承知でしょう。

さようでございます。しかし、この事については私は何も言うことを好みません。この事に関しては、この国においては自由討議は許されません。そうして自由の無き所にては沈黙を守るまでです。

ソウシテ貴下は、キリスト教はこの国に害をなさないと確かにお信じなさるのですか。

さようさ、キリスト教の及ぼす害は、仏教の害より大なるはずはありません。吾人は宗教を除くのほか、何事においてもキリスト教国をまねしつつあるということを忘れてはなりません。もしキリスト教が国に害をなすならば、憲法もなします。そは、世界に今日あるところの憲法なるものはキリスト教から出たものですから。

ソレでたくさんです。

おわかりになりましたか。

少しもわかりません。

私は残念です。

（一八九九年八月『東京独立雑誌』）

＜宗教の必要＞

宗教の必要 (一)

われ、もし神ならんか、宗教の要、われになかるべし。われ、もし禽獣(きんじゅう)ならんか、われは宗教なくして可ならん。われは人なればこそ、われに宗教の要はあるなれ。

そは神は彼自身にて完全なるものなり。彼は彼の理想に応ずるの力を有し、彼、思うて、事成り、言うて、物造らる。絶対孤立自得の彼は、他に拠(よ)るの要なきがゆえに、宗教の要あるなし。禽獣は彼の力に応ぜざる欲と望とを有せず。彼は力の及ぶだけ欲し、彼の欲望は彼の力量をもって限らる。ゆえに彼また彼自身にて満足し得るもの、他に求むるの要なきがゆえに、宗教の要を感ぜざるなり。

されども人は平均を欠くの生物なり。彼の理想は常に彼の力量にまさり、彼は彼のあたわざる事を望み、彼の及ばざるところを欲す。禽獣的の器に容(い)るるに、天使的の霊をもってせしものなれば、彼の両性が化合して、一が他を同化するに至るまでは、彼に宗教の要あるなり。

余輩、宗教を解する、かくのごとし。人の宗教とは、彼の人生問題の解釈なり。人生てふ(ちょう)秘密、彼もし、いずれにか、これを解せざれば、彼の一生は苦痛の極なり。彼の禽獣性をもって人生の最大原理と見なさんか、これまた一つの解題にして、全く耐うべからざるの宗教にあらず。鼠小僧の宗教はかくのごときものなりし。石川五右衛門の宗教もまたしかり。彼らは霊性の存在を否定し、良心の譴責(けんせき)を人性の懦弱(ぜんじゃく)に帰(き)し、徳義は迷信の一種と解し、彼らの禽獣性を高めて、彼らの霊能知能をしてことごとくこれに服従せしめたり。

彼らは人生を解して言う、「人とは、知能を備えたる禽獣なり。彼の犬猿(けんえん)にまさるは、犬猿が魚鳥にまさると同じ。禽獣に力の加えられしもの、これ人なり。ゆえに同一律の、二者の行為を支配すべきありて、人はことさらに禽獣に異なるの律を守るの要なし」と。

　これは石川五右衛門と彼の教会の信仰箇条なりき。鼠小僧これを固守して刑せられ、ルソー、これを唱えて仏国革命起こり、ナポレオン、これに和して欧州震い、しかしてその優想麗詞のうちに物質的哲学として世に唱道せらるるや、ジェー・グールド出でて巨万の富を致(いた)し、盗賊紳士、白日に横行して、義者は口を閉づるに至る。禽獣教、利欲主義、これまた世界の大勢力なり。人生問題の解析をこの教えに求むる者、開明の今日決して少なしとせず。

　禽獣教は極端主義なり。その直截的(ちょくせってき)に人生を解すると同時に、これを尊信、実行するには、非凡の勇気と胆力とを要す。ゆえに世間これに心服する者多しといえども、これを唱道、決行する者はいたってまれなり。世人の多くは極端主義を忌む者なり。彼らは天使的良性に超越権を附与するの勇気を有せざると同時に、また全く禽獣性に服従することをあえてせざる者なり。ゆえに彼らが人生問題に対するや、これを不問に措(お)かんことを努む。しかして、たまたま不幸、艱難(かんなん)の身に迫るありて、その解析を彼らに促すあれば、彼らは彼らの内に存する彼らの疑問性を悩殺せんことを努む。彼らは言う、

　人生問題はとうてい解し得べきものにあらず。古今の大人、君子(くんし)、一人として満足なる解釈をこれに与えし者なし。なんぞ、われひとり、これを解するを得んや。麻糸の長し短し、むつかしや、有無の二つをいかで分かたん。若(し)かず、かくのごとき問題に心を労せざるに。天運苟如レ此、且進ニ杯中物〔注〕

と。余輩は言う、これまた一種の宗教にして、人生を解すべからざるものと解せしものなりと。彼の祭礼に催眠的薬剤を要する多し。酒精はその最も緊要なるもの、たばこ、これに次ぎ、楽器、小説また要具なり。彼らは物の変化の内に霊肉両性の衝突を忘却せんと努むる者なり。春も長久に春ならんか、彼らは苦痛を感ずる者なり。秋は長く秋たるべからず。寒暑の変動は彼らの無聊(ぶりょう)を癒(い)やすものなり。彼らは旱天(かんてん)に降雨を祈りて、雨来たりてまた晴天を欲する者なり。彼らの生涯は全く消極的なるがゆえに、断腸の憂いを感ぜざると同時に、上天的の歓喜に触るることなし。

無頓着教信者は、世の最多数を占むるがごとし。彼らは羽翼をむしられたる鳥のごとく、登らんと欲して登り得ざる者、彼らは危険を恐れて人類の特権を放棄せし者なり。人生の難問題は、放棄せられんがために吾人に供せられしものにあらず。あたかも教師が難題をもって学生を試むるや、その、これを不問に措かんがためにあらずして、その、これを解し、解するによりて知能の鍛錬を増し、もってこの世に処するの道を会得(えとく)せんがためなるがごとし。人生問題、放棄せられて、人生はその真味を失うに至る。否、その結果はここにとどまらざるなり。人生問題を解せざる者は、人世における落第生なり。彼はこれを解せざるがゆえに、死する者なり。聞く、昔時、ギリシャにスフィンクスなる女神ありて、彼女の提出せし質問に答えざる者は、直ちに捕えて殺せしとかや。人生問題に答えざる者は、これに誤謬(ごびゅう)の答弁を与えし者なり。解せざらんか、殺さるべし。無頓着主義は常に死滅の前兆なり。

ここにおいてか吾人は真正の宗教を要するなり。すなわち吾人人類の理想を信じて、これを実行するにあり。すなわち吾人の霊性の要求するところをもって吾人処世の標準となし、禽獣性のこれに矛盾するあれば、これを圧し、これをしてついに霊性に同化せしむるにあり。これ、普通感念を有する者は何びとも承認するところなれども、その難(かた)きがゆえに、多くは避くるところなり。余輩の宗教の定義ははなはだ簡単なり。すなわち正義の実行、これなり。これを人と宇宙との関係なりと言い、神と人との関係なりと言うといえども、これを実際的に解すれば、余輩の定義にほかならざるべし。

正義の実行、これ難中の難なり。しかして宗教は、吾人の迷夢を排し、吾人の弱きを助け、吾人の希望と命数とを示し、吾人に正義実行の道を開くものなり。宗教必ずしも善行を平易ならしむるものにあらず。されども、その純粋倫理学と異なるゆえんは、後者は人道の何ものなるかを示すにとどまりて、前者はこれをおこのうの動機と快楽とを供す。正義そのものは強迫的にして、その実行は苦任なり。宗教は正義を美ならしめ、その実行を楽しからしむ。ゆえに宗教を称して審美的倫理となすも可ならん。

ここにおいてか説をなす者あり、いわく、道義すでに美なり、なんぞ宗教のこれを装飾するを要せん、かつ、これを楽しからざらしむるにあらざれば実行し得ざる人は、卑怯(ひきょう)の最もはなはだしきものなり、これ苦薬を服するに甘味の調合を要するものたりと。

これ、方便的宗教に対しては勢力ある議論なるべし。されども、事実そのものを不問に附して、努めて苦任に当たらんとすることは、これ知にあらず。勇にあらず。宗教は人の本分を明らかにし、彼の正義をおこのうべきゆえんを示す。これを知りてこれをおこのうは、これを正しくおこなうことなり。正義おこなわざるべからず。されども努めてこれを苦行たらしむるの要なし。もしその理を究(きわ)めずして実行するを勇なりとせば、冥闇(めいあん)のうちに国法に屈服する未開人は、その理を明らかにしてこれに服従する開明人にまさりて勇なり。もし努めて苦行するをもって勇なりとせば、汽車の便利に依(よ)らずして歩行する者は勇なり。宗教の要は、正義を美ならしむるにあり。しかして、その、これをなすは、外形的装飾を担造(ねつぞう)附着するにあらずして、その真美を発揚するにあり。宗教は倫理の上達せしもの、二者の関係は鉱鉄と鋼鉄との関係なり。金剛石、地を出でて、いまだ技工に接せざるものと、錬磨すでに成りて光を王冠の上に放つものとの関係なり。吾人、宗教を要するゆえんは、正義をその枠において求めんがためなり。

(一八九五年六月『六合雑誌』)

注　天運いやしくもかくのごとし、かつ、杯中の物をすすめん。

宗教の必要 (三)

私がここに言わんと欲する宗教の必要は、宗教を信ずる者の眼から見たる必要ではありません。宗教を信ずる者の眼より見ますれば、宗教は人生第一の必要物でありまして、これなくては、人は生まれて生まれ甲斐(がい)のない者であります。かつて、ある詩人の言いしように、

Religion is man's chiefest concern.

宗教は人の第一に心配すべき事である

宗教は、処世術以上、道徳以上の必要物であります。これは生命のわき出るところであります。人を心霊的実在物として考うる時は、彼にとりて、宗教の必要は、水の必要と同日に談ずべきものであります。水なくては彼は一日も存在することのできないように、宗教なくては

寸刻も生きておらるべきはずの者ではありません。

しかしながら世人の多数はそうは思いません。彼らは、宗教はぜいたく物(ぶつ)にあらざれば、やっかい物のように思うております。彼らが宗教を要する場合は、彼らが死んだ時であります。彼らは彼らの軀(むくろ)を片付けてもらう時のほか、宗教については何の必要をも感じません。それのみではありません、彼らは多くの場合においては、宗教をじゃま物といたします。彼らが利欲をほしいままにせんとする時、彼らが安楽にふけらんとする時、彼らが子か臣(けらい)の上に圧制を施さんとする時、彼らはいたく宗教の妨害を感じます。彼らは申します、宗教は人情を篤(あつ)くするものであって、人情が篤くなれば、自然と金がもうからなくなる、ゆえに、金をもうける間は、余は宗教はいらない、年をとって金をもうける必要がなくなった時分にこれを信じようと、こう言います。その他、良心の声であるとか、民の声であるとかいうものに耳を傾けることをきらう者は、みな宗教をきらいます。彼らはしきりに「宗教の束縛」を唱えまして、神もない未来もいらない自由を唱えます。

もしまた、かくまで強く宗教に反対しないといたしましたところが、宗教を一種の美術品のように見なし、これあれば、はなはだ結構、しかし無くとも、べつに苦慮するに足らないと思う人は、日本今日の社会にはたくさん、おります。彼らは、身を修め家を斉(ととの)うるには普通道徳で足れりとなし、神の、未来のということを唱うることの、何の必要もないことと信じております。ゆえに、子供を教育するにあたっても、彼らは第一に彼らに職業を授け、これに普通知識を加え、しかる後に、盗まず浪費せざるの道を教えさえすれば、それで親たる者の義務は了(おわ)れりと思い、わが子は品行方正なりとて、自分の心にも安心し、また世間に向かっても誇ります。実に日本、シナ、朝鮮などの東洋諸国においては、宗教はごく廉価に見られまして、宗教を信ずるも、べつに国の栄誉とも家の宝とも思われません。宗教に不熱心なる者とて、実に東洋人のごときはありません。彼らは実に商売人にあらざれば政治家でありまして、彼らが宗教を見るには常に実務家の眼をもってし、「これに何の実益ありや」と問いまして、もしこれに金銭上の利益がなく、政略上の便宜がないと見て取りますれば、彼らはこれをもって、瓦礫(がれき)または玩弄物(がんろうぶつ)同様のものと思います。実に浅ましく、かつあわれむべきは、これら東洋人の心がけであります。

しかしながら、私は今ここに、純真理であるの、不朽の栄光であるのという、高い潔(きよ)い事を言うのをやめまして……言うても、東洋人の多くには少しもわかりませんから……少しく東洋人自身の実益上の観察点から見て、宗教の必要について考えて見たいと思います。宗教は実に日本人の多数が言うような、ぜいたく品にあらざれば、やっかい物でありますか。これは実に人生の必要物ではありませんか。人は実に宗教を信じなくも何の不都合なく、この世を渡ることができますか。国家は実に宗教を要しませんか。家庭は実に宗教なくとも立ち行きますか。方正なる品行は実に宗教なくても維持することのできるものでありますか。私は少しくこれらの点について考えてみたく思います。しかし、これをなす前に、私は重ねて述べておきます、宗教は決して現世のためのものではありませんと。世には「現世的宗教」なるものを唱うる人がありまするが、そんなものは実はこの広い宇宙に一つもないと思います。現世的なれば宗教ではありません。それは政治であります。倫理でありま す。宗教ではありません。決してありません。

「現世は現世にて足れり」とは、この世の人の常に言うところであります。しかしながら、これは、ごく浅い考えでありまして、現世とは決して現世だけで支配することのできるものではありません。こう言うのは、「日本は日本にて足れり」と言うのと同じ狭い拙(つたな)い考えであります。日本は日本にて決して足りません。日本の上を吹く風は、日本以外から来るのであります。日本の海浜を洗う潮流は、日本以外から来るものであります。日本をまことに善い国となし、これを幸福の国と成そうと思えば、世界の一部としてこれを考えなければなりません。現世とても同じことであります。もし現世とは現世限りのものでありまするならば、これを現世以外にわたりて考うるの必要はないかも知れません。しかしながら、現世とは永遠のただの一部分でありまするゆえに、これを正当に解するには、是非、宇宙全体から考えなくてはなりません。これは、宗教が現世において必要なる理由(わけ)であります。しかしながら、前にも申しましたように、東洋人は理論は空論であると称して、それにはべつに意を留めません。

「宗教の実益いかに」、これ彼らにとりては宗教に関する唯一の問題であります。そうして私どもは、彼ら俗人の提供する問題なればとて、一途(いちず)にこれを斥(しりぞ)けません。私どもは俗人に対しても親切でなくてはなりません。彼らも神によりて造られし者、今こそは神を捨てて、自己(おのれ)の胃の腑(ふ)をもって神としておりまするが、しかし彼らの中にも、あるいはその大なる罪を悔いて、神に帰り来たる者があるかも知れません。「宗教の実益いかに」、そうです、宗教にも実益があります。今ここに、その二、三について述べましょう。

宗教の実益の第一は、人に正義の習慣を付けることであります。人は正義を愛する者ではありませんが、さりとて世に正義の必要を感じない者は一人もありません。正義なくしては、政治もおこなわれず、商業もできません。おのれ一人こそ不義をおこないたく思うなれ、社会や他人が不義をおこなわんことを望む者は、この世には一人もありません。おのれ一人に取ったところが、もしできるならば、ことに、たやすくできるならば、何びとも正義をおこないたく思わない者はありません。ただ悲しいことには、正義は正義とは知りながら、これをおこなうの勇気がなく、また欲心がないから、やむを得ず、自己の望みに反して不義をおこなうのであります。しかしながら、もし何らかの方法をもって、正義が慕わしくなり、またこれをおこなうの勇気をタップリ持つことができまするならば、誰とても、みずから選んで正義を捨てて不義をおこなう者はありません。そうして宗教はこの正義を慕うの欲を起こすものであります。正義とはただ苦きもの、恐るべきものとのみ思いし者に、正義の美を現わしまして、これを愛すべきもの、慕わしきものとなすものであります。そうして、その結果たるや、長く宗教に養われますれば、正義はおのずと、われの天然性となりまして、私どもは飢えたる時におのずと食を求むるように、べつに何の強(し)いらるることもなきに、おのずと正義を追求するようになります。正義がわれらの天然性となりますまでは、われらは安全なる正義の味方と称することはできません。正義が苦痛である間は、社会の制裁の下にあるゆえに正義をおこなうものである間は、私どもは、いつ不義に組みするに至るかも知れません。そうして正義を習慣性となし、私どもをして正義と結婚してこれと同一体のものとならしむるものは、宗教を除いて他にないと思います。

宗教は第二に、正義をおこのうの力を与えます。正義を歓迎するのと、これを実行するのとは、全く別物であります。世には正義を歓迎する者は幾らでもありますが、これをおこない得る者は実に寥々(りょうりょう)であります。と言うのは、これをおこなう力を持つ者が少ないからであります。正議を愛する者は、これをおこなう者であるというのは、事実大なるまちがいであります。人は何びとも正義をおこのうべきではありまするが、何びともこれをおこなうことはできません。これをおこなうには特別の力と習練とが要(い)ります。小児がみずから好んで大人(おとな)の力わざをなすことができないように、常に利益と名誉との事にのみ奔走する人が、いかに心は弥武(やたけ)に思うとも、進んで大なる正義を実行することはできません。正義は、これを叫ぶばかりでその実行を世に見ることはできません。私どもは正義を叫ぶとともに、これをおこのうに足る力を世に供えなければなりません。そうして、この力は宗教にあるのであります。正義を慕わしくなすものは、正義を実行するの力を下すものでありまして、人はいかにみずから望むも、力を自己以上の者に仰がずして、大なる正義を実行することはできません。その証拠には、わが国目下の無数の政治家または文学者をごらんなさい。もし彼らの声が彼らの実質の表彰でありまするならば、彼らほどの聖人、君子はまたと再びこの世にないはずであります。しかしながら、彼らが正義の事に関してはいかほどの弱者であるかは、誰も知っております。誰も、日本今日の政治家の中に、一人のクロンウェル、一人のダニエル・ウェブスターがあろうとは思いません。また誰も、日本今日の文学者と称せらるる者の中に、一人のミルトン、一人のゾラがあろうとは思いません。そうして、その理由は最も明白であります。彼らは正義を理想とするのでありまして、これをおこのうの力を持つ者ではありません。彼らはわずかにシナの聖人や日本の英雄などから、正義、忠愛の何たるかぐらいを聞いたにとどまるものでありまして、正義の大本なる神に達し、その力を仰いだことのない者でありますから、おのれ、聖人となり義人となりたくないではありますまいが、しかし残念至極にも、彼らは成らんと欲して成ることはできません。正義をなすの力は神にありまして、これを得るの方法は祈禱にあります。神を知らず、祈禱をなさない者に、大なる義人の勇気のありようはずはありません。クロンウェルやリンカンの事跡を聞きまして、彼も人なり、われも人なりと言うて威張るも、何の甲斐もありません。クロンウェルは幼時より神を畏（おそ）れた人でありました。彼はまた終生、祈禱の人でありました。ゆえに彼は人のなし得ない事をなし得たのであります。宗教によらずして、社会の根本的改革をなさんとし、人心をその根底より潔（きよ）めんとすなど言うのは、ちょうど常には坐食して安逸にふけっているわが国今日の貴族の子弟が、一躍して競争場裡に競技の戦士（チャンピオン）とならんと欲すると同一であります。競技も正義も、習練と涵養（かんよう）とを要します。宗教をもって涵養せざれば、人はついに道徳的の不具者となってしまいます。

宗教は第三に、人の希望の区域をひろげて、彼に大志をいだかせ、大事を企てさせます。現世だけの者は、現世以外にわたる事を企てません。現世たる、もちろん今日には限りません。しかし現世主義の人が今日主義の人となるのは、理の最も見やすいことであります。人の活動の範囲は、彼の視力の範囲によって支配せらるるものであります。天下に主たらんと欲する者が、よく一隅に雄たるを得るのでありまして、一国に主たらんと祈る者のごときは、そのなすところ知るべきのみとは、有名なる毛利元就の言でありまするが、そのように、現世以外に眼の達せざる者がこの世においてなし得ることは実に知るべきのみであります。この世がごく小さいものとなって見ゆるに至って、われらはこれを自由にすることができるのであります。現世主義の人は、実は現世の奴隷でありまして、かかる人は現世を薫陶、改造することのできる人ではありません。それゆえに、現世主義の人には現世そのものをも、よく調理することはできません。彼らはあまりに今日に追われて、子孫百代の後の事までを計画する心の余裕を持ちません。これを歴史に照らして見ましても、この事はごく明らかであります。大美術であるとか、大発見であるとか、大制度であるとかいうものはみな、今日と現世とよりは多く望むの必要のない人らの生み出したものでありまして、言わば彼ら偉人は間暇（ひま）仕事として、この世が称してもって大事業となすものを成し遂げたのであります。共和政治であるとか自治制度であるとかいうようなものは、現時の必要に迫られて、やむを得ず作(な)ったものではありません。これは、古代の偉人が人類の永遠の性を考え、利害の考えより全く脱して、正義、公道をこの世に施(し)かんがために案出したものであります。西洋のことわざに

Uneless above himself man can raise himself,
How mean a thing is man.

自己以上にのぼること、あたわざるものならば
人とはいかに卑しむべきものなるかな

という言がありまするが、実にそのとおりで、現世以外に脱するにあらざれば、人間とはいたって卑しいものであります。

何ゆえに借金政策のみがおこなわれて、興産政策がおこなわれませんか。何ゆえに山林は濫伐せらるるのみであって、植林の法は講ぜられませんか。何ゆえに奢侈(しゃし)は月に年に増進して、蓄財の精神は日々に衰えますか。何ゆえに、人は現代目下の事にのみ急にして、子孫千百代の事を謀(はか)りませんか。これらの理由は探るに決して難(かた)くはありません。すなわち人に宗教心がないからであります。人の活動の範囲があまりに狭隘(きょうあい)であって、それがために、濶(ひろ)い、気の長い心が起こらないからであります。そうして、その結果たるや、現世主義を主張する人の手の中にあるこの現世までが衰滅に帰(き)して、この世に現世主義をも唱えることができなくなるのであります。

正義といい大事業といえば、俗人輩はみな笑って言いましょう、それは英雄、偉人に関する事であって、普通の人にとりては何も関係のない事である、普通の商人、普通の銀行家、普通の官吏などは、普通の人でさえあれば、それで充分であると。

しかし彼らがこう思うのが、彼らが真正無垢(むく)の俗人である何よりも善い証拠であります。しかしながら奇態な事には、俗人ほど世俗の事を知らない者はありません。俗人、国を亡(ほろ)ぼすとは、実にこの事を言うのであります。

正義は実に俗人が言うように日常普通の事ではありませんか。何ゆえに企業家があっても業を起こすことができませんか。金利が高くして、資本が得られないからであります。何ゆえに金利が高くありまするか。人が正直でなくして、貸金損失の危険が多いからであります。銀行には金が積んであって、これを使う人がないという状

態の、その原因はどこにあるのでありますか。国に正義が乏しければ、その国の商売、殖産が衰えるのは、何よりも明白な事でありまして、この火を見るよりも明らかなる事が見えずに、ただ、むやみに不景気を嘆ずる俗人すなわち商売人の多い事、その事が、第一に嘆ずべきことであります。

正義の念に欠乏するがゆえに、家は治まらず、主人と息子とは放蕩（ほうとう）を始め、番頭は騙（かた）り、小僧は盗む。正義は実に国家の事でも人類の事でもありません。家の事であります。店の事であります。英国の碩学（せきがく）マッシュー・アーノルドという人が申しました、「人生の十分の九は正義なり」と。正義の奨励者にしてその涵養者なる宗教を軽んじて、農家なり商家なりの事業が挙がらないのは、当然の事であります。

子孫百代の計をなすという事も、これ決して経済家のみの職とすべきことではありません。この心がなくては、われら日常の事は成功しないのであります。われらが信用を重んずるのは、目の前の店の繁昌を目的にしてではありません。かかる人は決して信用を重んじません。信用を重んずるのは、わが主義として、すなわち義務として、これを重んずるのであります。そうして、これをなすのは、一には、われ自身がおのれを欺かざらんがためであります。二には、店を一代限りのものと思わず、永遠に継続せらるべきものと思うてであります。三には、わが子に信義の実例を示し、彼をも正義の人と成さんとするからであります。私どもに永久の希望なくして、私どもは信義を重んずるの人たることはできません。

ことに永久の希望のない結果として、地主は小作人を冷遇または虐待するの結果、小作人は、地主の所有たる土地の将来については少しも顧みることなく、土地のやせるに任せて、収穫の多からんことをのみ望むがゆえに、その土地は遠からずして枯死同様の有様におちいります。山林を伐（き）る者のみあって、これを植うる人がありませんから、出水の害ははなはだしく、その結果、わが田園も隣家の田園も荒廃に帰して、飢餓はわが門前にまで迫って来ます。後も先も見えざる結果として、祖先伝来の家産をなげうちて選挙運動を始め、みずから産をつぶし、近隣の道徳を腐敗せしめ、われも得るところなく、人も益するところなからしめます。宗教心のない事は決して細事ではありません。宗教のないがために、多くの家は破産いたします。多くの家庭は涙の中に沈んでおります。多くの病も、多くの心痛も、多くの憤怒も、その他、数知れぬほどの世の不幸は、全く宗教のない結果であります。

宗教の要はないと。何ゆえに医術の要はないと言いませんか。何ゆえに水の要、食物の要はないと言いませんか。あなた方の身体をごらんなさい。そこに何か、あなた方が宗教を信じない罪のしるしが刻まれてはおりませんか。あなた方の家の中をごらんなさい。そこに誰かが、あなた方の無宗教の罰を担（にな）うて、ひとりひそかに涙にむせんでおりませんか。最後に、あなた方の心の中を探ってごらんなさい。何ゆえに、そこに雄大なる希望がありませんか。何ゆえに、常に外面に英雄を装うているあなた方の心の中に癒やすべからざる憂愁（うれい）がありまして、あなた方は隠退を思い隠居を計画しますか。あなた方の心の中は実は闇（やみ）ではありませんか。あなた方は喜びのない、希望のない、賛美歌の口にわいて来ない、不平漢、失望漢ではありませんか。あなた方が宗教は無要であるなどと言うのは虚偽であります。あなた方は心の寂寥のあまり無頓着を気取るのであります。あなた方も実はこれを得たいのであります。しかし得られないから、不要を口に唱えるのであります。

ああ宗教の無要を唱えるのをおやめなさい。これを今よりお求めなさい。宗教は日光や空気と同じであります。あなた方は、得んと欲すれば、何びとに乞（こ）わずとも、これを得られるのであります。これを得て、幸福なる人におなりなさい。これを得て、歓喜をもって張り裂けるような人となりて、現世をも来世をも十分に利用することのできる人とおなりなさい。

（一九〇三年四月『聖書之研究』）

宗教とその必要

九月十九日　山形県鶴岡町郡会議事堂における演説の大意

宗教とは、政治家の見るところの宗教ではない。内務省宗教局のつかさどるところの宗教ではない。寺院ではない。管長ではない。儀式ではない。経典ではない。統計に上げてその勢力を量ることのできるものではない。

政治、殖産、工業、宗教と言いて、宗教をこの世の事として見る政治家、新聞記者らは、いまだ宗教の何たるかを知らないのである。

宗教は人の内的生命である。これは眼をもって見ることはできない。統計に上げて示すことのできるものでない。宗教は、政治、殖産、工業とは全然実質を異にしたるものである。政治や殖業は、人の外の事であるに対して、宗教は、人の内の事である。人の内的生命たる宗教に対して言えば、宗教以外の事はすべてこれを人の外的生命と言うことができる。国家、社会、家庭、個人、これにかかわるすべての事、政治家が論じ、新聞紙が報ずるすべての事、これを総称して、人の外的生命と言うことができる。

宗教は人の内的生命であると言う。内的生命と言いて、ひとりみずから在（あ）るものではない。沈思黙考、おのれに足りて他を顧みずと言いて、単独的に生存することではない。生命はすべて相互的である。国家と国家と相対して、ここに国家的生命があるのである。人と人と相対して、ここに社会的生命があるのである。夫と妻と相対して、ここに家庭的生命があるのである。人は自分一人で、生命という生命を営むことはできないのである。そうして、この点において内的生命は外的生命と違わないのである。人は自分一人で立って、内的生命をも営むことができないのである。人は思想を相手に、ひとりみずから内に存在することはできない。彼はまた自己を相手に、ひとりみずから責め、みずから誉（ほ）め、みずからさとして、みずから慰むることはできないのである。人が宗教すなわち内的生命を営まんとするにあたって、内的対象物を要するのである。すなわち、内に在りて、なんじと呼びかけ、われと応（こた）え得る「ある者」を要するのである。すなわち、内なる友人を要するのである。世を離れて、ひとり彼を友とすることのできるその友人を要するのである。内的なるがゆえに、彼は眼に見ゆる友人ではない。されども友人の中で最も親しき者、内的であるがゆえに永久にわれを離れざる者、われの指導者、われの訓戒者、そうして、われの救い主……かかる友人がありて初めて宗教があるのである。宗教は脱離と称してこの世と全く絶つことではない。観念と称して内に省みてひとり念ずることではない。宗教は永遠の実在者と共に内的生命を営むことである。内に彼と語ることとである。内に彼に聞くことである。彼に従うことである。友として彼と交わり、救い主として彼に仕え、神として彼をあがむることである。かくして、外なる生命と相対し、国家的生命、社会的生命、家庭的生命など、となえらるる、この世の生命と相対して、内なる、深き、聖き、変わらざる生命が営まるるのである。そうしてこの生命を称して宗教と言うのである。

そうして人には何びとにもこの生命が必要であるのである。そうして、この意味において、宗教は何びとにとりても必要であるのである。人に、肉体のほかに霊魂のある以上は、「われは宗教を要せず」と言い得る人は一人もないはずである。世にもし「われは国家を要せず」とか、または「われは社会を要せず」とか言う者があれば、その人は変人でなければ狂人である。そのごとくに、世に常軌にかなえる人にして、「われは宗教を要せず」と言い得る人は無いはずである。もし、かかる人があるとすれば、その人は不具者（かたわもの）であると言うよりほかはないのである。

しかも事実はどうであるかと問うに、今日のわが国において、宗教の必要を認めざる者のはなはだ多きに驚かざるを得ないのである。その教育はどうであるかというに、全然、人の外的生命にのみ関する教育であって、その内的生命に関しては、何の教うるところがないのである。その新聞紙の記載するところを見るに、政治、殖産、工業、文芸等、この世の富貴と快楽とに関する記事のみであって、人の霊性に関し、その隠れたる深き実験については、何のしるすところがないのである。今日の日本人は実際的には無宗教の民である。寺院はあり、僧侶（そうりょ）はあるが、これは主として死者を葬るための機関である。今の日本の宗教なるものは、日本人の外的生命の一部分であって、宗教の名を付するの価値なきものである。これは政治の一種、旧（ふる）き習慣の一面と見て、さしつかえのないものである。

そうして、その結果はいかに！　人に独立の意見なるものが絶えたのである。内に深き生命が無いゆえに、人はすべて世の風潮の傀儡児（かいらいじ）と化したのである。秋の野に稲穂が風になびくように、今の日本人は世の世論に全く支配せられて、自己の意見なるものは、よし有るとするも、これを外に現わすの勇気なく、ただ、ひとえに時勢に従うをもって最上の処世術と見なすに至ったのである。それはそのはずである。内に深き生命をたたえざる今の日本人は、外の生命を除いて、他にこれに対抗するに足るの内の生命を持たないのである。国家と社会と親戚とのほかに、さらに大なる、さらに力ある権威の存在を認めざる者が、独創の意見をいだいて、ひとり世に立ち得ようはずはないのである。真の宗教なき人は、たとえ、その人が高位高官の人であろうが、博識、多才の人であろうが、世の風潮の傀儡児たる一点においては、匹夫、賤婦と何の異なるところはないのである。人は、内に「大なる友人」を持ってこそ、真の勇者となることができるのである。世に歓迎せられんと欲せず、内なる聖き友人に喜ばれんと欲して、彼は全世界を相手に取りても正義の道を践（ふ）まんと欲するのである。万物の霊長たる人間を監視する者は、政府でもなければまた社会でもない。もちろん政党者、新聞記者など、自分をさえ治め得ない者ではない。人間を監視する者は、彼の内に宿りたもう真の神である。そして心の深き所において神と交わり、彼の声に従う事、その事が宗教である。そうして、この交際なく、この順従がなくて、人は何びとも、すべてこの世の奴隷である。真の宗教なくして、自由も独立もあったものではない。人が無宗教を唱うる時に、彼は束縛、隷属を自白するのである。

そうして独立はただ単に他人と社会とにのみ対して必要であるのではない。自分自身に対して必要である。人の人たる価値は、彼は他にたよることなくして、ひとり足り得ることにおいてある。「心ぞ、われの王国なれ」と、ある西洋の学者は言うた。もし外界の物をもってせんと欲するならば、全世界も、もって一人の人を満足せしむるに足りないのである。もし俗世界の事をもってせんと欲するならば、全国民の輿望（よぼう）も、もってわが望みを充（み）たすに足りないのである。満足を人に求め物に求むればこそ、人に不平は絶えないのである。地球は一個にして、これを欲求する人間が多きがゆえに、世に戦争は絶えないのである。ここにおいてか、世に無欲にまさる幸福は無いのである。しかも人は何びとも、何物をも得るところなくして絶対的に無欲なることはできないのである。そうして彼は内に得て、外に得ざるも、満足するのである。満足の幸福は、世界に王たらざるも得らるるのである。そうして、かかる満足は、部分的には、哲学を学んで得ることができる。美術、文芸を修めて得ることができる。されども完全無漏の満足は、哲学や美術などにては得られないのである。内に「大なる友人」を発見して、彼と深き霊交を結ぶを得て、彼を主と呼びまつるを得て、彼を永久(とこしえ)の神としてあがむるを得て、ここに世を脱し物を離れて、人はその心霊の奥殿において、至上の幸福を感じ得るのである。そうして、ひとりわが内に最大幸福を楽しみ得るに至って、われは、たやすく貧に耐うるを得、孤独に勝つを得、羨望の不快を感ぜず、不遇を悲しまざるに至るのである。

宗教とはかかるものであれば、すなわち、わが内に永久的実在者を迎えて、そこに内的生命を営むことであれば、伝道といい布教というは、人にかかる実在者を紹介して、各自をして、その内心において、物を離れ、世に超越したる生命を営ましむることである。かくて伝道は教勢拡張ではない。他の宗教を壊(こぼ)ちて、おのが宗教を扶殖することではない。伝道は内的生命の供給である。そうして生命は、儀式でもなければ宗義でもなければ、教会、寺院などと、となえらるるこの世の勢力団体でもない。生命は生命である。人のこれにいかなる名を付するとも、そはその人の勝手である。真の宗教家は名をもって争わない。仏教というもの、必ずしもキリスト教の敵でない。信仰の対象物をキリストに取るも、阿弥陀仏(あみだぶつ)に取るも、各人の自由である。要は、その営む内的生命の確実、旺盛(おうせい)ならんことである。その、まことに世に勝つの能力(ちから)たらんことである。内に充実して、真の満足をおこさしめんことである。もし仏教にしてかかる生命を起こさしむるに足るならば、仏教もとより可なりである。神道にしてその宗教的使命を果たすに足るならば、神道もとより可なりである。宗教の事においては、この世のすべての事におけるがごとく、問題は実力問題である。内的生命を起こし得るか、盛んにこれを維持し得るか、霊魂を生かし得るか、悲痛と、患難(かんなん)と、人生に臨むすべての憂苦を慰めてなお余りあるか、宗教の優劣は、かかる問題に対して与えらるる実際的解答いかんによって定めらるるのである。

ここになお一大問題の、何びとの胸底にも存在するものがある、それは死の問題である。死は人生の最大事件である。人は何びとも死をまぬかるることはできない。

そうして死の恐ろしさは、そのさびしさにおいてある。死に臨んで、人は何びとも絶対的に孤独になるのである。死に臨んで、人に国家もなければ、社会もなければ、家族もない。われらは各自ただ一人、知らざる暗き大洋へと、単独（ひとり）で乗り出ださなければならないのである。その時、われに伴う友人（とも）はなきか。その時、わが手を取りて、共に底なき川を渡る同行者はなきか。「在る」と、真の宗教は答うるのである。死は、人の外的生命の破壊である。同時にまた内的生命の発展である。そうして死に臨んで、永久の教導者が無くして、前途は暗黒の極である。安心立命と言いて、主義に拠（よ）り真理に則（のっと）りて、ひとりみずから立つのではない。「大なる友人」にささえられて永久に安くあるのである。その名は弥陀であれ、キリストであれ、死に臨んで、世と共にわれを離れざる永久の友人の、われに伴うありてのみ、われは安けく死に就（つ）くを得べく、また死の川を渡り得るのである。

かくのごとくにして、宗教は何びとにも必要である。しかも特に青年男女に必要である。父兄にして、善き宗教をその子弟に吹き込みし者は、永久の宝（たから）を彼らに供給せし者である。善き教育を供し、多くの財産をのこして、父兄はその子弟の将来について安心することはできない。人生の危険はあまりに多くある。知識は誤謬（ごびゅう）におちいりやすく、財産は煙となりて失（う）せやすくある。そうして不幸、裸体になりて、ひとり世に立つ時、子弟は何によりてか、その貴尊を維持せん。しかり、真の宗教によりてである。内に富みて、外の貧に勝つのである。眼に見えざる友人（とも）を有するによりて、世の凌辱（りょうじょく）に耐え得るのである。世に無慈悲なること多しといえども、青年男女に宗教を与えずして、彼らを風波荒きこの世に送り出すにまさるの無慈悲は無いと思う。人は齢（よわい）すでに四十を越えて、新たに宗教を信ずるは、はなはだ困難である。もちろん不可能であるとは言わない。老境に入りて善き信者となりし者は決して少なくない。しかし困難である。青年は信じやすし。老人は信じがたし。されば信じがたき老人は、信じやすき青年の信仰に入るを妨げてはならない。ただ子弟のこの世の立身をのみ、これ切望し、彼らの永久的安全のごとき、措（お）いてこれを問わざるの父兄は、愚かなる人、無慈悲なる人と言わざるを得ない。

庄内の地たる、東北の楽園である。鳥海を北に、月山を東に、最上と赤川とはその中を貫きて、実に一面の黄金の海である。祈求（ねが）う、その民の、固有の誠実を失わざらんことを。単純なるキリストの福音を受けて、永久に涸（か）れざる生命（いのち）の泉に飲まんことを。

（一九一五年十月『聖書之研究』）

宗教と実際生活〔注〕

八月五日夜、軽井沢集会堂において、一般公衆に向かって述べしところのもの

人生はそれ自身にて完全である、地の富源は無窮である、よくこれを開発すれば、生活のすべての欲求を充（み）たして余りがある、生の理は深遠である、よくこれを究（きわ）めて、これを実際に応用すれば、望みとして達せられざるはない、人生に必要なるは能力（ちから）と知識とである、これあれば、すべての満足を得ることができる、なにも神とか来世とか、信仰とか宗教とか、霊魂とか死後生命というがごとき、有って無きがごとき、人生以外の物を求めて、これによって生存するの必要は少しもないとは、私が現代の多くの識者より聞くところであります。

そして一見して、彼らの言うところに理があるように思えます。人生に多くの苦痛、多くの矛盾、多くの不満がありますが、これらは適当の方法をもって取り除くことのできないものではありません。その最も簡単なるものの一例を挙（あ）げますれば、気候に寒暑の変化があって、冬は寒に苦しみ、夏は暑に苦しみますが、これはもちろん避けがたい苦しみではありません。東京に本宅を構え、熱海と軽井沢に別荘を設け、気候の変化にしたがって、家族を挙げて移転しますれば、寒暑問題は容易に解決せられます。また現代人が幸福の絶頂と見なす完全なる家庭生活の実現もまた達しがたき志望ではありません。遺伝学の原理に基づいて美（よ）き妻を選び、優生学（ユーゼニックス）の教うるところに従いて子を設け、幼稚園より大学に至るまで、最上等の教育を施しますれば、一家は美しき愛の花園のごときものに成りまして、人生のすべての満足をその内に得ることができます。その他すべてがかくのごとしであります。必要なるものは能力

と知識であります。能力＝金と知識とさえあれば、人生において得られないものはない、ゆえに吾人はよろしく能力を代表する富を作り、人類が蓄積せるすべての知識を取得して、人生を完全に、かつ極度に楽しむべしというのが、現代人多数の唱道するところであります。

しかしながら、実際の事実いかにと尋ねまするに、これらの理想は容易に達せられないのであります。その内、最も簡単なる避暑すらも、多数の人には実行し得ないのであります。その他の事において、人生の不如意（ふにょい）は何びとも否むことはできません。最も明晰（めいせき）なる頭脳の所有者も、多くのまちがいをなします。富豪の実行し得ない事柄はたくさんにあります。人生はそれ自身にて完全であるとは、実現することのできない理想であります。もし強（し）いて実現せんとすれば、死をもってこれに当たるまでありまして、人は徹底と称して、ほめてくれましょうが、生命を滅ぼして人生を楽しむとは、矛盾の最も大なるものであります。のみならず、人生はそれ自身で完全であるとは正しい理想であるか、その事が疑問であります。もし私が全世界を私の所有としたならば、それで私は満足しましょうか。知識の進歩がその極に達したとして、それで人類は完全に幸福でありましょうか。そうは思われません。私どもは富豪より多くの悲痛（かなしみ）を聞かされます。ドイツは、そのすぐれたる国民的知識をもってして、今やほとんど滅亡の淵に沈みつつあります。人生は、人生以外の生命をもって、これを補うにあらざれば、完成（まっとう）することができないように見えます。

人の生命は一つであるか、二つであるか、問題はこれであります。たいていの人は、文士、識者という人までが、「一つである」と答えます。生命に懸け替えがないと言いて、もしこの短き人生において失敗すれば、回復の道はないと言います。しかるに、少数の偉人、本当の識者は、「生命は一つでない。二つである。そして人生と称するこの肉の生命は、より劣りたる生命であって、そのほかに、またその上に、より高き、より優（まさ）りたる生命がある」と言います。それゆえに、よしその一つにおいて失敗しても、他において償うことができる。肉の生命における不足は、霊の生命の充実をもって充分に補うことができる。あたかも脳髄は一葉でなくして二葉である、よしその一を傷めても、他をもってこれを補うことができるというと同じであります。また、もし生命を家にたとえますならば、それは一室の家ではなくして二室の家である、一室の不足は隣室の完備をもって補うことができるというと同じであります。そして私は、生命二室説の方が、一室説よりもはるかに優りたる、かつまた道理と事実に合（かな）うたる説であると思います。

言葉を変えて言えば、人は一つの世界に住む者ではなくして、二つの世界に住む者であります。その第一はこの世界でありまして、私はこれを単に世界または物質界と称しましょう。その第二は霊の世界でありまするがゆえに、これを霊界と称してさしつかえないと思います。現世、来世と言うて、来世は現世の後に来るのではありません。物界と霊界とは同時に存在するのであります。そして物界は廃（すた）れても霊界は残るのであるかも知れません。いずれにしろ、人は一つの世界に住むのではなく、二つの世界に住むのであります。ゆえに、一つの世界において失敗しても、失望するに及びません。ことに失敗せる世界が、より劣りたる、暫時的の世界であると知れば、失望はさらに少ないわけであります。英国の文豪にして社会改良家なるチャーレス・キングスレーという人が言いました、My mind to me a Kingdom is（私の心は、私にとり、一つの大なる帝国である）と。もしよくこれを開発すれば、私ども各自の心が「一つの大なる帝国」と成るのであります。ゆえに、この世界において、アレクサンドロスやシーザーのように大帝国を得ずとも、自分の心の内に大帝国を築きて、これに帝たりまた王たることができるのであります。

そして宗教とは元来何であるかというに、この霊界における生活にほかならないのであります。「神は霊なれば、これに仕うるに、霊と真実（まこと）をもってせざるべからず」とナザレのイエスは言いました。そして霊界に生くる道を教えし点において、古今東西いまだかつてイエスにまさった者はないと思います。しかしそれは別問題として、霊の生命に充実して、人は容易に、この世の不幸、不公平、不完全に応ずることができます。単に何びとにも起こる日々の煩慮（わずらい）に勝つことができるのみならず、時に身に迫る大困難に処して平安なるを得るのであります。私の知る人の内にも、身は不幸の極におるも、顔は歓喜をもって輝く者は少なくありません。有名なる女詩人、座古愛子のごとき、確かにその一人であります。齢（よわい）二十歳にして身体の自由を失い、残余の生命を病の床の上に送っておりますが、彼女に、常人の知らざる生命があふれておりまするがゆえに、彼女に歌もあれば文もあります。病床にありて、彼女は人を指揮して社会改良をおこないます。彼女に不平の痕跡（こんせき）だも認むることはできません。多くの人は彼女を慰めんとて彼女を訪（おとな）うて、彼女に慰められて帰ります。そして彼女は決して単独の実例ではありません。

人には何びとにも、こういう世界があるにかかわらず、これを耕さないのは、大なる損失ではありませんか。あたかも日本に、どこかに広い領土があるにかかわらず、人口稠密（ちゅうみつ）に苦しみながら、これを捨てて省みないと同じであります。今日ほど自殺の多い時はありません。精神病院はどこでも満員であります。ある程度の神経衰弱にかかっていない者はほとんどありません。たいていの男と女とはみんな「問題」を持っています。そしてその問題というが、たいてい生活問題か恋愛問題であります。そしてこの問題に窮して首を縊（くく）る者、毒を仰ぐ者、のどを突く者が日々絶えないのであります。これはそもそも、どういう理由（わけ）でありますか。他にいろいろの理由もありましょうが、今日の日本人の多数が、一つの世界の在るを知って、他に、より善き、かつ、より大なる世界の在ることを知らないからではありませんか。もしキングスレーのように、「私の心は、私にとり、一つの大なる帝国である」との信念がありますならば、こんな事はないはずであります。人は、宗教は実際生活に超越して、これとは何の関係もないものであると言いますが、それは全く違います。人が人である以上は—彼の内に、肉なる彼と霊なる彼との在る以上は—霊の生命たる宗教は、彼の安寧幸福に何の関係も無いことでありようはずはありません。その反対に、宗教の闡明（せんめい）、進歩、発達により、肉の世界の不調が調和され、その多くの失望と悲痛とが取り除かれ、世はよし暗黒の極に達するも、わが心の一面において大なる光明に浴することができます。

のみならず、霊の世界の開拓によって、新たなる能力が、肉の世界に臨みます。真の宗教は単に悲歎（かなしみ）を取り除くというような消極的勢力ではありません。

「われを信ずる者は、その腹より生命の川流れ出でて、限りなき生命に至らん」とありまして、真の信仰は、活動のすべての方面において、活気と新勢力とを加えます。その事は、欧米の歴史のみならず、わが国の歴史に徴して見ても明らかであります。最も徹底的の社会改良は信仰の復興によって起こります。今日の英国、または米国、またはオランダを生んだものは、ピューリタン運動という深い強い宗教運動であったことは、歴史の明らかに示すところであります。霊界の大なる覚醒なくして、大なる美術も文学も哲学も、そしてこれに伴うて来る人生万般の革新は起こりません。人は霊的動物であります。彼は霊的に充実せずして、健全なる発達を遂げ得ません。恋愛至上主義を唱うる現代の日本人といえども、まさかこの主義によって大国家が起こり、家庭が清められ、清き義（ただ）しき信仰の勇者が起こりて、霊魂の根底に永遠の生命を植えつけようとは信じまいと思います。

もちろん宗教にもいろいろあります。高い宗教と低い宗教とがあります。宗教の腐ったものは、武士（さむらい）や女の腐ったように、最も醜いものであります。しかしながら、物が腐るといいて、その物が悪いということ（注）できません。その反対に、物は善いほど、腐りやすいのであります。石や鉛は腐りませんが、ゆりやダリヤは腐ります。腐敗は生命の特性であります。そして宗教が政治以上に腐りやすいのは、政治以上の生命たる証拠であります。そして宗教が腐った場合には、これを捨てて、直ちに霊的生命の源に行いて、新たに宗教を受くればよいのであります。そしてその源は今ここに在ります。諸君の心の内に在ります。私の宗教の経典たる聖書の内には、こういうことが書いてあります。すなわち

ああ、なんじら、渇（かわ）ける者よ、ことごとく生命（いのち）の水に来たれ。金なくして貧しき者も来たるべし。なんじら来たりて、買い求めて食らえ。金なく価なくして、生命のぶどう酒と乳とを買え。何ゆえに糧（かて）にもあらぬもののために金を費やし、飽くことを得ざるもののために労するや（イザヤ書五五・一―二）

諸君の御参考までに申し上げます。

（一九二三年十月『聖書之研究』）

注　有島武郎事件の直後の講演。『美と義』（二六一頁）参照。

貧乏人と宗教

貴族は、たよるに政府あり。富者は、たよるに財貨あり。彼ら病まんか、あるいは威厳をもって、あるいは金銭をもって、彼らは自由に医師の技術を使用するを得べし。彼ら、もし死することあらんか、政府は特に彼らの位階を進め、恩賜を増し、彼らの遺族をして、彼ら死せしがゆえに、かえって一層の栄光に誇らしむ。彼ら死して、自身、奈落に行くの恐怖あるのほか、彼らの後事について一つも慮（おもんぱか）るところあるなし。彼らが一般に不道徳にして、かつ無宗教なるは、彼らは人間以外、金銭以外に、たよるの要を感ずること、はなはだ少なければなり。

されども貧者は全くこれと異なる。彼に一日の余蓄あるなく、彼は今日の収得を今日、消費せざるべからず。彼、一日病まんか、彼と彼の妻子とは一日の断食を実行せざるべからず。彼、死するも、彼のために悲しむ者は、彼の妻子と、ごく少数の、彼と境遇を同じゅうする者とあるのみ。乞食（こつじき）死するとも天に彗星（すいせい）現われずとかや。彼は悲しまれずして、ひとり墓に下り、しかして彼、逝いて後、彼の遺族は直ちに飢餓に泣く。

貴族と富者と博士とは無神論を唱うるもよし。彼らはすでに神と仏とを有す。政府これ彼らの神なり。財貨これ彼らの仏なり。彼らは未来に極楽または天国を望むの要なし。彼らにとりては現世これ彼らの楽土たるなり。彼らは一日も長くこの土に存在して、一杯たりとも多くの酒を飲み、一片たりとも多くの肉を食い、一個たりとも多くの勲章を胸に下げて、この短生命を楽しまんと欲す。彼らは、ゆえに、神なしと言い　未来なしと説く。されども彼らはいまだ貧者の心を知らざるなり。

貧者にして、もし宗教なくば、彼は何をもってか楽しまん。彼は政府と富者との無情を知るがゆえに、天にまします父なる神の愛を探らんとするなり。彼は、この土において、一寸の地も彼の所属と称すべきものなきがゆえに、彼は墓のかなたに幸福の浄土を求むるなり。彼は現在において一の望むべきものなきがゆえに、彼のすべての希望を未来につなぐなり。彼とてもこの世を去るを好まず。されども彼、死に瀕して、労働者が一日の業を終えて家に帰る時の感喜あり。彼は現世の苦役を終えて、今より地下の安息に就（つ）かんとす。

忠君愛国を名として、貧者よりその宗教を奪わんと欲する哲学者は、かの、貧者よりその衣を褫（は）ぎ取らんとする高利貸しのごとき者にして、無情、無慈悲なる、実に彼（哲学者）のごときは他にあらざるなり。

（一九〇一年二月『万朝報』）

『無神無霊魂論』

神も無し、霊魂も無しと言う。これ今日の日本人にとりては偉大の慰藉を供する言ならずや。生まれてここに五十年あるいは六十年、妻をして泣かしめしこと幾たび、子をして断腸の思い、あらしめしこと幾たび、世を欺きしことあり、自己を欺きしことあり。しかも神無きがゆえに良心の詰責あるなし。霊魂なきがゆえに死後の刑罰を受くるの憂いなし。無神、無霊魂の信仰をいだいて、何びとも安心して死に就くを得べし。今日の日本人を慰むる信仰にして、かくのごときは他にあるなし。

神無し、霊魂無しと言う。今日の日本人中に大英雄の多きは、彼らがソクラテス、クロンウェル、グラッドストンになろうて、神を信じ未来を信ずるがごとき愚を学ばざればなり。これ実に日本国のため慶すべき弔すべきことにあらずや。

昔は英国の文学者ドクトル・ジョンソン、死に瀕して大声を放って泣く。友人来たりて、その理由を問う。ジョンソン答えていわく、「余は地獄に落ちんことを恐る」と。ああ善良なるジョンソンは鋭敏なる良心を有せり。彼は最も高潔なる生涯を送りしも、しかも天に対し人に対し、なお負うところあるを恐れたり。安心して死に就く者は必ずしも善人にあらず。有名なる稲妻強盗は平然として絞殺台に上れり。死を恐れて泣きしジョンソンこそ、吾人の敬し、かつ愛すべき師にあらずや。

神の存在を証明せよとて吾人に迫る人多し。ああ吾人はこれを証明しあたわざるなり。世に証明するに難（かた）きものにして、最も明白なる事実のごときはなし。風は吹くにあらずや。山はそびゆるにあらずや。不義と偽善とは、大政府の勢力をもってするも、ついに維持するあたわざるにあらずや。星は大空にかかるにあらずや。悪人は大言壮語するにかかわらず、心の奥底に悲痛と寂寞とを感ずるにあらずや。しかも神は無しと言う。ああ吾人は何をもってか神の存在を説明せん。

神無し。霊魂無し。しかり、霊魂は胃の腑なり。神は貴族なり。富豪なり。行いて、ひざまずいて彼らを拝せよ。インスピレーションはこれをブランデーに得よ。不死不滅とは、多くの妾（しょう）をたくわえて多くの子孫をのこすことなり。何ゆえに来世を望むぞ。これプラトン、ダンテ、ミルトンの在（あ）る所、今日の日本人の多数の行くべき、または行き得べき所にあらず。天国は参宿（しんしゅく）昴宿（ぼうしゅく）の輝く天のかなたにあるにあらず。天国は新橋にあり、柳橋にあり。天使とは、翼をもって面をおおうケルビム、セラピムの類にあらず。天使とは淫売婦（いんばいふ）なり。飲めよ。食えよ。欺けよ。しかして滅びよ。そは世になんじらに生命を供する神あるなく、なんじらを迎うるの天国なければなり。（中江兆民居士著『一年有半』が世に歓迎せられし当時）

（一九〇一年十一月『万朝報』）

〈宗教の使命〉

大疑問とその解釈

余に一つの大疑問がある。宗教（もちろんキリスト教をも含む）は、はたして悪人を善人と成すを得るかと。余はキリスト教を信じてここに三十年に至るも、この問題に対して積極的確答を与うることができない。

余はキリスト教は愛の宗教、公義の宗教であることを知る。しかるにキリスト教を信ずる者の中に、佞姦（ねいかん）の人、邪知の人、譎詐（きっさ）の人の多いのは、どういう理由（わけ）であるか。過去千九百年間の教会歴史は、光明の歴史であると同時に、暗黒の歴史、陥擠（かんせい）の歴史、兇殺の歴史、陰謀の歴史であるのは何がゆえであるか。われらがこの世において接触する最獰（さいどう）最悪の人は、宗教家、しかり、キリスト信者ではないか。これ、そもそも何がゆえにしかるか。

もし宗教が悪人を善人となすものであるならば、宗教に帰依（きえ）する者は、いやでもついに善人となるべきではないか。もしまた善人とならない場合においても、彼らはついに宗教の中にとどまり得ずして、みずからその中より脱出すべきはずではないか。しかるに、悪人は長く宗教に帰依して、善人に化せざるのみならず、多くの場合において、教会または寺院の中にありて最大の勢力をふるう者は悪人である。宗教は悪人を善人に化し得ざるのみならず、彼をその中より放逐することもできない。余はいたく、この事に迷う。

しかし、これ余の疑惑である。余がかくあらねばならぬと思うがゆえに、この疑問が余に起こるのである。事実は事実である。宇宙何ものも事実を動かすことはできない。宗教は必ずしも悪人を善人と成さない。しかり、多くの場合においては、悪人をさらに悪しき者となす。宗教は善人の善の増長を助くると同時に、また悪人の悪の増長を促す。義の太陽は火の太陽と異ならない。同一の太陽が、臘（ろう）はこれを溶いて、泥（どろ）はこれを固めるように、同一の宗教は、善人の心はこれを和らげ、悪人の心はこれを頑（かたくな）にする。これ天然の法則である。やむを得ない。われらは事実のむちを蹴（け）ることはできない（使徒行伝九・五）。

聖書はこの事について何と言うているか。そのダニエル書十二章十節にいわく、

悪しき者は悪しき事をおこなわん。悪しき者は一人も悟ること無かるべし。されど賢き者は悟るべし

と。そのテモテ後書三章十三節にいわく、

悪しき人と、人を欺く人は、ますます悪に進み、人を惑わし、また人に惑わさる

と。また黙示録二十二章十一節にいわく、

不義なる者は不義なるままにし、汚れたる者は汚れたるままにし、義なる者は義なるままにし、聖き者は聖なるままにせよ

と。また悪人がとうてい悪を絶つあたわざることについては、預言者エレミヤは言うている、

エチオピヤ人、その皮膚を変え得るか。豹（ひょう）その斑点を変え得るか。もしこれをなし得ば、悪に慣れたるなんじらも善をなし得べし（エレミヤ書一三・二三）

と。悪人はついに善人たるあたわずとは、実に絶望の言ではあるが、しかし、やむを得ない。かく言う聖書が悪いのではない。聖書はただ人生の悲しむべき事実そのままを述べたまでである。

しかし、ある人は言うであろう、神がその子を送りたもうたのは、悪人を化して善人と成さんがためではないか、キリストは「すこやかなる者は医者の助けを求めず、ただ病める者、これを求む」と言いたもうたではないか、また神は預言者イザヤをもって、「なんじらの罪は緋（ひ）のごとくなるも、雪のごとく白くなり、紅のごとく赤くとも、羊の毛のごとくにならん」（イザヤ書一・一八）と言いたもうたではないか、キリストは特に失われたる羊を求めんために来られたのではないかと。

しかし問題は、善人、悪人の問題である。善人とは、罪を犯さない者との謂（いい）ではない。また悪人とは、善を知らない者との謂ではない。キリストと共に十字架につけられし盗賊の一人は、大罪を犯せるにかかわらず、善人の性を帯びておった者である。「わざわいなるかな、なんじらパリサイ人」と幾回となくキリストにののしられしパリサイの人らは、神につき聖書についてはははなはだ明るい人であった。世には悪しき善人があると同時に、また善き悪人がある。善悪は人の本質（たち）である。これは始めより外に現われるものではない。これは、ある順路を経て、ついに発露せらるるものである。

そうして宗教とは、これをその一面より見れば、善悪発露の手順である。これは善を善として発露し、悪を悪として発露するものである。宗教によって、善は、悪に包まるるも、ついに善として発露し、悪は、善をもって飾らるるも、悪として露出する。宗教は写真術における顕像剤のごときものである。これによって、影像は初めて明白に現われるのである。

そうして宗教の優劣は、この善悪発露力の強弱によって定まるのである。善き宗教は著しくこの力を有し、悪しき宗教にありては、この力がはなはだ微弱である。善き宗教は善人を著しく善となすに加えて、悪人を著しく悪しくなす。これに反して、悪しき宗教は善悪を分別する力にははなはだ乏しい。

そうしてキリスト教の主なる目的は、この善悪の差別を顕明にするにあると思う。キリストが生まれて後に、その母マリヤに抱かれてエルサレムの聖殿に詣（いた）り

し時に、預言者シメオンは、幼な子について、彼女に語って言うた、

この幼な子は、イスラエルの多くの人の倒れて、かつ立ち上らん事と、反対を受けんそのしるしに立てらる。これ多くの心の思いの現われんためなり（ルカ伝二・三四―三五）

と。キリストに接して、悪人は悪人として現われ、善人は善人として現われるのである。キリストが世をさばきたもうとはこの事であると思う。われら人類はすべて一たびは彼の台前に立って、さばかれねばならない者であるばかりではない、彼が世に現われたまいてより、裁判はすでに始まったのである。キリストが世に下りたまいて、その福音が世界に唱えられてより以来、綿羊と山羊（やぎ）との差別は日々にますます顕明になりつつあるのである。世の進歩は、善の増進に伴う悪の減退ではない。善の発達と同時に悪の発達である。義者の道は旭日（あさひ）のごとく、いよいよ輝きを増して昼の正午（まなか）に至ると同時に、悪人と、人を欺く者とはますます悪に向かって進む。これがいわゆる世の進歩である。進歩ではない。善悪の顕別である。そうして宗教は、ことにキリスト教は、この善悪顕別の作用をなすものである。

世には悪の発達なるものがある。悪にも、高い悪と低い悪とがある。低い悪とは、好色、酔酒、放蕩などの悪であって、全く肉欲の悪である。高い悪とは、嫉妬、讒謗（ざんぼう）、陥擠、佞険等の悪であって、心霊的の悪である。前者は何びとにも、悪としてわかる。後者は、多くの場合においては、悪として認められないのみならず、かえって高徳として受けられる。政治家の野心は愛国心として称揚せられ、宗教家の宗派心は熱心として、ほめたてらる。そうして宗教は、低き悪を駆（か）って高き悪となすものである。宗教によって、悪人は禁酒すると同時に傲慢（ごうまん）の人となり、節欲すると同時に仇恨（きゅうこん）、娼嫉（しょうしつ）の人となる。悪の至極の発達は宗教家においてのみ見ることができる。これ宗教のしからしむるところであって、また悪人が宗教に接触せし当然の結果であると思う。

さらば誰が善人で誰が悪人であるか。

人、もしキリストに接して、彼の暗き罪を照らされ、堪えがたきほどまでにその苦痛を感じ、彼は永久に滅ぼ

さるべき者ではあるまいかと、みずから疑う時に、その人は幸いにして滅びの子でないことを悟るべきである。彼が罪の苦痛を感ずるのは、罪が彼を去りつつあるの兆候である。

これに反して、キリストに接して、彼に打たれんとせずして、彼を用いんとし、彼に救われんことを求めずして、彼をもって世を済度せんことを欲し、自己の罪に泣き得ずして、他人の罪をのみ指摘し得るに至る者は、これ危険なる階級に属する者であって、われらの注意すべき人物である。ひっきょうするに、善人は、自己を悪人と認むる者であって、悪人とは、自己を善人なりと信ずる者である。(ルカ伝十八章九節以下十四節までに載せられたるキリストのたとえを見るべし)。

よって知るべし、この世に善人のみの集合体の存在せざることを。宗教そのものが大悪人の巣窟(そうくつ)であることを知って、われらはこの世の、われらの永久の住み家でないことを知る。善人のみ、よく善人を知る。教会の規則をもってして、悪人を省いて善人をのみ納(い)るることはできない。悪人は教会の中に多く在(あ)る。しかり、聖書の言に照らして見ても、最大の悪人はキリスト信者として存在することがわかる。いわゆるアンチキリスト(「キリストに敵する者」と訳さる。ヨハネ第一書二章十八節を見よ)とは、公然とキリストに敵する者ではない。アンチキリストとは、キリストをまねる者である。ゆえに聖ヨハネは彼を「惑いに誘う者」(同第二書七)と称している。キリストに似て非なる者、これがキリストの大敵である。ゆえに彼はキリスト教会外に立つ者ではない。彼は、世が見てもって、りっぱなるキリスト信者と見なす者である。

(一九〇七年十一月『聖書之研究』)

宗教の本領 (一)

宗教の本領は神である。霊魂である。永生である。ゆえに、おのずから個人的ならざるを得ない。信者にとりては、社会、国家、世界というがごときは第二の問題である。第一の問題は、神と自分との関係である。いかにして自分は神の前に義(ただ)しからんか、宗教に解決してもらいたいのはその問題である。人が宗教を求めるのはこれがためである。この問題が解決せられて、他のすべての問題はおのずから解決を見るのである。ピリピの獄吏はパウロとシラスの前にひれ伏し、問うていわく、「君よ、われ救われんために何をなすべきか」と。「彼ら答えて言いけるは、主イエス・キリストを信ぜよ。さらば、なんじ、および、なんじの家族は救わるべし」（使徒行伝一六・三〇—三一）と。ここに、問題とその解決とがある。これありて、人のすべて思うところに過ぐる平安が、われら各自の心に臨むのである。

人類の歴史において、信仰旺盛時代は、この個人的信仰の旺盛なる時代であった。「ああ神よ、鹿（しか）の谷水を慕いあえぐがごとく、わが霊魂はなんじを慕いあえぐなり」というが、信仰的生涯の発端（はじめ）であった。パウロも、アウグスティヌスも、ルーテルも、カルビンも、クロンウェルも、この叫びをもって真理探究の途（と）についた。そして、人なるキリスト・イエスにおいて真の神を発見して、彼らはまず平和の人、満足の人、感謝の人、歓喜の人、希望の人、しかり、愛の人と成ったのである。彼らがなしたこの世の事業は、彼らのこの発見に比べて見て、数うるに足らなかった。

われ、主キリスト・イエスを知るをもて、最もまされる事とするがゆえに、すべてのもの（この世の名誉、特権等）を損となす。われ、彼のために、すでにこれらのすべてのものを損せしかど、これを糞土（ふんど）のごとく思えり（ピリピ書三・八）

とは、この事に関するパウロの述懐である。

近代人はこの事に関し、全然誤っている。彼らは宗教の本領を霊魂以外において求めんとする。彼らは、この世を善くする事が宗教第一の目的であると思う。教会を起こして、社会に宗教の勢力を張る事、労働運動に加わって、下級民の生活状態を改善する事業、その他、廓清（かくせい）運動、禁酒運動、青年会事業等、数限りないのである。これらはもちろん悪い事でない。善い事である。しかしながら宗教の本領でない。ゆえに信仰の代用をなすことができない。されども不信の世は神を求むるの熱誠なきがゆえに、なすに比較的に容易なる社会事業をもって信仰に代えんとする。余輩がことさらに米国主義をきらうは、これがためである。米国にありて、キリスト教は最も著しく外化した。そしてその悪風が日本に伝わりて、信仰、事業、二つながらを毒しつつある。

（一九二七年二月『聖書之研究』）

宗教の本領 ㈡

宗教の本領は人と神との関係であります。人と人との関係でありません。この点において、宗教は確然と、政治、法律、経済と違います。人は人に対して義務、責任があるばかりでなく、それ以上に、神に対して義務、責任があります。西洋のことわざに言います、 Be right with God and all be right（神との関係を正しくせよ。さらば、すべての関係が正しくなるべし）と。宗教が人事すべての基礎たる理由はここにあります。

ゆえに真の宗教家は人事に立ち入りません。それは彼の本分でないからであります。ローマ・カトリック教会には懺悔聴聞僧（ざんげ、ちょうもんそう）なる者がありて、時を定めて信者各自の人事万端を聞き取り、これに対して相当の指導を与えます。しかし新教はこの制度に反対し、人事の秘密は、たとえ教職といえども、これに立ち入らないことになっています。そしてこの点においては、新教が正しくして旧教がまちがっていると私どもは信じます。しかるに新教の教師が往々にして、この新教独特の主張を捨て、カトリック僧侶（そうりょ）にならい、信者の家庭その他の秘密に入り、これを指導するをもって教師の任務であるかのごとくに思うは、実に怪（け）しからんことであります。信者の人事干渉によりて、信者も教師も得るところは何もありません。本当の信仰を与うれば、その信仰が適当に万事を処理します。信者も教師もことさらに注意すべきことであります

（一九二九年十月『聖書之研究』）

宗教の本領 ㈢

宗教の本領は人生の苦痛を慰むるにある。最大の苦痛たる死を慰むるにある。もし宗教にして苦痛を慰むるあたわず、死に勝つあたわざらんか、宗教は無きに若（し）かず。伝道はこれを廃するに若かず。科学は生活を改善することができる。芸術は苦痛を軽減することができ

る。哲学に、苦痛を忘るるの力がある。されども、三者いずれも死に勝つの能（ちから）はない。死の前に立ちて、哲学は疑い、科学は黙し、芸術はただ泣くのみである。ひとり真正（ほんとう）の宗教のみ、これを慰めて言う、「泣くなかれ。信ぜよ。死の後に真の生命あり。神はその子をもって、その生命を備えたまえり」と。宗教に依（よ）らずして、死が完全に慰められし例なし。しかしてまた、宗教に依りて死に勝ちて、天に凱旋（がいせん）せし例ははなはだ多し。

「キリスト、死を滅ぼし、福音をもて、生命と朽ちざる事とを明らかにせり」（テモテ後書一・一〇）とある。彼は復活して、死を滅ぼしたもうのである。そしてその復活生命を、彼を信ずる者に賜いて、彼らをして彼と共に生くるの道を開きたもうた。「われ生くれば、なんじらも生くべし」（ヨハネ伝一四・一九）と彼はその弟子たちに告げたもうた。彼と共に生くとは、単に彼のごとき聖き義（ただ）しき生涯に入るべしということではない。彼がその死せる肉体をもって、よみがえりたまいしがごとくに、われらもまた、よみがえるべしということである。そして「おおよそ神によるこの希望をいだく者は、その潔（きよ）きがごとく、自らを潔くす」（ヨハネ第一書三・三）とあって、復活の希望を確実にいだくことができて、信者らしき潔き生涯を送り得るに至るのである。復活の希望のごとき、有るも可なり、無きもまた可なり、ただ潔き義しき生涯を送り得れば足ると言う者のごときは、いまだ復活の能力（ちから）を実験したことのなき者である。

キリストは死に勝ちたもうた。死を無きものとなしたもうた。「最後（いやはて）に滅ぼさるる敵は死なり」。そして敵はすでに致命傷を負いて、絶滅の期を待ちつつある。われらはキリストと共に死して、彼と共に、彼のごとくによみがえらんとしつつある。この希望を伝うるものが福音である。真の宗教である。

（一九二六年十月『聖書之研究』）

人生終局の目的*

人生の終局の目的とは何ですか。

人生終局の目的ですか。もし足下（あなた）が文官ならば、伊藤侯のごとくに成ることです。もし実業家ならば、岩崎男のごとくに、もし軍人ならば、高島子のごとくに、もし詩人ならば、森槐南氏のごとくに、もし宗教家ならば、石川舜台師のごとくに、もし哲学者ならば、博士井上哲次郎氏のごとくに成ることです。

足下はおじょうだんを仰ります。

そうではありません。私は真正の日本人として、まじめに語っているのでござります。日本国の貴族は国民の亀鑑だと、歴然と書いてあるではありませんか。また私の指明しました他の人士も、各自、その方面において亀鑑として仰がれる人ではありませんか。

ごもっともです。しかし私の知らんと欲する事は、日本人の終局の目的ではなくして、人類のです。

御免なさい。私はよく足下の御質問を解しませんでした。御承知のとおり、この質問に対し与えられたる最も遠大なる解答は、ウェストミンスター会議に列したる神学者の供したるもので、かくのごときものでした。すなわち「人生終局の目的は、神をあがめ、永久に彼の恩寵に沐(もく)することなり」。

あまり高尚で、私にはわかりません。

神とは、すべての善、真、美の成体です。ゆえに神をあがむるとは、私どもの想、言、ならびに行において、彼の完備の性を発揮することです。

そのようなことができましょうか。

できようと思います。この生涯において、完全なる人と成ることはできないかも知れませんが、完全をわれらの目的といたしますれば、それに近寄ることができますし、また、いつか、それに達することができるかも知れません。

ソンナラ足下は、われら人類は神のように成れると仰るのですね。

そうです。私はそう信じます。

私は足下にはとても及びません。私には、今世以外に人生の目的を探るはほとんど困難です。しかし、それは私の受けました教育のセイでしょう。

そうかも知れません。しかし、人の目的の大なるほど、彼の行績の偉大なるは、足下も御承知でしょう。今世をもって終局の目的とする人には、決して今世以上に達することはできません。

足下の仰ることはすべて御同意です。私も足下のお信じなさるように信じたいものです。私どもはその源を究

（きわ）めずして、美術、文学を多く語る者です。私どもは宗教の価値を知りますけれども、これを信ずることができません。

それなれば、この事に関しては、私は足下の何のお役にも立ちません。足下は御自身これをお信じなさるか、しからずば、それなりにしておくまでです。何びとも足下に信仰を強（し）うることはできません。

（一八九九年六月『東京独立雑誌』）

〈宗教の要素〉

宗教の要素

七月十一日、柏木聖書講堂において

そは、われら、見るところによらず、信仰によりて歩めばなり（コリント後書五・七）

この語はことにここに適当する語であるけれども、これはまた聖書全体の精神である。信者たる者は、目に見ゆるところのものによりて歩まずして、信仰によりて歩むのである。ここに信仰と言うは、他の場合と異なりて、五感に触るるものに対して、これに触れないものの意である。信者が信仰によりて歩むべきことは、彼のよく知っておるべきことであって、しかも多く忘られていることである。ひとり日本に限らず、欧米のいわゆるキリスト教国において、また、しかりである。そもそも宗教とは何であるか、諸君は何を目的とし、何を求めんとてここに来たるのであるか、われらが信者となりしは何のためであるか、これ聖書の書かれたる時代には明瞭（めいりょう）なることであった。そうしてまた、今より百年前においては、今日のごとくに朦朧（もうろう）たることではなかった。しかし今日にては、これがすこぶる明瞭を欠いているのである。

先ごろも、大挙伝道の様子を見んとて、その天幕を見舞いし際、参集者一同に頒与されたる印刷物を見しに、その中にはことに家庭改良に関する事が書かれてあった。いわく、キリストを信ずる者の家庭はかくのごとく改良さるると。事実はそのとおりであって、なにもこれに反対するわけではないが、今日の人が重きを置くところは、いずれもこの類の事である。信ぜよ、さらば家庭改まり、社会改まり、品性向上し、文芸が興ると。今の伝道師は主としてこういうようのことのみを力説して、その他を言わないのである。言うところは、わずかに八十日間をもって一周し得るこの世界の事である。心霊上の事のごときは、深く胸中に秘して、口外するには及ばずとされているのである。品性が改まるとか、社会が改良されるとか、その他、この世の幸福を増す事を第一としているのである。しかし信仰によりて歩むということが、すでにこの世の事ではない。この世の改良、幸福のごとき、新約聖書の伝うる教えの中に入るべき場所があるとしても、それはきわめて少ないのである。宗教の本義をこの世の事として見ては、法然（ほうねん）、親鸞（しんらん）のごとき宗祖たちの偉業の原動力に思い及ぼすことができぬ。宗教の目的は神である。神を求むるためには、眼が妨げとなるならば、抜き出だしてこれを捨て、手が妨げとなるならば、これを切りて捨つるもいとわぬというのが、宗教本来の目的である。宗教の供する幸福は、肉の救いにあらずして、霊魂の救いである。これ、ひとりキリスト教に限ることではない。すべての宗教の要素はこれである。

次には罪の赦免（ゆるし）である。われらの痛切に望むところのものはこれである。人もし罪に苦しむことがなければ、宗教を要さぬのである。されば罪の苦悩（なやみ）に堪えず、その赦免を得んためにあらずして、あるいは逆境の苦痛に堪えずして、あるいは事業の失敗のゆえに、あるいは病苦のゆえに、信者となりし者は、その信者たる、はなはだ怪しきものにて、その境遇の変わると共に信仰を捨てやすき者である。かくのごとき者は、他のものをもっても信仰に代うることができる。音楽、美術をもって人の苦を慰め、これを忘れしむるに足るべく、科学、文学の発達は、もって人の境遇を改むることができるであろう。ロバート・インガソルのごとき人は、教会の無能をののしりて、ことごとくこれを廃して音楽堂となすに如（し）かずと言ったが、教会が今のごときものであるならば、まことにしかりである。しかしながら、一たび、わが罪について考うる時に、他の何ものをもってもこれをまぬかるることはできぬ。これを忘れしむるには、音楽も美術も文芸も哲学も、何の役にもたたぬ。罪は肉に刺されし刺（とげ）のごときものにて、これを抜き去るにあらざれば、膏薬（こうやく）も塗り薬も何の効もない。われらは、この堪えがたくして、しかもわれらの力をもってしてはいかんともすることのできぬ罪を、神によりて取り去らるるのである。他にもなお理由はあるが、これ、われらが神を求むる第一の理由である。

世界の思想に触れたいとか、広く万国の人に交わりたいとか、あるいは国家、社会を救いたいとかいう考えからキリスト教に入り来たりし者には、またこれを去る者が多いが、罪の苦痛に堪えずして来たりし者は、「なんじを去って、いずくに行かんや」にて、いかなる事があっても、神より離れることはできぬ。われら、幾たびか、卑しむべき教会の教役者連の悪辣（あくらつ）なる行動に接して、その陋劣（ろうれつ）なる心事を知りては、キリスト教に対し堪えがたき嫌厭（けんえん）の情を発して、反抗心の起こるを禁ずるあたわざるも、翻って、われらと神との関係を思い、わが罪をいかにすべきかを思うの時は、また、キリストに帰りて、彼によりて罪の刺を取り去っていただくよりほかはないのである。人もし自己の罪について何の感ずるところなしと言わば、それまでなれど、ある時、ある場合、病気とか、事業の失敗とか、あるいは愛する者の死というがごとき不幸事に遭遇する時に、忘れんとしても、あたわず、逃（のが）れんとしても、あたわざるわが罪に悩まさるることがあるのである。そうして、われらが神の電灯にわが罪を照らされて堪えきれぬ時に、神はわれらのために唯一の隠れ場所を備えたもうのである。この時、十字架の光は輝いて見ゆるのである。しかも何事ぞ、今日の教会のキリスト教の説教にこの事を言う者がほとんどないのである。都会に悪疫の入るや、人はこれを警告して相戒む。罪に対する神の裁判の警告をなすのが伝道者の職である。罪ということがわからぬ間は、神はわれらに最要の者ではない。われらの求むるところは、神の前に義とせられんことである。人に誉(ほ)められんためではない。神に「なんじの罪、ゆるさる」と言われたさに、われらはキリストにいたるのである。

　罪の赦免に次いで、われらの望むところのものは永生である。これまた今の人には重んぜられない問題である。今や、ほとんどすべての人が、「死後の事はいたしかたなし」と言うをもって、わずかに慰安としているありさまである。今の信者は墓のかなたの事は放擲(ほうてき)して言わず、ただ墓のこなたの事にのみ熱心である。しかも聖書の教うるところはこれに反対である。クリスチャンは門徒宗徒のごとく、来世の安楽を望むのあまり、この世の事に無頓着ではないが、しかも彼にとり、おもなる事は、この世の事ではなくして来世の事である。今の教会の説教師は、人に無欲なれと説くが、しかも同時に盛んに現世の幸福を説くのである。かくて彼らは人に難(かた)きを強(し)いるのである。人は来世の貴さがわからずして、現世の物に無欲なることはできない。これ、なにも現世のものが貴くないわけではない。来世の物の貴きに比しては実に何でもないのである。教師の地位にある者は最も堪えがたき立場に立つ者である。他よりすべてを要求されて、他に要求し得るところは何もない。何によりて、かかる地位に堪えらるるであろうか。しかし一たび眼を転じて墓のかなたを望みて、これに堪うるに毫(ごう)も難きを覚えないのである。来世に趣味を置かなければ、キリスト教はまことに無意味にして、つまらないものとなってしまうのである。この事を明らかに示すものは、目下の欧州戦争である。互いに相手国の非を責めつつ、空前の大惨劇は演ぜられつつある。これ、欧州人がいずれもこの世の文明をもって最上のものとなし、墓のかなたの事をいっさい忘れた結果にほかならぬのである。いかなる非戦論も、経済的関係も、世に戦いを無からしむることはできぬ。戦争のやむ時は、人が来世の望みを明らかに持つ時である。人が来世の望みを明らかにして、この世の欲を絶つまでは、戦争はやまないのである。心の本城を来世に築いて、初めてこの世に争闘は無くなり、真の平和は臨み、人の生涯が意味あるものとなるのである。しからずしては、この世は不幸、災難の連続であって、まことに味気なきものである。そうして宗教の領域はこの世ではなくして来世である。来世がなければ宗教はないのである。

われらの最も恐るるところのものは、貧困にあらず疾病にあらずして、罪である。われらの行きたい所は、米国にあらず英国にあらずして、キリストの国である。天国への旅行免状を得たさの生涯である。近ごろのキリスト教が米国式の現代的のものとなったことは、まことになさけない次第である。わが国の仏教は徳川時代において、はなはだしく堕落して、今日のありさまとなりて、昔のおもかげを見ることはできないが、法然や親鸞のごときは判然と宗教の要素を教えてくれた者である。当時の質朴（しっぼく）なる日本人はこれを渇仰し、ここに仏教は翕然（きゅうぜん）としてわが国に起こったのである。もしもその初めにおいて今日のキリスト教のごとく、いたずらに時勢におもねりて、罪を知らしむることをしなかったならば、仏教は深くわが国人の中に入らなかったであろう。われら各自、望みを言えば種々あるけれども、最大の望みは、キリストの国にいたりて彼に見忘れられざらんことである。かく言いて、迷信と言わるるもよい。古いと笑わるるも、いとわぬ。神がわれらの主人公であって、彼を離れては、われら、世に何の望みもないのである。われらは、この世の幸福とか成功とかというがごときものをもって浅く癒（い）やされんことを望むのではなく、さらに深く癒やされんことを望むのである。かく望むは、決して厭世的（えんせいてき）ではない。真の事業はここに始まるのである。

今日、信者間に普通に言わるるところの「兄弟姉妹」の語のごとき、実はまことに無意味のものである。望むところを一にし、恐るるところを一にし、同じくキリストの下にある者こそ、真の兄弟であり姉妹である。しかも来世を望まず、罪を恐れずして、兄弟姉妹でありようはずはない。損得、利害、五感に触るるものにあらずして、目に見えざるところによりて歩み、真の栄光を荷なう者、これ真の貴族であって、たとえ身には弊衣をまとうとも、実に貴き人である。真のクリスチャンとは、かかる貴族の謂（いい）である。（中田信蔵筆記）

（一九一五年十月『聖書之研究』）

真正の宗教

真正(ほんとう)の宗教とは、事実の宗教であります。純真理の宗教と称して、哲学者を満足させる宗教ではありません。実物、実力の宗教でありまして、常識の人を満足させる宗教であります。もし哲学的に攻究しなければわからないような宗教ならば、それは真正の宗教ではありません。哲学は人の学説でありまして、時と共に変遷するものであります。常に変わらざるものは、堅き確かなる事実であります。そうして事実でない宗教は永久不動の宗教ではありません。

神が在(あ)ると言うのは、なにも哲学的にそう証明して言うのではありません。彼の在ることが実験的に証明せられるからであります。われらの意識の中心において、何よりも明白に、何よりも確実に、彼は現われたもうからであります。これは教義ではありません。これもまた実験であります。議論の証明によってではなく、能力(ちから)の供給によって、彼の神秘力がわれらに伝えらるるによって、わかることであります。その他の宗教的事実もみな同じことであります。

かく言いまするとある人は言いましょう、誰か神を見た者があるかと。私どもはこの問いに対して、反問を設けて言います。誰か電気を見た者があるかと。神を見た者もなければ電気を見た者もありません。しかし電気を感じた者の多くありますように、神を感じた者も多くあります。そうして感じたとは、単に夢のように感じたというのではありません。感じて、その実力を使用したことがあるというのであります。電気をもって電灯を点じて、暗きを照らしたように、神の光に照らされて、迷信を脱し、正気(しょうき)、常識の人となりて、おのれの弱きに勝ち、世の罪悪に勝ち、下界の幽暗をしりぞけたことがあるというのであります。電気について黙想し、その美を賞賛し、その怪力を詩歌に表わしたところが、それまでであります。その実力を自覚し、これを適用して、人類の幸福を計って見るまでは、電気の何たるかは、わかりません。真正の宗教もそのとおりでありま す。真正の宗教は隠遁者（いんとんしゃ）や神秘家の玩弄物（がんろうぶつ）ではありません。これは実行家の実用具であります。

世にうれしいことがあるとて、キリスト教が真正にわかった時のような、うれしいことはありません。その時、われらは初めて人らしい人となるのであります。われがこの世に生まれて来た理由もわかり、わが永遠の行く先もわかり、「困難の哲理」もわかり、無抵抗主義の理由もわかり、なにもかにも明白になりて、わが身は夏の正午（まひる）の日光を浴びながら、ひとり野中に立つような心地がするに至ります。「人生は歓喜である」との詩人の言は、ここに初めて事実となりて、吾人が実験するのであります。この歓喜に入りて、金や財産を得んとて、あくせくする人が、はなはだ、おかしくなります。胸に勲章を下げて威張って歩く人が、なんだか子供らしく見えます。哲学者の言に左右せられて迷霧の中に彷徨（ほうこう）する人が、なんだか気の毒に思われます。キリスト教がわかって見ますると、世人の世涯は夢の生涯であります。物でないものを物と解し、地獄に落ち行くのを天堂にのぼり行くのであると解する底（てい）の生涯であります。いわく戦争、いわく外交と。キリストの心をもってこれを見ますれば、これ小の小なる問題であります。「もし人、全世界を得るとも、その霊魂を失わば、何の益あらんや」（マタイ伝一六・二六）。ロシアの天子がその欲（おも）うとおりにアジア大陸の全部を得たところが、爆裂弾一発で永遠の死に行かねばならないと思えば、満州問題のごとき、彼にとりては極小の問題でなくてはなりません。取った所がわずかに五千二百二十五万平方マイルにすぎないこの地球、無窮の宇宙に永存することのできる権利を授けられたる人は、かかる小なるもののために彼の全心全力を注がんとはいたしません。

かくて、われらは真正のキリスト教を信じて、真正のキリスト信者とならなくてはなりません。教会信者や、哲学的信者や、あるいは聖書的信者たるをもって満足してはなりません。事実上、神の子供となり、実際的に神の実力を授かり、キリスト教を語る者ではなくして、これを自覚してこれを用うる、ある異能（ふしぎなるちから）がわが心に下り来たり、人もおのれもなさんと欲してなすあたわざる根本的大変化の、わが全身に施されしを感じ、その結果として、世に恐るべきものとては一つもなくなり、悪魔もわが声を聞いて戦慄（ふる）えるような、そういう人とならなければなりません。すなわちヨブと共に、神にむかって、「われ、なんじの事を耳にて聞きいたりしが、今は目をもて、なんじを見たてまつる」（ヨブ記四二・五）と断言し得るようなキリスト信者とならなくてはなりません。

（一九〇五年九月『聖書之研究』）

健全なる宗教

七月十六日夜、京都平信徒信仰革正会の催しにおいて述べしところの大意

健全なる宗教は第一に、主観的でなくして客観的である。内省的でなくして仰瞻的（ぎょうせんてき）である。人は、おのが内をいかほど探るとも、その内に真善、真美を発見することはできない。「善なる者は、われすなわちわが肉におらざるを知る」（ロマ書七・一八）とパウロは言うた。心の底を掘り尽くすとも、そこに神を見出だすことはできない。「われ」はどこまでも罪のわれである。「心は万物よりも偽るものにして、はなはだ悪し」（エレミヤ書一七・九）とあるがごとし。心理の解剖、精細をきわむるとも、これをもって神と真理とを織り出すことはできない。神はわが外にいます。わが内にいまさない。われは彼をわが内に探るをやめて、わが外に探るべきである。わが義、わが聖、わが贖（しょく）は、十字架につけられしイエスにおいてある。そこに彼を仰ぎ見て、われはわが求むる神を見、わが欲する平安を獲（う）るのである。内省的宗教は不健全である。虚である。空（くう）である。労多くして無益である。信仰の目的物を、われ以外、十字架上のキリストにおいて求め得て、わが希望は充（み）たされ、われは新たなる力を獲て、わしのごとく翼を張りてのぼり、走れども疲れず、歩めども倦（う）まざるに至る（イザヤ書四〇・三一）。

健全なる宗教は第二に、批評的でなくして信頼的である。信頼すべき神の言を有し、これにすがりて惑わない。経典なくして宗教はない。聖書もし神の言ならずば、キリスト教は何によりて立つや。聖書神言説は、説とし

て、多くの非難すべき点があろう。しかしながら信仰の実験として、これを否定することはできない。信者はその実験によりて、聖書はその一言一句ことごとく神の言なるを知るのである。実験をもって聖書に臨む時に、その冠詞一箇も、前置詞一箇も、変更することはできない。信者の実験に現われたる聖書は完全無欠の神の書である。そうしてこれあるがゆえに、信者はこれに信頼して迷わず、世論を排し、人言をしりぞけて、奮然として進むのである。聖書を批評し、これを取捨して、健全なる信仰の有り得ようはずがない。聖書は信仰のよりて立つ岩である。人はこれによりて、さばかるべき者であって、これをさばくべき者でない。「すべての人を偽りとするも、神を真（まこと）とすべし」（ロマ書三・四）である。すべての書を偽りとするも、聖書を真とすべしである。そうしてその証拠は明白である。聖書のみ、時代と共に変わらない。哲学は変わり、神学は廃（すた）る。しかし聖書のみは廃らない。聖書をあざけりし、ミル、スペンサーの哲学は今はどこにあるか。ダーウィンの進化説さえ古びつつあるではないか。いずれの書か、聖書のごとくに永久に新鮮なるや。何びとも聖書を批評することができる。しかしながら、聖書を批評して、自身何の益するところはない。聖書を批評して、聖書はその批評家に何の新たなる力をも加えない。聖書は神の言として信受すべき書である。そうしてこれを信受して、その意味はわかり、その勢力（ちから）は与えらる。聖書が神の言たる証拠はここにある。そうして聖書をかくのごとくに見るは決して迷信ではない。最大の聖書学者はこの立場より聖書を見たる人である。オリゲン、クリソストム、アウグスティヌス、ルーテル、カルビン、ベンゲル、デリッチ、ルートハート、これらはみな、この立場より聖書を見たる人々である。神の言を神の言として見てのみ、その正当の解釈あるは当然である。神の言を人の言として見て、その解釈を誤るは、これまた当然である。聖書無謬説（むびゅうせつ）は善男善女の迷信ではない。これは信ずるに充分の理由ある説である。まことに無謬の聖書があってのみ、徹底せるキリスト教の信仰がある。能力（ちから）ある健全なる信仰は、誤りなき神の言として聖書にたよる信仰である。

健全なる宗教は第三に、明確なる来世観を有する宗教である。言あり、いわく、「人の信仰は、その終末観によりて定まる」(A man's belief is determined by his eschatology) と。未来いかに、万物の終末いかに、その問題が定まって、信仰が定まるのである。そうして聖書は明白にそのことを示すのである。聖書は倫理、道徳の書ではない。宗教の書である。宗教の書であるがゆえに、預言の書である。ことに世の終末に関する預言の書である。聖書の倫理、道徳なるものは、その終末観を基礎とし背景として説かれたるものである。いわゆる「山上の垂訓」なるものも、ただの倫理、道徳ではない。「人を議するなかれ。おそらくはなんじらもまた議せられん」(マタイ伝七・一)とあるは、未来の裁判を予定しての戒めである。「なんじら、さばかれざらんがために、人をさばくなかれ」と訳すべきである。何々をなすべし、「なんじの父は、あらわに報いたもうべし」(同六・四―六)とある。「あらわに」とは、未来の裁判をさして言うのであって、これまた聖書の終末観に基づく実際道徳の訓示である。まことに聖書の終末観を離れて聖書はわからない。聖書は、近代人がなすがごとくに、道徳のために道徳を論じない。聖書にいわゆる純道徳なるものはない。もちろん浅薄なる利害のために道徳を説かずといえども、されども、善悪の永久的結果を離れて道徳を論じない。パウロは「主の恐るべきを知るがゆえに、人に勧む」(コリント後書五・一一)と言うた。これ神の恐るべき審判を前に見ての言である。福音はただに、神は愛なりとの音信(おとずれ)ではない。現われんとする神の怒りよりまぬかるるために、彼が設けたまいし避難の道の宣伝である。「神、キリストにありて、世をおのれと和らがしめ、その罪をこれに負わせず」(同五・一九)と言う。この「和らぎ」によりて、罪人は、現われんとする義の審判よりまぬかるることができるのである。かくのごとくして、聖書の終末観がわからずして、聖書はわからない。ゆえに聖書をわからんがために、まず第一に知るべきものは、その明らかに示すところの終末観である。マタイ伝の第二十四章である。ルカ伝の第二十一章である。ロマ書の第八章である。コリント前書の第十五章である。テサロニケ前書の第四章である。同後書の第二章である。ことに黙示録全部である。現に米国シカゴ市、ムーデー聖書学校において、第一に学生に課するは黙示録の研究であるという。博士ジョンソンの言に、「書を読まんとする者は、まず第一に、その最後の一章を読むべし」

の聖意（みこころ）に従わんと欲せば、この教えの神より出づるか、また、おのれによりて言うなるかを知るべし」（ヨハネ伝七・一七）とあるがごとしである。考えて会得（わか）るのではない。おこなって見て判明（わか）るのである。人を離れ、世を捨て、身を忘れて見て、神が判明るのである。しかるに今時（いま）の人のごとく、世を捨て得ず教会を離れ得ずして、万巻の書を読むとも、キリスト教のＡＢＣすら会得らないのである。

（一九一七年五月『聖書之研究』）

文字の排斥

今や宗教と言えば哲学と言うがごとく、思想である。そうして思想は文字である。文字は書籍である。ゆえに修養は主（おも）に書を読むことである。伝道は主に書を作ることである。真理は主に書をもって伝えらると思わるるからである。しかしながら宗教は思想ではない。霊的生命である。ゆえに文字をもって伝えらるるものではない。信仰であり、希望であり、愛である宗教は、霊的努力をもって伝えらるるものである。「人もし彼（神）ということがあるが、聖書においてことにしかりである。旧新六十六巻の聖書を解するの鑰（かぎ）は、その最終の書なる黙示録においてある。これを黙示録と訳したのが、そもそも、その誤解の初めである。The Book of Apocalypse は顕明録である。キリストが現われたまいて万事を明らかにしたもうその径路の預言的記録である。これを明解し緊握してのみ、健全なる信仰があるのである。

（一九一九年八月『聖書之研究』）

宗教の二種

宗教に二種ある。二種以上はない。行為（ぎょうい）本位の宗教と信仰本位の宗教と、これである。仏教はもと行為本位の宗教である。キリスト教は本来、信仰本位の宗教である。しかしながら、同じ仏教の内にも、禅宗のごとくに純行為の宗教があるに対して、真宗のごとくに純信仰の宗教がある。そうしてまたキリスト教にありては、ローマ天主教は行為本位の宗教であるに対して、新教（プロテスタント）は信仰本位の宗教である。そうしてまた同じ新教の内にも、ユニテリヤン教のごとき純行為の宗教があるに対して、カルビン教のごとき純信仰の宗教がある。よしまた行為本位とまで行かざるも、メソジストのごとくに行為重心の宗教があるに対して、信仰本位と称すべからざるも、ツヴィングリ教のごとくに信仰重心の宗教がある。行為本位か、信仰本位か。行為に傾くか、信仰に傾くか。行為を目的とするか、信仰を目的とするか。宗教多しといえども、その種類は以上の二種にすぎない。そうして余輩は二種いずれの宗教を信ずる者なるかというに、言うまでもなく信仰本位の宗教を信ずる者である。余輩は本来、信仰本位のキリスト教を信じ、信仰をもって起こりしルーテル、カルビンの新教を信じ、そうしてまたユニテリヤン教に対し、英国国教に対し、英国国教の一派として起こりしメソジスト教に対し、欧州においてはガウソン、ゴーデーらによって唱えられ、米国においては特にジョナサン・エドワーズによって主張せられし、信仰中心の宗教を信ずる者である。かく言いて、余輩は、真と善とはことごとく余輩の側（がわ）にありて、偽と悪とはことごとく行為本位の宗教にあるとは言わない。両者おのおの長短得失がある。そうして両者は愛をもって相互の短所を補うべきである。しかしながら、余輩の傾向の全然信仰的なるは明白である。余輩は長い祈禱の必要を感じない。祈禱は一言にして足ると信ずる。余輩は奇跡の、余輩の身において現われることを求めない。イエスを信じ得しことを最大の奇跡と認める。余輩は熱信そのものにさえ信用を置かない。余輩はただ十字架を仰ぎ見るをもって満足する。余輩の信仰はマルタ教にあらずしてマリヤ教である。主の足下に座して、そこに至大の平安を感得する者である（ルカ伝一〇・四二）。

（一九二〇年二月『聖書之研究』）

二種の宗教

宗教に二種ある。ただ二種あるのみである。すなわち自力宗と他力宗と、これである。儒教、神道、回教、ユダヤ教、みな自力宗である。そうして浄土門の仏教は他力宗であるが、絶対的他力宗でない。信仰を救いの条件として要求する宗教は、いまだ絶対的他力宗と称することはできない。信仰そのものまでを神のたまものとして見るに至って、宗教は絶対的他力宗となるのである。そうしてキリストの福音はかかる宗教である。すなわち絶対的他力宗である。いわく、「なんじらの信ずるは、神の大能の感動によるなり」（エペソ書一・一九）と。信者の信仰そのものが神のたまものである。ゆえに誇るの余地が寸毫（すんごう）ないのである。ただ祈るのである。祈り求むるのである。そうして、その祈る心をさえ祈り求めて、これを与えられて、神に感謝するのである。造られし人は、造りし神に対して、絶対的服従に出づるよりほかに、取るべき態度はないのである。信仰の道はつまるところ、祈り求むるの道にほかならないのである。

（一九二二年一月『聖書之研究』）

言葉の宗教

英国前総理大臣ロイド・ジョージが言うた、「議会政治は言葉の政治である」と。すなわち語ること多くして、なすこと少なき政治であるとの意である。そのごとく、ルーテル、カルビンをもって始められ、欧米にひろまり、その送りし宣教師によって、わが国に伝えられしプロテスタント主義のキリスト教もまた、これを「言葉の宗教」と称することができる。これもまた、語ること多くして、なすこと少なき宗教である。もしローマ天主教が儀式の宗教であるならば、新教すなわちプロテスタント教は議論の宗教である。議論、議論、議論である。議論によって別れ、議論によって合う。議論をもって攻め、議論をもって守る。議論をもってせずしては何事もおこなわれず。しかり、たいていの事は議論をもって終わり、実行を見ないのである。新教にありては、言葉これ信仰、言葉これ伝道、言葉これ事業である。われらはプロテスタント教徒の集会に臨んで、言葉の海に浴するのである。

プロテスタント教に教派多きは、主としてこれがためである。言葉は浅くある。誤解されやすくある。精密に言葉をもって言い表わさるる真理はない。真理は事実である。ゆえに、おこなってのみ、これを知ることができる。キリストは神なりとの真理のごとき、これを言葉をもって証明することはできない。しかし、キリストを実験した者はすべて知るのである、彼は人にあらざることを。そうして実験を重ねて、ついに彼を「わが主、わが神」と呼びまつり得るに至るのである。物理学の真理ですら、実験によらずして、これを知りまた証明することはできない。まして真理の最高位を占むる信仰上の真理においてをや。まず信じて、しかる後に語る。その場合において、言葉は少なくして足る。言葉多きは、信仰浅きを証明する。言葉が事実の表現なる場合に、一致は容易に得らるるのである。

いわく、説教、いわく演説、いわく講演、いわく著述、いわく雑誌、これらはみな言葉の事業である。時と場合により必要なる事業である。されども、最も確実なる、最も貴重なる事業でない。神の最も喜びたもう事業は、語ること、または書くことでない。おこなうことである。真理を信じ、世の反対と誹謗（ひぼう）とを冒し、ひとり静かにこれをおこなうことである。真理はかくのごとくにして、自己に証明せられ、他（ひと）に推奨せらるるのである。信仰の勇者は「みな、信仰の実行によりて証明を得たり」（ヘブル書一一・三九）とある。言葉の宗教は実行の宗教と化さねばならぬ。うるわしき言葉と思想とをもって神をあがむるにあらずして、うるわしき勇ましき行為（おこない）をもって彼に仕えまつるに至って、信者の間に真（まこと）の平和と一致とが臨むのである。

（一九二四年九月『聖書之研究』）

宗教は原理*

宗教がもし何ものかであるならば、それは原理である。宗教は儀式でない。教義でない。神学でない。制度でない。宗教としてのキリスト教は、その生命の原理によりて、他の宗教より区別せらる。キリスト教は愛であるゆえに、愛することによりて知らる。キリスト教は同時に行為と信仰と思想とである。愛は他（ひと）のために自己（おのれ）を与うることである。神は人のために、人は神と相互とのために、自己を与う。それが愛である。キリスト教ほど簡単なるものはない。同時にまたキリスト教ほど深遠なるものはない。小児はこれを解することができる。哲学者はこれに浸りて、その底に達することができない。私はただ愛することによりて、制度的教会に身をゆだぬることなくして、キリスト信者と成ることができる。神の慈愛(めぐみ)は広きかな、海の広きがごとしと言うが、しかしその深きもまた無窮である。そは彼の教えは原理であって、形式でなく、生命であって、思想の系統でないからである。

(一九二七年八月『聖書之研究』)

宗教は個人的である*

宗教は個人的である。全般的でない。宗教は「われら」でない。「われ」である。複数でない。単数である。第一人称の単数である。人類または人道のことでない。われ自身のことである。「わが神、わが神、何ゆえにわれを捨てたまいしや」とは、イエス御自身の宗教であった。「ああわれ、悩める人なるかな。この死の体よりわれを救わん者は誰ぞや」とはパウロの宗教であった。神学者らは宗教の全般的真理を探るがゆえに、いつまでも宗教を見出ださないのである。神は人の奥底の霊においてのみ発見せらる。自己を宗教の実験物として提供するあたわざる者は、その説教者たることは決してできない。近代的キリスト教が無味にして無能なるは、主としてそれが全般的であって、また社交的であり、個人的でなく、また一身的でないからである。天(あま)が下に無用なるものにして、世にいわゆる「宗教専門家」のごとき者があろうか。彼は宗教を知らずして宗教を語る者である。

(一九二三年一月『聖書之研究』)

三種の宗教

宗教に、儀式的なると、倫理的なると、信仰的なるとの三種類がある。儀式的なるが最も低く、倫理的なるがその上であって、信仰的なるが最も高くある。そして儀式的が普通であるがゆえに、倫理的なるが最も高くあると思わるるが常である。今日のキリスト教学者が、キリスト教は倫理的宗教なりと唱えて、その優秀の宗教なるを主張するがその一例である。しかしながら、倫理的なるが儀式的なるより高きがごとくに、信仰的なるは倫理的なるより高くある。キリスト教は最高道徳でない。贖罪教（しょくざいきょう）である。キリストに在（あ）りて神が人類の罪を滅ぼしたまえるその事実を示せる宗教である。「なんじら、われにならえ。さらば救われん」と言う宗教にあらず、「なんじら、われを仰ぎ見よ。さらば救われん」と教うる宗教である。信仰第一の宗教である。道徳はその次である。ゆえにキリスト教にありては、倫理的なるは堕落である。キリスト教が盛んなる時は、信仰的に盛んなる時である。そしてそれが倫理的に盛んなる時もまた、信仰的に盛んなる時である。キリスト教が倫理を目的とする時に、信仰は衰え、倫理もまた衰えるのである。

現代人の好むものは二つある。その一が芸術であって、その他のものが倫理である。そしてキリスト教にありて、芸術を好む者はローマ・カトリック教に行き、倫理を愛する者はプロテスタント教に行く。カトリック教は芸術的崇拝であって、プロテスタント教は倫理的願望である。されども福音すなわち真のキリスト教は、「キリストと、彼が十字架につけられし事」である。キリスト信者の全部は、キリストと彼の十字架においてある。彼の礼拝も道徳も、すべてここに完成（まっとう）されたのである。ただキリスト、ただ十字架である。そしてただこれを信ずる事である。現代人はその単純なるに堪えない。倫理学者はこれを迷信と同視する。されども信ずる者には、これ神の知恵また能力（ちから）たるなりである。

人が自ら神を求むる時に、彼は芸術的にまたは倫理的に彼に近づかんとする。されども神が人を求めたもう時に、人は信仰をもって神にいたるよりほかに道がない。信仰は、神が備えたまいし救いの道に自己を信（まか）す事である。信仰に手段方法は何もない。「ただ信ず」である。信仰は美しき儀式でもなければ、うるわしき思想でもない。自己の罪に目覚（めざ）め、神の恩恵に引かれて、「起（た）ちて、わが父に行かん」と言いて、彼のふところへと帰り行く事である。「神の恩恵に応ずる人の信仰」、それが真のキリスト教である。

病床中の主筆〔注〕言う、今度私が死んだとして、私は私の絶筆としてこの端文をのこして恥としない。私が生き存（のこ）るならば、この信仰を繰り返すまでである。

（一九三〇年二月『聖書之研究』）

注　著者。

絶対的宗教

宗教は絶対的である。相対的でない。「なんじ、心を尽くし、精神を尽くし、意(こころばせ)を尽くして、主なるなんじの神を愛すべし」というのが宗教である。狭隘(きょうあい)ならんことを恐れ、広量ならんことを欲して、右顧左眄(さべん)、ただ円満ならんことをこれ求むるものは宗教でない。世界大宗教の一なるごとき顧るに及ばない。もし絶対的宗教を発見し得ずんば、信ぜざるに如(し)かず。比較的に善き宗教は、信ずるの価値なき宗教である。かく言いて、他宗はことごとくこれを排斥せよと言うにあらず。寛容は、絶対的宗教の特質であらねばならぬ。他(ひと)は他たり、われはわれたりである。われはわが宗教をもって充(み)ち足れる者である。他宗をもってこれを補うの要なし。これはわれにとり、比較以外のものである。あたかも一夫一婦の規定のごとしである。

(遺稿)

〔無題(大〔宗教家〕は)〕

大宗教家は大法王または大監督または大説教師または大神学博士または大聖書学者でない。大宗教家は神と相対して大なる者である。アブラハム、モーセ、パウロ、バンヤンその他、この世と教会にその名を知られざる、しかも神の生命の書にその名を記録されたる者である。真の宗教はあまりに深くして、これを言語または行為に表わすことあたわず。もしこれを表わすに所ありとせば、それは密室においてである。宗教に大なる人は祈禱に大なる人である。彼の事業は、彼がひざまづいて全能者と角力(すもう)しつつある間に遂げらる。そこで勝利者であって、どこにありても勝利者である。教会を含むこの世は、最後まで、真の宗教を真に承認する最後の所である。他が承認して最後に至るまでは承認せざる所である。

(遺稿)

宗派なき宗教

宗派なき宗教とは、人の死に対する時の宗教である。この時、教派もなければ神学もない。保守派もなければ進歩派もない。近世主義もなければ無教会主義もない。この時、神は神であって、キリストはキリストである。この時、来世は無いと言い、キリストは救い主でないと言う信者は一人もない。この時、信者はすべて神と人情とにおいて一つである。この時、宗教は完全無欠である。

何ゆえに、われらは常にかく有りあたわざるか。何ゆえに、われらは死に対する時にのみ一致するか。死はごくまれに人の中に臨むことであるか。われらの中に死なざる者が一人たりとも有るのであるか。世に死ほど普通なるものは無いではないか。されば、われらは何ゆえに常に死と相対してあることができないのか。

哲人シセロは言うた、「世に死ほど普通なるものはない。しかるに人はすべて死は無いものと見なして、日を送っている」と。人に近いものとて死のごときはないのである。彼は常にわれらのかたわらに立っているのである。しかるに、われらは彼を認めずして、彼は無きかのごとくに、日々ふるまいつつあるのである。

願う、われらの、日々、神の擁護の下にあるがごとく、死の蔭(かげ)にあらんことを。しかして相互をゆるし、相互を愛し、相互をあわれみ、相互を助け、われらは来世の継承者であると同時に、また、ちりの子供であって、死の標的(まと)であることを知り、安らかに、この短き一生を終わらんことを。

われ、死者のために何をなさんか。死者に宗派なし。国家なし。人種なし。死者は人類的にして宇宙的なり。ゆえに、われは死者のために万人と平和を結ばん。これ死者を紀念するための最も善き道なり。

(一九一二年二月『聖書之研究』)

〈宗教と哲学〉

哲学と宗教

哲学をして宗教の代用をなさしめんと欲する人がある。されども哲学は宗教の代用をなすことはできない。哲学は人生の説明である。人生そのものではない。宗教は生命そのものである。生命の最も高いものである。「われは生命（いのち）なり」イエスは言うた。これ、ソクラテスも、プラトンも、スピノザも、カントも言い得ざりしところである。イエスは生命を供した。哲学者は生命の説明を供した。両者の間に名と実との相違がある。哲学もし宗教の代用をなし得べくば、生理学は食物の代用をなし得るのである。されども人は食物がいかにして消化さるるか、その説明を聞いて養わるるのではない。食物を食して養わるるのである。哲学に高遠なるものがある。深邃（しんすい）なるものがある。されども、その中に生命のパンはない。そうしてキリストは天より下れる生けるパンである。「人もしこのパンを食らわば、限りなくべし」（ヨハネ伝六・五一）と言う。そうしてすべて大なる哲学者はこの事を認めた。哲学をして宗教の代用をなさしめんとするは、小哲学者のなすところである。

（一九一七年六月『聖書之研究』）

〈宗旨の異同〉

宗旨ちがい

われ、キリスト教を信じ、彼、仏教を信ずればとて、われと彼とはいまだ全く宗旨を異にする者なりと称（とな）うるを得ず。そは、彼が阿弥陀（あみだ）を拝するは、われ、わが神を拝するの心をもってするや、いまだもって測り知るべからず。人は多くの場合において、異名を付して同物を拝するものなれば、その崇拝物の名の異なるのゆえをもって宗旨争いをするは、愚の極と言わざるを得ず。

これと同時に、同一の宗教を信ずる者は何びとも同宗旨の者なりと思うは、また大なる誤謬（ごびゅう）なりとす。そは、人は多くの異なりたる動機よりして宗教を信ずる者なれば、われと全く異なりたる意志よりして、われと同一宗教を信ずる者あるは、決して疑うべきにあらず。

ゆえに宗旨の異同は、そのこれを信ずる動機に従いて定むべきものにして、その名目の異同に従いて定むべきものにあらず。後生の安楽を得んがために弥陀にすがる者は、同一の目的をもってキリストに依（よ）り頼む者と宗旨を同じゅうする者なりと言わざるを得ず。また心身の純潔ならんことを望みてキリストに来たる者も、釈迦に来たる者も、モハメットに来たる者も、同一の宗旨を信ずる者と言わざるを得ず。

人の宗旨は、彼の奉持する人生観なり。利得をもって人生の最終目的と見なす者は、いずれの宗教を信ずるに関せず、すべて一宗教に帰依（きえ）す。また知略、才能をもって宇宙、人生における万能の力なりと信ずる者は、たとえ本願寺の執事たるも、あるいはキリスト教会の策士たるも、すべてみな同一の宗門に帰依する者なり。飢え渇（かわ）くがごとく真理と正義とを求むる者は、その崇拝物のいかんに関せず、同宗旨に帰依する者なり。

（一八九八年十一月『東京独立雑誌』）

〈宗教の敵〉

宗教の大敵

明治三十五年（一九〇二年）十月十日、東京高輪、西本願寺大学校における演説〔注〕の一節

仏教の大敵はキリスト教ではない。またキリスト教の大敵は仏教ではない。その思う人たちは、仏教、キリスト教いずれをも知らない人であると思う。余はキリスト教攻撃をもって能事とする仏教徒の、仏教的信仰そのものを疑う者である。余はまた仏教をののしって快哉を叫ぶキリスト教徒をはなはだ卑しむ者である。宗教とは決してかかるはずのものではない。

　仏教の大敵はすなわちキリスト教の大敵である。すなわち宗教の大敵である。そうして宗教の大敵とは何者であるかと問うに、宗教の大敵とは、自身宗教を信ぜざるに、これを国家あるいは社会の用具として利用せんと欲する者である。

　宗教を侮辱するものにして、これにまさるものはない。彼らは宗教は迷信であると言うている。彼らは宗教は有識の徒には全く無用のものであると唱えている。しかるに彼らは、この迷信、この無用物を彼らの同胞に推薦しつつあるのである。彼らの不信実もここに至ってその極に達せりと言うべきではないか。

　しかも、かかる人はこの日本国には決して少なくはない。故福沢諭吉先生のごときは終生かかる説を唱えられた。そうして彼の門下生は今になお、何のはばかるところなく、この説を唱えている。しかるに最も奇態なることには、かかる無礼千万の説に対して大義憤を発した仏教徒またはキリスト教徒のあるを聞かない。聞かないのみならず、彼らが、かかる説をもって、広量であるとか大度であるとか評して、かえってこれを歓迎しているのを聞く。実に奇怪千万ではないか。しかして、よく考えて見られよ。自己の信ぜざるものを他人に信ぜよと勧めるのである。もしこれが偽善でなく不実でないならば、偽善、不実とは何であろう。

　この点においては西洋人は日本人と全く違う。西洋人

は自分の信じない事を決して他人に勧めない。もし彼らは彼らの父祖の宗教なるキリスト教が迷信であると信ずれば、彼らは、かかる説を唱道するによって社会の安寧が大いに妨げらるるを知るといえども、彼らは大胆に彼らの所信を唱うるに躊躇（ちゅうちょ）しない。彼らは、自己が見てもって誤謬（ごびゅう）となすものを、彼らの妻子や下女、下男に向かって、真理なりとて、これを勧めない。彼らはすべての人類に対して適当の尊敬を表する者であるから、これに迷信を勧めて一時的の安楽を供せんとはなさない。この心があってこそ初めて真理を知ることもできるのであって、また真理に人を導くことができるのである。

しかし、この国においては、かかる不信実きわまる思念をいだく人は、福沢先生とその門下生に限らない。日本の政治家という人たちは、たいがいはこの種の人である。彼らは、人によって道を説くとか唱えて、人によってはいかなる不道理でもこれを説いて、少しも恥と思わない。かつて、故グラッドストン翁が、ある田舎（いなか）の老媼（ばあさん）をとらえて、彼女にアイルランド自治制を、彼が国会になしたと同じ筆法をもって説いたとの話があるが、しかし、そんな事は日本の政治家たちにはとてもできない。彼らはただ虞翁のばか正直をわらうのみであろう。しかしながら、この誠実があったからこそ、グラッドストンにかの大勢力があったのである。国会議員も人なれば、田舎の老媼さんも人である。彼の確信を説くにあたっては、グラッドストンは知者、愚者の差別を少しも立てなかった。

政治家の政略は少しは許せる。しかしながら学者の政略に至っては少しも許すことができない。もし哲学者とか文学博士ととなえられる人が出て、仏教はべつにキリスト教にまさるところがなくとも、国体を保存するに必要であれば、これを保護しなければならないという奇怪千万の説を唱え出したならば、その時こそ実に宗教家たる者の大憤慨を発すべき時であって、われらは共同してかかる宗教の大敵を排斥すべきである。

余の仏教に関する知識はいたって浅薄なるものであるが、しかし、その真理たるや、決して政府や哲学者の保護を仰がなければ生存し得ないような、そんな下劣なものでないことだけは、余といえども、よく知っている。釈迦牟尼仏（しゃかむにぶつ）の宗教は、ある一国の政体を保存するがために、世に説かれたものではない。宗教は宇宙の問題であって、一国の問題ではない。政府や哲学者の援助を得たりとて喜ぶような宗教は、すでに存在の理由を失ったものである。そうして仏教はかかる卑しき宗教でないことを、余は充分に承知している。

宗教をもって社会、国家の用に供せんとする者、宗教をもって暫時的のものと見なす者、これを政治的に、あるいは単にこれを哲学的に説いて、精神的にこれを解釈し、また拡張せんと欲せざる者、彼らはみな宗教の大敵である。彼らは実に宗教を蔑視（かろし）め、同胞を侮辱し、宗教を保護すると称して、実はこれを破壊する者である。宗教家の最も注意すべきものは、にせ哲学者の賛成である。

宗教伝播（でんぱ）のためには政府の補助も要らない。哲学者の賛成も要らない。社会の同情も要らない。われらにはただ一つ、心の中に動かすべからざる信念があればたくさんである。もしこの胸中に光明が輝き、もし民を愛し人を救わんとする熱情があれば、その他のものは無くてもよろしい。しかり、多くの場合においては、かえって無い方がよろしい。ゆえに、われら、仏教徒たるとキリスト信徒たるとを問わず、かの似て非なる宗教賛成家にたよることなく、否、たよらざるのみならず、かえって彼らをしりぞけ、ただ胸中一片の赤誠にたより、勇ましく、喜んで、われらの任務を尽くすべきである。

（一九〇二年十一月『聖書之研究』）

注「予の宗教的生涯の一班」（第一九巻「信仰生涯」に収録）参照）

宗教の利用について

宗教の利用という事は今始まった事ではありません。古い昔の事は措（お）いて、明治維新のころより盛んに唱えられたる事であります。これは言うまでもなく政治家の言う事でありまして、宗教を治国平天下の用具の一として考うるより出でたる事であります。この事を最もあからさまに唱えられたのは福沢諭吉先生でありました。先生は教育家の立場より、愚民愚夫指導の方法として、大いに宗教を利用すべきを高唱せられました。しかし福沢先生に限りません、明治時代の大政治家はいずれも宗教利用論者でありました。伊藤博文公、大隈重信侯、桂太郎公、後藤象次郎伯、いずれも宗教利用論者でありました。そして大政治家にとどまりません。わが国においては中政治家、小政治家、政治家という政治家は、千人中九百九十九人までは宗教利用論者であります。すなわち彼ら、いずれも、宗教信者にあらずして宗教利用論者であります。試みに、伊藤公なり大隈侯なりに「閣下は宗教は何を信ぜられますか」と尋ねたならば、いずれも答えられたでありましょう、「余自身はいずれの宗教をも信じない。しかしながら、婦女子にとり、国民多数にとり、宗教はいたって有益なるものなりと信ず」と。ゆえに伊藤公も大隈侯も宗教家を篤（あつ）く保護せられ、その事業を奨励せられました。しかし御自身は決して宗教を信ぜられませんでした。彼らは宗教を信ずるにはあまりに偉大でありました。

　この点においては、西洋の政治家は日本の政治家とちがいます。西洋の政治家は自身宗教を信ずることを恥としません。コブデンとブライトとが熱心なるキリスト信者でありし事、グラッドストン翁が大政治家でありしと同時に大宗教家でありし事は、人のよく知るところであります。近ごろのことでありました、英国現下の保守党内閣総理大臣スタンレー・ボールドウィンは、英国聖書会社の年会席上において、述べて言いました、

　もし私と私の同僚とが、政治またはその他の社会的事業において、いつか神の国が全世界にわたりて建設せらるべしとの信仰と希望とをいだかないならば、私に何の希望もなく、私は何の事業にも携るあたわず、私は今直ちに、私のこの地位を、他の何びとにも譲り渡すであろう

と。言を替えて言えば、ボールドウィン氏は信仰のゆえに政治をおこのうのであって、政治のゆえに信仰を利用するのでない。古い英国人のことわざに「学術は宗教の婢（しもめ）なり」ということがありますが、ボールドウィン総理大臣は、政治を宗教の婢として見るのであります。すなわち日本政治家の宗教利用論に対して、政治利用論を唱うるのであります。またチェコ・スロバキア国の外務大臣が、二、三年前のことでありました、ジュネーブにおける万国基督教青年会の席上において、同じ事を述べたと聞きました。すなわち、政府の事業たる、あたかも宗教の理想たる絵画に、わくを供するがご

ときものにして、美術そのものにあらずして、美術の補助者にすぎずとのことでありました。西洋にありて、人は政治を最大のものとは認めません。宗教は政治以上のものであると信ぜられます。私が近ごろ非常に感じましたことは、仏国の老大政治家クレマンソーの宗教に対する態度であります。パリ在留の私のある友人が、大胆にも、私が英文で書いた『余はいかにしてキリスト信徒となりしか』〔注〕の一冊を、彼クレマンソーに贈りました。そうすると、数日ならずして丁重なる感謝の書状が達しまして、大なる興味と同情とをもってこの書を読みたりと言い、終わりに言を加えて、「もし機会を与えらるるならば、自ら日本に行いて、この著者と信仰を語りたく欲(おも)う」とあったとのことであります。仏国の政治家といえば、故中江兆民または今の西園寺公爵のごとくに、無神、無霊魂を唱うるが常なりと思わるる内にありて、クレマンソーのごとき、さすがは欧州の外交を左右するだけありて、敬虔(けいけん)、謙遜(けんそん)、深遠のほど、思うだに深甚の尊敬を禁じ得ません。

宗教の利用と言う。言葉そのものが無意義であります。もし迷信の利用と言うならば、少しく意味があるかも知れません。しかしながら、宗教は迷信ではありません。宗教を迷信と見るは、きわめて浅い見方であります。宗教は人生の最大理想であります。事物の実体に関する知識または経験であります。ゆえに、浅薄なる人の理解しあたわざるものであります。人生の最善を総合したるもの、これ宗教なりと言いて、まちがいないと思います。ゆえに、もし宗教を利用し得る者があるとすれば、その者は最大の人物以上、神でなければなりません。ゆえに世界最大の政治家は、クロンウェルでも、ワシントンでも、リンカンでも、グラッドストンでも、ボールドウィンでも、宗教に使われんと欲して、宗教を使わんと欲しませんでした。彼らはよく宗教の何たるかを知っていたからであります。人は自分より高き者を利用することはできません。もし、できるとすれば、その人は臣としては不忠の臣であります。子として不孝の子であります。君を利用し親を利用する者を社会はゆるしません。しかるに、ここに宗教を利用する者があるというのであります。君の君にして親の親なる神を利用せんとする者があるとのことであります。かかる者を私どもは何と呼びましょうか。神をそしる者、冒瀆(ぼうとく)の人と呼びます。哲人ソクラテスをして言わしむれば、国家最大の罪人であります。自分は神を敬わず、その訓戒に従わずして、自分の政策をおこなわんがために、他人をして、自分の信ぜざる神を信じ、守らざる律法を守らしめんとするのであります。こんな不実な人はありません。もし国民がこんな人に支配せらるるならば、国民こぞって同一の罪人に化するのおそれがあります。簡単に言いまするならば、宗教の利用者は偽善者であります。そして偽善者に導かれて、国民はこぞって偽善者になるのであります。そして、かかる例は決して無かった事ではありません。仏国民のごとき、この災禍にかかった好き実例であります。仏国政治家の施せし偽善政治が仏国革命を生んだのであるとは、カーライルの『仏国革命史』の精要であります。

宗教は信ずべきものであって、利用すべきものでありません。もし宗教の利益にあずからんと欲せば、まず、これを信ずべきであります。国民は宗教を信ずるをよしとし、政治家はこれを信ずるの必要なしという理由は少しもありません。もし国に宗教の必要あらば、政治家まず、おのが罪を悔いて、神を信ずべきであります。政治家を宗教の必要以外に置くほど、誤りたる考えはありません。ゆえに、宗教家としても、まず第一に政治家伝道を試むべきであります。すべての国民にまさりて政治家の教化が必要であります。わが国今日の政治家が決して清浄潔白の人たちでないことは、続出する疑獄事件によって、わかります。しかるに事実いかにというに、わが国の宗教家は、この必要なる政治家伝道を試みないのであります。その反対に、政治家が宗教家を利用せんとするがごとくに、宗教家が政治家を利用せんとするのであります。大隈侯在世中に、多くの宗教家、ことにキリスト教の教師たちが同侯を訪問しました。侯は常に「ヤソのやつらが」と呼んで、彼らを卑しめられました。そしてこれらの「やつら」は常に侯の援助、賛成を仰ぎしも、かつて一回も、侯にキリスト教を信ずるの必要を説きしとのことを聞きません。

かく言いて、私は政治家を憎むのではありません。また政治家に、宗教家に頭を下げよと要求するのではありません。宗教家同様に、罪を悔い、神の救いにあずかれよと勧むるのであります。思想善導の上より見て、百の宗教利用よりも、一人の政治家の罪の悔い改めの方がはるかに有効であります。ことに宗教尊重の上より見て、政治家の宗教利用ほど宗教をそこなうものはありません。徳川政府が仏教を利用した事が、仏教堕落の大原因となりました。真の宗教家は何よりも政治家の保護をしりぞけます。宗教利用の声を聞く時に、宗教家は憤然起(た)ってこれに反対すべきであります。

(一九二八年十二月『聖書之研究』)

注　第二巻に収録。

宗教時代の到来について

宗教時代が到来したとて喜ぶ宗教家があります。しかしながら、これはなにもべつに喜ぶべきことではないと思います。かくなるのは当然(あたりまえ)のことでありま す。長の間、浮気文学に眼をさらせし日本人が、心に浮気の倦怠を感じて、ややまじめなる問題に耳を傾くるに至りましたのは、これ自然の順序でありまして、これがために日本の思想界がまじめになったと思うて喜ぶようでは、とてもこの国民を真個(ほんとう)の真理に導くことはできないと思います。今の日本人の宗教熱なるものは、ちょうど人が放蕩(ほうとう)をなし尽くした後で大いに身の不行跡を感じ、真面目(しんめんもく)を気取ると同然でありまして、かかる者が真正に宗教を解し得ようはずのないのは、わかりきったることであります。

宗教を信ずるに最も善き時は、社会が宗教を虐待する時であります。この時に信じた宗教は、終生、身を去りません。宗教の真理は、血をもって争うにあらざれば、わかることのできないものであります。この世にあっても歓迎され、次の世に行っても楽園に遊ばんなど夢想する者は、宗教を語るに足らない人であります。この世にありては厳冬の苦寒を感じ、次の世において春風の和平を得んと欲する者でなければ、とうてい宗教の真意はわかりません。迫害が、天国に入るの門であるのでありま す。賞賛、歓迎は地獄に入るの門であると思うてさしつかえはありません。宗教家の深き心の実験から見まして、今日のいわゆる「宗教時代の到来」なるものは、むしろ歎ずべきことでありまして、喜ぶべきことではありません。

この事は、過去の経歴に照らし見て、最も明白にわかります。明治の十六、七年ごろ、今の井上伯が外務大臣たりしころ、西洋の交際熱が一時に高まり来たり、何事も西洋でなければならないという点から、西洋の宗教なるキリスト教が非常に歓迎され、鹿鳴館に舞踏におもむく者にしてキリスト教を信じない者は時勢おくれであるように思われた時がありました。そうしてその時に、交際上の必要からキリスト教を信じた者がたくさんにありました。しかしながら、わが国におけるキリスト教会の堕落なるものは実はこの時において始まったものであります。この時に、多くの、にせ信者ができました。この時に、腐敗分子がタップリとキリスト教会内に入って来ました。キリスト教会にとって最も不幸なる時は実にこの時でありました。

それのみではありません、かかる時に宗教を信じた者は、反動時代の到来と同時に、第一にこれを捨てた者であります。西洋熱に次いで来たものは国粋保守論でありました。これに伴うて来たものが、シナ流の忠孝道徳であります。そうして何事によらず世の潮流に従ってその所信を変ずるの徒は、西洋の宗教を捨てて東洋の陳腐道徳に帰るのを何とも思いませんでした。彼らは古わらじを捨てるよりもたやすくキリスト教を捨てました。しかのみならず彼らはキリスト教徒の迫害者と変じました。社会の流行に促されて受けいれし彼らの宗教は、社会の流行によって取り去られました。

かかる次第でありますれば、私は今日の宗教歓迎なるものを見て、少しも喜びません。私はこれも一時の流行であることを信じて疑いません。その証拠には、彼らが称してもって宗教と見なすものは決して宗教ではありません。人生問題の攻究など、となえますものは、その名こそ宗教に縁があるように聞こえまするものの、実は宗教とは縁のはなはだ遠いものであります。イヤ天がどうだの、人間がどうだの、宇宙がどうだのと申しまするのは、ひっきょう、これ宗教道楽にすぎません。これは頭脳(あたま)の中で宗教を批議するのでありまして、心の中で宗教を信ずるのではありません。すなわち評論の題目がちがったまでのことであります。今日まで美を論じ恋を論じた日本の思想家が、これらの問題を論じ尽くして、今は大いにこれに厭(あき)を感じたる結果、人生とか未来とかいう問題を論じ始めたのであります。彼らがなにも前非を悔い、罪の恐るべきを悟り、神の前に自己

（おのれ）裸にをして、そのゆるしを乞（こ）い始めたのではありません、彼らはただ宗教的言語をもって、彼らの汚れたる生涯の上塗（うわぬり）をなさんとするのであります。彼らはなにも心の根本において宗教を求むるのではありません。彼らは宗教の衣を着けて、ソレで昇天せんと試むるのであります。

人は宗教時代が到来したと言います。しかし私は、宗教時代はすでに過ぎ去ったと言わなければなりません。宗教時代とは、いつでありましたろうか。私は申します、これは、馬鹿気（ばかげ）きったるシナ風の忠孝道徳が、大政府の威力をもって吹入され、宗教を信じることが逆臣、国賊の行為であると見なされたその時でありました。すなわち宗教を信ずるによりて、国人には国賊として斥（しりぞ）けられ、友人には偽善者として罵詈（ばり）され、兄弟、骨肉にまで、悪人よ、不孝者よと言われて責められしその時が宗教時代でありました。その時には、宗教は道楽半分に研究されませんでした。その時には、宗教は心の事でありまして、頭脳の事ではありませんでした。その時には、周囲が暗黒でありましたゆえに、内部に光明が輝（ひか）り渡りました。その時には、神が事実として眼に映じました。その時には、哲理によらずして、実験によりて、人生の深き真理がわかりました。その時に初めて天国の門が開けて、われらは信仰の眼をもって、そこに確かに、われらの生ける真の神を認めました。

宗教時代の到来！　これは確かに宗教家の警戒を加うべき時代であります。この時に乗じて宗教の延蔓（えんまん）を計らんとするがごとき愚を演じますれば、私どもは取り返しのつかない失敗におちいります。ある意味から言えば、宗教時代はいつでも到来しております。人間に霊魂の存在する間は、宗教の必要の感ぜらるる時代であります。霊魂の要求を充（み）たすのが宗教の任務であります。そうしてこの要求は、食物の要求と同じように、いつといって、これに高下のあるものではありません。この要求はこれ、いつでもあるものであります。ことに前にも述べましたとおり、宗教が社会に虐待さるる時にあるものであります。しかるを、この要求が今日に始まったように思い、今がこれを充たす時であると思うのは大なるまちがいであります。かく信ずるのが、そもそも宗教心のない証拠であります。宗教は決して流行物ではありません。

宗教時代の到来！　ああ、私どもはそんな事には少しも耳を傾けまいと思います。世が迎えようが、迎えまいが、そんな事には少しも頓着することなく、私どもの信念ありのままを述べようと欲（おも）います。私どもは、今日まで私どもを非常に窘（くるし）めた社会に歓迎されようとは欲いません。彼らは相も変わらぬ浮気の社会であります。ひょうたんの川流れであります。社会の潮流と共に進退するものであります。世と共に恋愛小説にふけり、世と共に忠孝道徳を唱え、今はまた世と共に宗教問題を研究せんとするのであります。実に卑しむべくして憎むべきはこの社会ではありませんか。こんな社会の歓迎を受けたればとて喜ぶようでは、とても宗教の真味はわかりません。私どもはドコまでも、かかる社会に向かっては反抗的態度を取り、こなたより、かなたに向かって絶交を申し渡し、全然彼らの毀誉褒貶（きよ、ほうへん）以外に立ちたく欲います。

（一九〇三年『朝報社有志講演集』）

彼らとわれら

彼らは、愛国心なきをもってわれらを責む。されども彼らは自分の利益のためには常に国家を利用し、時には国家を欺きもする。博士ジョンソンいわく、「愛国は悪人の最後の隠れ場所なり」と。また哲学者スペンサーはいわく、「利己心を拡大せしもの、これを愛国心と言う」と。

彼らはわれらより正直を要求する。そうして、われらは喜んでその要求に応ぜんとする。しかるに彼らは、われらが彼らに対してのみ正直にして、彼らの相手に対しては正直ならざらんことを欲す。主人に対しては正直なれ、されど顧客に対しては正直なるなかれと言う。かくて彼らの称する正直なるものは、その愛国心と同じく、自分本位の正直であって、正直とは称すべからざるものである。

彼らは正義を頌揚（しょうよう）する。その、他人に対して励行せられんことを主張する。しかし、その、自分に対して励行せらるるや、「過激」を絶叫してやまない。彼らは他人に対しては厳なれと言い、自分に対しては寛なれと言う。

国家を利用し正義を利用する彼らは、神を利用し仏を利用する。彼らにとりては、宗教もまた処世の一方便にすぎない。かくて彼らとわれらとは根本を異にする。ゆえに万事において衝突をまぬかれないのである。

〔一九一七年五月『聖書之研究』〕

〈仏　教〉

わが信仰の祖先

日本にも大なる信仰家が在(あ)った。法然(ほうねん)のごとき、親鸞(しんらん)のごとき、まさにその人であった。彼らが仏教徒であったのは、彼らの時代に、仏教を除いて他に宗教がなかったからである。われらは彼らが仏教徒なりしとのゆえをもって彼らを軽視すべきでない。

信仰の何たるかを知りしことにおいて、彼らは現今(いま)の欧米のキリスト信者よりもはるかに深くあった。彼らが弥陀にたよりし心は、もってクリスチャンがキリストにたよるべき心の模範となすことができる。彼らは絶対的他力を信じた。すなわち恩恵の無限の能力を信じた。彼らは全然、自己の義(self-righteousness)を排して、弥陀の無限の慈悲にたよった。

本願を信ぜんには、他の善も要にあらず。念仏(信頼）にまさるべき善なきゆえに、悪をもおそるべからず。弥陀の本願を妨ぐるほどの悪なきがゆえに」親鸞のこの信仰にまさる信仰はあるべからずである。ルーテルはこれを聞いて喜んだであろう。「アァメン、まことにしかり」と彼は言うたであろう。そうして今の欧米のキリスト信者は、かくまで大胆に言い断（き）るの勇気を持たないのである。彼らは、神をあまりに恵みある者と見るの結果として、人がはばからずして悪をなすに至らんことを恐れるのである。しかしながら、これ無益の心配であることは、人類の信仰史の証明するところである。神の恩恵が人の罪悪に勝ってのみ、真の救いはあるのである。親鸞はこの大胆の言を放って、信仰の奥義を語ったのである。

日本国にすでにこの信仰が在った。われらは信仰の事に関しては必ずしもこれを欧米人に学ぶの必要はない。われらは法然の『選択集』において、親鸞の『歎異鈔』において、または覚如（かくにょ）の著なりとして伝えらるる『安心決定鈔』において、深き貴き信仰の原理を見るのである。

かく言いて、われらは、寺院化せる、化石せる、「死者を葬る死者」と化せる、わが国今日の仏教に帰依（きえ）せんと欲するのではない。われらは今やこの国において仏教を見ずして、仏教の死骸（しがい）を見るのである。しかしながら、死骸の残るは、その内に、かつて一度は溌溂（はつらつ）たる生命の働いていたる何よりも良き証拠である。歴史はそれ自身を繰り返すという。同じ生命を供して、同じ活動を起こし得ない理由はない。法然、親鸞の信仰に蹶起（けっき）せし日本国民は、今といえども、同一の信仰に覚醒しない理由はない。しかもさらに剛健なる、さらに刺戟的なる、さらに合理的なる、そうして明らかに歴史的なる信仰をもってして、彼らが奮起勃躍（ぼっやく）しない理由はない。

しかり、信仰なるかな。そうして日本人は七百年前の昔より、すでにこの貴き信仰を持ったのである。

（一九一五年九月『聖書之研究』）

仏教復興の方法

余輩は仏教信者にあらず。されども切に仏教の復興を望む者なり。しかしてその方法たるや、仏教徒国民同盟会を起こし、檄（げき）を全国に飛ばし、政府に迫って公認教の制度を定めしめんとするがごとき、政治家的、俗人的行為によるべからざるを知るなり。仏教復興はその字義のごとく、聖釈迦牟尼（せい、しゃかむに）の教理そのままを復興することなり。すなわち彼のごとき清浄なる、忍耐深き、慈愛に富める、宏量（こうりょう）なる生涯を導くにあり。仏教復興はまず政治的たらずして道徳的たるべし。社会的たらずして修養的たるべきなり。

仏教学は今や開明国における一大専門学たるに至りしにあらずや。しかるにわが国の仏教徒にして、梵語（ぼんご）をもって自由に仏典を解し得る者は幾ばくかある。英に至り見よ、独に行いて見よ、キリスト教国における仏教の研究は、仏教国たる日本におけるがごとき陳腐のものにあらざるを。仏教復興の一大要点は仏典講究の普及なり。なんぞ梵語学校を設けざる。なんぞ教師をインドより招かざる。

（一八九九年一月『東京独立雑誌』）

＜宗教と農学・医学＞

宗教と農業

大正元年（一九二六年）十月十九日、東北帝国大学農科大学（注１）農政学講堂において、教授、生徒諸氏の前において述べし演説の大意なり

私は当農科大学の前身なる旧札幌農学校の卒業生でありまして、やはり農学士の学位を授かった者の一人であります。その私が、今は農学にかかわることなく、もっぱら宗教の伝播（でんぱ）に従事しているとは、なにやら、すまないことのように思われます。かつて同窓の一人なる志賀重昂君が言われたことがあるそうであります。

札幌農学校の出身者の中で、学校で授かった学科以外の学問をもって世に立っている者は、僕と内村君との二人だけである

と。まことにそのとおりであります。しかしながら志賀君の専門は地理学であります。そうして地理学はこの

地に関する学問でありまして、農学と全く関係の無い学問ではありません。しかるに私の専門に至りましては、これ農学とは何の関係も無いもののように思われます。宗教の本領は地ではありません。天であります。肉体ではありません。霊魂であります。もし世に正反対のものがあるといたしますれば、それは農業と宗教とであるように思われます。ゆえに、旧農学校にありて私と同級同室の好誼（よしみ）ある宮部博士〔注2〕は、かつて私に向かって言われました。

君は、わが農学校の副産物（バイプロダクト）であると。まことに私にとり、なさけない次第であります。私の母校が生んだ正産物ではなくして、副産物であるとのことであります。実は生まれずともよかつた者であるとのことであります。しかし、やむを得ません。すでに生まれた者を、今に至ってどうすることもできません。今は副産物は副産物として、なるべく多く国家のために尽くすまでのことであります。

しかしながら、私はここに少しく諸君に考えていただきたいのであります、宗教と農業とははたして関係の無いものでありましょうかと。農業の何たるかは、私がここに述べるの必要はありません。穀物を作り、家畜を飼い、蚕を養い、魚を漁（すなど）り、もって肉体の発達と快楽とを計るの材料を供するの業であります。一言もってこれを述べますれば、農業は実物を作り、これを世に供するの業であります。農業の貴ぶところは実物であります。したがってその特斥するところは空理、空論であります。じゃがたらいもであります。さとうだいこんであります。かぼちゃであります。牛であります。馬であります。豚であります。肉を養い、心を喜ばせ、手をもって握り、舌をもって味わうことのできる物であります。

そうして宗教とは何でありますか。私はここにあらかじめ申し上げておきます。私が宗教と言えば、私の信ずるキリストの福音であります。すなわち世にいわゆるキリスト教であります。私は他の宗教に対して深き尊敬を表します。私はキリスト教以外に真理は無いとは言いません。私はすべての宗教は各自、存在の理由があって世に出たものであると信じます。しかしながら、私は私の信ずる宗教以外について多くを知りません。ゆえに、これについて語るの資格を持ちません。諸君はそのおつもりで、私の宗教談を聞いていただきたくあります。

さて、キリスト教とは何でありますか。これは理論ではありません。形而上学（メタフィジックス）ではありません。世にいわゆる哲学ではありません。宗教と言えば、すべて理論である、幽邃（ゆうすい）なる哲学であると思うのは大なる誤りであります。もちろん世には神学なるものがありまして、宗教を哲学的に論じます。しかし神学は宗教ではありません。宗教は実験であります。その材料は、農業のそれとひとしく、実物であります。人の霊魂を養うことであります。霊魂の食物を供することであります。霊において生長し、その健全を計り、ついに神の完全（まった）きがごとくに完全くなることであります。キリストは言われました。

まことにまことになんじらに告げん。もし人の子の肉を食らわず、その血を飲まざれば、なんじらに生命（いのち）なし。わが肉を食い、わが血を飲む者は永生あり。われ、終わりの日にこれをよみがえらすべし。それ、わが肉はまことの食物、また、わが血はまことの飲み物なればなり（ヨハネ伝六・五三―五五）

と。キリストをもって与えられたる生命を受けて、霊において生きて永生に至ること、これがキリスト教であります。これはなにも理論ではありません。哲学ではありません。実験であります。キリストなる実物の摂取であります。その消化であります。世に確実なるものにして、キリスト信者の実験のごときはありません。

ここにおいて宗教と農業との関係がわかります。二者ともに実験であります。実物の供給とその利用であります。農業の反対は決して宗教ではありません。農業の反対は形而上学（メタフィジックス）であります。煩瑣哲学（スコラスティック・フィロソフィー）であります。小説であります。今日、世に称せらるる文学であります。思想（スペキュレーション）であります。空想（ファンシー）であります。実を脱し物を離れて、無益の理屈をこねることであります。農家の忌むものにして空理、空論のごときはありません。米一粒は空論の山よりも貴くあります。にわとり一羽は空想の海よりも価値（ねうち）があります。農家の耐え得ないものは、実物を離れたる法律または経済論または小説または詩文の類であります。

そうして宗教の反対もまた同じであります。真正の宗教は、農業とひとしく空理、空想をきらいます。使徒パ

ウロは言いました、

わが語りしところ、また、わが宣(の)べしところは、人の知恵のうるわしき言を用いず(コリント前書二・四)

と。理論と美文とは、宗教の輔佐(たすけ)ではなくして、その妨害(さまたげ)であります。信仰は言辞(ことば)ではなくして能力(ちから)であります。霊を生かすの能力、宗教はこれであります。ゆえに宗教の敵はまた農業の敵であります。空理、空論、幻想、美文……宗教と農業とが極力反対するものは、風のごとき言辞と影のごとき文字であります。

二者ひとしく実物の供給であります。しかし言うまでもなく二者はその供給する実物の質を異にします。農業が肉体の食物を供給するに対して、宗教は霊魂の食物を供給します。そうして、よく宗教の何たるかを知らない者は、その、はたして実物の供給なるや否やを疑います。しかし、これ、その人の経験の乏しきによります。宗教の空幻なるによりません。古きヨブ記はしるして言いました、

人の内には霊魂のあるあり
全能者の息、これに悟りを与う(ヨブ記三二・八)

と。人の内には霊魂があります。そうして、これを養うに霊魂の糧(かて)が要(い)ります。霊魂の健全を計り、これに必要なる糧を供することが、宗教の本分であります。

かくのごとくにして宗教は農業の反対ではありません。その補足(コンプリメント)であります。農業が肉体を養うに対して、宗教は霊魂を養います。二者ともに実験でありまして、また実物の供給であります。ゆえに農学校出身の私が宗教伝播に従事すればとて、なにも必ずしも農業と全く関係の無い事業に従事しているのではありません。副産物の名を私に附するのは、はなはだ不当であると思います。私は政治家になったのではありません。また文学者になったのでもありません。農業の兄弟なる宗教の研究者となったのであります。諸君が以来、この事を御承知おきあらんことを願います。

しかし事はここにとどまりません。農業は、宗教を離れて完全におこなうことのできるものではありません。農業もまた人間の従事する業であります。ゆえに単に農事そのものだけの改良をもって改良することのできるも

のではありません。もし農業が馬族や豚族の従事する業でありまするならば、これに宗教の必要はすこしもありません。しかしながら、万物の霊長たる人間の従事する業である以上は、これまた宗教によらずしておこなうことのできる業ではありません。苗種の改良、肥料の改良、はたまた農具の改良だけで、農事の改良はおこなわれません。農業に、法律の必要があります。政治の必要があります。そうしてまた、さらに進んで宗教の必要があるのであります。その理由は、人間の構成（くみたて）をよく研究すれば、わかります。人間は単性でありません。複性であります。彼に肉体があります。また悟性があります。また霊性があります。いわゆる人間の三分性（Tripartite nature of man）とはこれであります。そうして、これらの三性がことごとく満足され、かつ調和されて、彼に真正の幸福があるのであります。人間は食う動物でありまして、同時にまた思惟（おも）う動物でありまして、同時にまた神を拝する動物であります。彼は彼の胃の腑が充（み）たされただけでは満足しません。彼は物の理を探り、宇宙万有を解せんと欲します。そうして彼の食欲が充たされ、理性が足りまして、彼はなお満足しません。彼はさらに進んで、彼の飢えたる霊魂を充たされんとします。彼は昔の詩人と共に叫んで言います、

　鹿の谷水を慕いあえぐがごとく
　わが霊魂はなんじを慕いあえぐなり
　わが霊魂は、かわけるごとくに神を慕う
　生ける神をぞ慕う（詩篇四二・一―二）

と。そうして彼のこの絶叫の声に応じて、天よりの糧（かて）の、彼の霊魂に下りて、彼がそこに充実を感ずるに至って、初めて真個（ほんとう）に幸福なる人となるのであります。

　人はパンのみにて生くるにあらず、神の口より出づるすべての言（ことば）による

との聖書の言は、何びとにもわかる言であります。人は、彼の全霊、全生、全身が満足を感ずるまでは、真個の満足を感ずることのできない者であります。

そうして農家もまたこの法則に洩れません。彼の倉廩（そうりん）は禾穀（かこく）をもって充ち、彼の檻（おり）には牛豚群らがるといえども、もし彼の霊魂にその糧が乏しければ、彼は幸福なる農家ではありません。彼は調和を欠ける人でありまして、彼のなす事に統一なく、彼の

目的は明確を欠きます。農家もまた彼の業に従うにあたって理想を要します。そうして彼の霊において明らかならずして、彼は理想の人たらんと欲するも得ません。農業の改良を単に農具または土壌（どじょう）、苗種または肥料においてのみ求めて、農家、彼自身において求めない者は、いまだ農業を知らない者であります。

ここに至って、農業における宗教の必要ははなはだ明瞭（めいりょう）になるのであります。多くの農業上の問題は、宗教をもってするにあらざれば解けません。宗教を度外視し来たりしわが国今日までの農業教育は、これを不完全なる教育と称せざるを得ません。

今これを植民について論じて見ますならば、事は一層明瞭になるであろうと思います。植民は、目下わが国において農業上の大問題であります。いかにして、わが国の充溢（じゅういつ）せる人口を放散せんかとは、国家的大問題であります。そうしてこの重大問題を解決せんとするにあたって、われらはその解決を外務当局者にのみ待つことはできません。わが国植民政策の失敗は、これを外交官の無能にのみ帰（き）することはできません。これには日本人の国民性がまた、あずかって力あるのであります。言を換えて言いますれば、日本人の宗教が植民膨脹に適さないのであります。宇宙万物の造り主を神として認めず、その援助と守護とを仰がざる民が、遠く本国を離れて異国に新ホームを作らんとするの希望を起こしようはずはありません。よしまた異邦に至りしとするも、「世界いたる所にわが神あり。われはあえて恐るるに足らず」との信念に励まされずして、彼はそこに骨を埋ずむるの地を定むることはできません、異郷にありて、日夜、本国の神を遥拝（ようはい）する者のごときは、長くその地に踏み留まることはできません。

神はわれらの避け所、また力なり
艱難（なやめ）る時のいと近き助けなり

と信じて、メキシコの高原にあるも、ブラジルの森林にあるも、援助の神をいと近く感ずる者にあらざれば、そこに永住の地を定むることはできません。あまりに多く愛国的なる日本人は、世界膨脹の資格を供えません。日本人はその狭隘（きょうあい）なる宗教を改むるにあらざれば、植民事業において永久の成功を見ることはできません。

ここに、メキシコ国チャパズ州エスクイントラにおける教友、布施常松氏夫妻の事業について述ぶるところあり。次いで茨城県新治郡恋瀬村における友部重太郎氏兄弟の農村改良について、終わりに福島県某地における教友某氏の地方銀行改革について語るところありしも、事、長篇を成すをもって、これを略す。

キリストの福音がわが国に伝えられてより以来、いまだ六十年に満ちません。この短年月において、いまだ社会の耳目を引くに足るの大効果を奏するに至らざるは、あえて怪しむに足りません。しかし効果はすでに小規模をもって現われたのであります。そうして一村を救いしその精神は、一郡または一県、そうして延びてはついに一国を救うに足るの精神であります。一家族を海外に植え附けし精神は、やがては新日本を世界いたる所に建設するに足るの精神であります。そうして地方の一小銀行を根本的に改めて、一郡の農民に経済的慰安を与えし精神は、またもって天下の金融機関を泰山の安きに置くに足るの精神であります。宗教の農業に及ぼす感化は深かつ遠であります。私は宗教を説いて、農業と縁を絶ったとは思いません。否、農業の最も深き所において、これを助けつつあると信じます。私は母校を出でてよりここに三十年、ここにこの事を述ぶるの特権を与えられしことを諸君に謝します。

同上講演筆記

（一九一二年十一月『聖書之研究』）

久しぶりで札幌に帰り、特に私の教育を受けた所において、かく教員、生徒諸君と共に相見（まみ）えることは、私の大いに喜びとするところであります。札幌は私の第二の故郷というよりは、唯一の故郷であります。すべての山河は古き印象を呼び起こすので、この町、この附近において、私の仲のよかった木を見、これらの木に、りすを撃って歩いた事を思うと、いろいろの感慨に打たれ、うれしくもまた悲しくもあるのです。

私は諸君と同じく、この学校の卒業生でありますが、私も思い人も思うことは、私と農学校、農業との関係は絶えたのではないかということであります。東京の新聞や雑誌が、私を、農学士は名ばかりであると言って、誉（ほ）めたり、または、あざけったりする。志賀君が、農学校出身者の中で学校で教わらなかった事をやっているのは内村君と私ばかりだと言ったと聞きましたが、志賀君の専門としております地理は、農業に縁なしと言うことはできません。地理は地の事を論じますけれども、私は地の事は悪いという宗教家でありますから、志賀君よりもさらに縁遠いことになるのであります。宮部君は私を札幌の副産物だと言いました。はなはだ残念であるが仕方がありません。こんなありさまでありますから、札幌に来ましても、学校にみやげはありません。

始め私は水産が好きでありまして、附近の池の魚とは懇意にしておりました。幸いにしてそれでも続けておりますと、農学校の水産部長にしてくれたかも知れず、今度のように札幌にまいりましても、おみやげがあったのでありますが、私の水産学はもう、なくなっております。それで、私もかつてはこの学校において農業を学んだことがあったと、夢のように思うほどに、縁遠くなってまいりました。ところが幸いにして全く絶縁にも至っておらない。私は伝道上において農業に接することになりました。この点において、一つの接触点を見出だしました。私は副産物でありますけれども、農学士には違いありません。この関係はいかんともすることができません。おおよそ伝道の快は、すべての人に接触することであります。政治家、農工商業家、老幼男女を論じません。けれども、このうち私は百姓と接すると直ちに仲がよくなる。その理由は、甘藷(かんしょ)、大根、稲、麦に興味を有し、その名前を聞いたり、またいろいろの事を話しますので、百姓に、この人は少しは農の事を知っていると思わしめるので、自然と両方の間を接近せしむるようになるのであります。これに反して、私と最も関係の薄いものは文学であります。近代文学に至っては、私は少しの趣味をも持っておりません。同情もすこぶる薄くあります。農業に次ぎて私の近づきやすいのは、まず製造業、次は商業で、地の産物に関係し、または従事せる人は、私の考えの深いところも察してくれ、私もその人たちを解することができるので、私はこの方面に最も多くの友人を有しております。それでありますから、どうか私も副産物と見られずして、真正の産物として見られたいのです。

私のここに申しまする宗教は、私の宗教で、すべての宗教につきましては、これを述べることはできません。イエス・キリストの福音をさすものと思われたいのであります。またキリスト教が真であるか否やは別の問題でありますから、それもこの席では許してもらいたく思います。

さて問題は、キリスト教と農業とははたして深き関係を有するや否やであります。先夜来、お話をしましたが、宗教は農業を助けようが助けまいが、国家がいかになろうが、それは宗教の問題ではありません。宗教は感覚以上で、土地、国家、人間には無関係であります。神との関係でありまして、住み家を天に置かんとするものであります。この意味よりしますれば、われわれの宗教を信ずる目的は、天に住まうことであります。ゆえに、土中より物を生産せんとするものや、ビート、豚、馬、牛と直接の関係はあるはずはありません。真にスーパー・アースリー(超地的)になるべしと考えるのであります。この事は、諸君が宗教をしらべる時に考えられたき事であります。宗教は農政を助けるために利益あるや否やということを研究してもよろしいですけれども、この方面よりしては宗教の本質を解されぬことはたしかであります。肉体を離れて霊、人を離れて神、地を離れて天であります。かく考えてまいりますと、宗教と農業とは全然無関係となって来ますが、他の点より見ますれば、関係を有することはたしかであります。それは、双方ともリアル(実)なる点についてであります。哲学、文学とは違い、計算を誤れば直ちにその結果が表われる的確なるリアルであります。農業において、たとえば種子をまきますにも、悪いものをまけば収穫を減ずる。これリアルであります。宗教もこれと同じくリアルであります。キリスト教に言う天とか神とかいうものはアンリアル(虚)なものであると言うのは、まだ宗教を知らざる者の言であります。われわれの経験するものの中にて何よりもリアルなものはセルフ(自己)であります。しかるに、このセルフは手、足、胃、心臓にあらずして、見えざるものであります。同様に、神は思索の結果ではありません。霊魂を有する人間にとって最もリアルなものであります。ゆえに宗教はリアリティー(実在)として研究しなければなりません。すなわち、われ自身経験すべきものであります。かく言えばとて、私を、宗教、哲学の方面から霊魂不滅を証明して伝道せんとしている者だと思うは誤りであります。私は私の霊魂の実験を述べているのであります。私はいかにして心に平和を得るか、世に打ち勝つか、これほどリアルなものはありません。農業は手足においてリアルでありますが、宗教は高き深き意味においてリアルであります。今、このリアルの対照を求めんとしますれば、それは近世文学、スカンジナビアン文学でありましょう。この文学は、想像や空想がおもなる部分をなして、思索のためにする思索であります。神学の大部分はスペキューレティブ・フィロソフィー（空論的哲学）であります。彼らは、豚の首に綱を結びて牽（ひ）けば、いずれが引くのであろうかという問題を考えます。けれども、農家にあれ宗教家にあれ、実際家には、そんな話はどうでもよろしい。豚を引きさえすればよろしいのであります。農業と宗教とはこの点において深き関係あることを認めます。農の敵は宗教でありませぬ。つまらぬ夢想家、空論家であります。さらば、いかにして宗教の経験をリアルと見るか。豚、馬、家畜の実在は認むることができますけれども、いかにして神と霊魂の実在と不滅とを証明すべきか。この問題に関しては、カントのクリティック・オブ・ピュアー・リーズンスにさかのぼりて論ぜなければなりませぬが、時間がありませぬから、お断りしたい。実物教育に従事する時は、実物以外に実在のあることを疑います。物は物となりて現われなければならぬと思います。私どもが学生時代に農業を学ぶのは、今日のようではありませんでして、いかにすれば北海道の産物を増すことができるか、いかにして改良すべきかという問題でありました。麦、じゃがたらいもがたくさん収穫されて、売れてさえ行けば、北海道全体が利益すると考えた。しかるに、だんだん農業の進歩した結果、以上の要求が満たされた時に、問題が進んで、われらはさらに物産以上の機関すなわち農工銀行、拓殖銀行等の力を借りて利益を増加せんとする。かように金融上の問題が来たり、次に法律学が加わる。農業はただ生産なる単純の問題では済まなくて、金融および法律問題が定まらなければ発達はしない。また、さらに進んで、この機関を託する人間はいかに、信用のある人はいかにということになる。ここに至って、法律をおこなう人間の問題となり、これなければ、法律なく物産衰えることとなる。約言すれば、物質より道徳問題におもむき、今度は道徳の方面より物質に帰って来ることになるのです。ここにおいて、農業は他の問題をあわせて考えなければならぬ。この解決なくして、農業の解決はつかぬことになるのであります。じゃがたらいもの問題は単純でありますが、これより利益を得るには、経済、法律、ついには宗教も関係を有して来る。農業は、豚、馬のみから成るならば、ごく単純であります。馬がひとり引き、また耕すのならば、宗教は要(い)らなくなるけれども、百姓といえども人間であります。人が作りて、生産物を売却し、富を得るゆえに、農業はついに宗教と深き関係を有するに至るのです。

心理学は新しい学問であります。最近に至りまして長足の進歩をなし、また進歩しつつありまして、誰でもこの学問は知らざるべからざるものとなりました。ところが私が農学校におります時に、ある農書を繙読(はんどく)しますと、ブリックが、農家の知らざるべからざる学問の種類を述べた所に、「農家は、昆虫学、化学、物理学、経済学……等を知らざるべからず」としるしてありましたが、その内に心理学はありませんでした。宗教もありませんでした。文学もありませんでした。私は学生時代には学校において大いに文学をやらされたものであります。ここにおられる学長とは大の違いでありまして、私は文学が非常にきらいでありました。農業に文学は少しも関係がないと思いましたにかかわらず、学校はこれを強(し)いまして、チョーサーの『カンタベリー・テールス』の中にあるナンス、プリーストテールなどは暗誦(あんしょう)をやらせました。私は非常にこれを苦痛に感じましたが、英文学の試験の済んだ時に、いかに私は英文学がきらいであるかを証明せんがために、学校の講堂の前で筆記帳を焼き捨てました。今日に至りましても私は筆をとることはきらいでありますが、筆を取らざるべからざる境遇に立ちましたので、大いに悔いている次第であります。今日も私の所に唐紙を持って来られて、揮毫(きごう)を望まれた方がありますが、まことに悪筆にて、往時のたたりをこうむったわけであります。

元に帰りまして、農業は人間の従事する仕事であります。ゆえに農業の理想が、人間全体を益するにあることはもちろんです。心理学からでも、人間を完全にするは、人類全体をよくする上において必要な事であります。私の読みました心理学の本に、ナビル著の『人間の三要素』という本があります。人は古き心理学であると言って排斥するかも知れませんが、まことに便利でありますから、これを借りて用いますが、この書物の中に、人のネーチュア(天性)を分かって、身体、悟性、霊魂の三つとしてあります。この三つが人のネーチュアを作りますので、もちろん実験室内において一つ一つを別々に分かつことにできませんが、人間はこの三つの明白なネーチュアをそなえておりますからには、人を完全に発展せしむるためには、この三つの方面がおのおの平均して発達することが必要となります。ゆえに人は運動を必要とし、新鮮なる空気を必要とし、かくして身体の発達を計った上に悟性の修養を必要として、かくして人の幸福は作り上げられるのです。この点において、シェークスピアもチョーサーも必要となってまいります。さらば身体と悟性とが発達すればそれにてよろしきか。否、否、このほかに人間として大切なる要求があります。それは霊魂の要求でありまして、この欠陥を補わなければなりません。この霊魂の要求はすなわち宗教の要求でありまして、いまだ国家、国民、個人の歴史より見て、宗教のなかった国はないのであります。人は自分たちより以上の者と交通し、この者より愛と導きとを要求するのであります。この苦しき世の中に立ちて、世界全体が自分に反対する時にも、自分を慰め、自分にエネルギー（勢力）を与える者を求むるのであります。ゆえに、三つのネーチュアの中、この霊魂のネーチュアが不備なる時は、私自身が不完全となるのです。もしこの理を諸君が否定するならば、諸君自身が害を受けることとなるのです。インモータリティー（不死）について、若き時は考えることを好まない。死んだ後はどうなってもよろしいと考える。もし諸君の仲間の一人が死んだ時に、彼のこの世においてなしたる事蹟はただ終わりたるものと考えるであろう。けれども年老いた時にはこの問題が痛切に襲って来て、その解決を済まさなければ、真の愉快、希望はないのであります。何らかの方法をもって霊魂を養わなければ、身体も悟性も健全になることができず、われらの仕事が誤りやすいのである。されば商人も職工も教授も学生も、ことごとく宗教は必要となって来ます。いったん宗教を得れば、すべてが活動して、より大なる、より聖きものとなることは明らかで、学者はより大なる学者となり、農業家はより大なる農業者となるのであります。これを世界の歴史より見ますも、宗教を受けた国は、これを受けぬものよりまさっていることは明らかであります。クロンウェル、ミルトンのなせし清教徒運動がいかに産業上に関係を有したるかは明白なる事であります。またオランダがその小なる国土をもって、一時、世界を圧倒せしごときも、その例であります。海の面よりも陸地は低く、地味悪しき天恵の少なき国でありながら、かかる勢力を得たことは、カルビン神学の力なりしことは明らかであります。歴史と生産業との関係は興味ある問題でありますが、今はその時がありませんから、私自身の目撃した事を述べて、証明して見たいと思います。この談に入ります前に、あらかじめ申したいことは、先夜も教育会場で述べたことでありますが、宗教は霊魂の深き実験でありまして、霊魂の要求に応ずるものであります。ゆえにこの結果を、十年、二十年の後に期待するは無理であります。人の全身全力を動かして表われたるものでありますから、その結果は少なくとも百年の後を期して待つべきであります。仏教が日本に渡りまして聖徳太子の立つに至るまでは百年を要しました。現今、日本のキリスト教の勢力が微々としてふるわないのは、この点より見て至当な事と言わねばならぬことであります。今一つ、申したきは、わずかな事物に働く同じ法則をもって全世界に適用することができますから、今私が述べんとする実例の範囲が小なるがためにアンリアルであると思うてはならぬことであります。いかにして一村が改良せられたかと話しすれば、同じ原理をもって、一郡、さらに大にして国家をも改良さるべきことは推察することができます。時間の都合で、この実例もあまりたくさん述べることはできませんから、最も印象深きもの二、三を選んで、キリストの福音がいかに農業を改良するに力あるかをお話したいと思います。

日本という国は土地が狭くて人口が多い、ゆえに植民せなければならぬとは、人の一般に認むるところであります。しかし政府の植民政策ははなはだしく誤っているために、わが国の植民の成績がすこぶる発展せぬことは実際でありますが、さてまたこの罪ははたして政府にのみ帰（き）すべきものであるかと言いますと、さようではありません。日本国民もその責任の一半を負わなければならぬように思われます。それは、日本国民中には植民思想がないということであります。言を換えますならば、日本人はあまりに愛国的であるというのでありま す。あまりに愛国心に富むということはよろしくありません。自分の国土を離れることができないのでありま す。内地の人が北海道に永住することをすら好まない国民であります。いわんや遠きカリフォルニア、メキシコにおいてをやであります。これらの遠き国において楽しく生活することは、日本人にとりては不可能に属するようです。けれどもキリスト教を信仰せる人にとりては大いにその趣を異にしているのです。われらの信仰によりますれば、われらの家庭は全宇宙であります。いずこに行くも、われらの最も大切なるものがいることを思いますから、少しも恐れません。これは、キリスト教の宇宙の宗教であることによるのでありまして、神は至る所にありて、われらを慰め、われらの命を終わる土地はいずこにあれ、この霊は天なる父のもとに行くと信ずるのであります。ゆえに、行く所を選ぶ必要もありませず、世界がおのずから、ひろがるのであります。これについて一つの実例があります。メキシコの南にチャパズと申す所があります。ここに小さな日本の部落がありますが、ここは榎本子が日本の将来のために移民奨励の必要を感じて移住を計った所であります。初めの内は事業も有望でありましたが、年を経ると共に、一人去り、二人去り、ついに一人もいなくなって、その事業は失敗に帰しておりました。しかるに、私の所へよくまいりました駒場の農学実科の学生が一人おりました。〇〇〇〇という者で、はなはだ有望な学生でありました。この〇〇が一日、私の所にまいりまして、突然メキシコへ行きたいということを申しました。私は、かかる善良なる学生を手放すのが惜しかったものですから、不賛成を申しておきましたところ、突然、細君を私の宅へ預けたまま、出発してしまいました。乱暴な話もあるもので、細君はちょっと病身でしたから、私ども夫婦は細君の介抱に骨を折ったことでありましたが、間もなく、かの地より手紙がまいりました。細君はこの間にキリスト教の感化を受けて、かの地に渡りました。昨年でした、九年目に、彼はりっぱな紳士となって、私に会いにまいり、大変、開墾の事業について、おもしろい実験を話しました。メキシコには考えの及ばぬ奇談があります。彼は南の処女林中に生（はえ）たるままの樹木を柱として、家を建てました。窓には閉（しま）りなく、戸障子ももちろんありません。盗賊の防禦には、犬を三十四も養っておくそうです。楽しみといえば、わにや虎を狩ることぐらいで、ある時、彼は響尾蛇（ガラガラへび）に指をかまれたので、めんどうくさかったから指を切ったとて、指が一本不足した手を持っておりました。いろいろ話の末に、幸いにして今は地盤も固まり成功の段落を告げたから喜んでくれと彼は申しました。そうしてまた、この成功は自分の精力のたまものにあらずして、福音の力であると附け加えました。その理由とするところを聞くに、移住地において移住民の永続せぬは、女にその原因があるのでありまして、男はいかにもしてその楽しみを取ることができるけれども、困るのは女です。隣が二里もあって、銀行が二十里もある森林の中でありますから、ほとんど耐えられぬ。そこで、しきりに帰国を夫に要求するので、男もやむを得ず、引かれて帰るといふありさまになるのです。ところが幸いにして彼の妻は、ゴムの林に、おうむの群らがり来たって赤色を呈する熱帯国の森林を楽しみまして、ここが神の与えたもうた所であって、ここに神と交わるこの生活が最もうれしい、もし彼が死ぬことがあっても、彼の妻は残ってその業を継続するという決心が固く、ついに動揺が来たらずして、事業は成功するに至ったと申すことでありました。移住者はみなその細君に、〇〇の細君に見ならえと言うけれども、この外形的に見習っただけではだめでありまして、宗教的、個人的経験が必要であり、心霊の深き経験なき時は、彼女の心地を解することは不可能でありましょう。私のところに四年ほど勤めた下女があります。私どもはその処置を考えておりましたが、〇〇は、これはよい人があったと言って、さっそく連れ帰ったことであります。女に世界を家とする精神を与えて、永遠なる実在を味わわしめることは、植民事業には必要のことであります。もしも、かかる精神が日本中にひろがるならば、外務省がどうなろうとも、内務省がどうなろうとも、否（いや）でも応でも、同胞はどしどし出て、膨脹せる国となることは容易であると思います。

次は内地の農村について述べて見ましょう。村の生活は幸福なものであると詩人は歌うであろうが、私は最も不幸なものであると思います。百姓は情実や古き習慣に縛られ、狡猾（こうかつ）で怠惰であります。こんなことは諸君がよく御存じのことでありましょう。日本の村を改良することはむずかしいことであります。日本は進歩せりと言います。法令は加わって間然するところはありません。けれども私の見るところをもってしますれば、依然として古き村であります。そうして古き日本を形成しております。日本を訪問した西洋人は、新日本の駸々（しんしん）たる進歩に驚くことでありましょう。横浜、東京、日光、箱根等のみを見て歩きますれば、年一年と進歩を重ねております。けれども今一歩踏み込んで埼玉に行きますと、依然たる旧日本でして、いたる所、進歩を妨げ、青年を圧し、新農業、新思想を排斥するのであります。よし諸君が新知識を持ちて村落に至るも、直ちにその門前にて喰い止められるでありましょう。この困難なる農村を改良するには、そのままではとうてい行かぬ、何かが必要である。それに役立つものは、この前に独立教会で話しました霊のダイナマイトであります。これをもって農家の頭を粉砕しなければなりません。このダイナマイトはすなわち神にほかならないのです。この力は、人の心の最も深き所から出るものでありまして、これによって、非常に善い事が果たされる。法律が清まり、信用が高まり、すべてが改良されて行くのであります。私はこの際ちょうどよい機会でありますから、私が何ゆえに水産をやめたかを告白して見たい。その最初の理由は、私が学校を卒業し、東京へまいる時、小樽から田村丸という船に乗りました。にしんの〆粕（しめかす）と同居して、三等船室に陣取りましたが、この室にはたくさんの漁夫の出かせぎ人が乗り込んでおりました。彼らは漁期が去ったために帰国するところでしたが、まだ船の出航に間があるというので、博奕（ばくち）を始めました。この光景たるや非常に盛大なるものでありましたが、見かねたものか、この席に警官が踏み込んで来ました。その時の人々の狼狽（ろうばい）は激しいもので、私の前にも五円札が飛んでまいりました。私はこのありさまを見て、つくづく感じたのは、かかる漁師に金を与うるは、博奕の材料を与えるようなものであるということです。しかし私はまだ水産はやめませんでした。その後、私は水産講習所に教鞭（きょうべん）を取っておりました時に、生徒を率いて房州にまいりました。房州の布良村に神田吉右衛門という、実地に関しては日本に有名なる漁夫がありました。一夜、私は彼と共に、いろり火を囲んで話をしましたが、談、興に入った時、彼の申しますには、内村さん、改良もよいけれど、何よりも先に漁師を改良しなければだめですよと道破しました。これを聞いた私は、なるほど、そうだと思いました。これが、私が水産科をおいとま乞（ご）いした理由であります。農業におけるも、これと同じ理であります。法律や改良法はそなわっても、農民の心を動かさなければ、だめであります。

茨城県の小石村は、人口六千余の、四方、山に囲まれたうるわしい村落であります。私はこの村を友人の紹介によりまして訪問し、村長に面会しまして、感ずべき改良談を聞きました。元来この小石村は同県中の難村でありましたので、不取り締まりは有名なものでした。この村の樺山神社の宮司〇〇〇〇氏は、足利時代からの旧家で、一村の名望家であります。同家の家長は一度は村長になるという慣例でありますので、〇〇氏も村長の職を勤むることとなりました。彼は不思議な事から聖書を読み、単純なクリスチャンとなりました。彼が村長となるや、大いにその責任の重大なることを感じまして、この難村を再興しようと決心しました。そこで彼は聖書を開きまして、適切なる言葉を探しましたが、彼は「人に仕うるは、人に仕えらるるより幸いなり」という句を発見して大いに感動し、これを実際におこないました。人に仕うるが幸いである、ゆえに、村長となるは、彼らを命ずるためではなくして、彼らに命ぜられる神よりのしもべであるという、クリスチャンの態度に出ました。村落の難村であるとか模範村であるとかいうのは、村税の皆納がおこなわれておるか否かが中心問題であります。内務省より表彰せられる模範村となるの第一資格は、村税がよく納まっておるか否やにあるらしいのであります。ゆえに村長は、上級官省に対する心配からして、滞納の税額を引き受けて自腹を切る者すら少なくないとのことであります。実際、村税の滞納が多いようでは、村長も改良計画をすることはできないのであります。この小石村も難村の例に洩(も)れず、七百戸の中で六百戸は怠納をしていることを発見しました。そこで〇〇氏はこの怠納者に対して催促するに、おきまりの一片の催促状を小使に持たしてやるというようなことはおこなわないで、自分自ら脚絆(きゃはん)草鞋(わらじ)の装束で、少しも権式ぶらずに、村の殿様が各戸を訪問して、租税の納入を勧誘しました。初めのうちは、旦那が税を取りに来さしった、払わななるベーナというような調子でありました。彼はなお怠納者に対して、二回、三回、四回、十幾回も倦(う)むことなく頭を下げて、納入せんことを頼み歩きました。彼はこれが神のためだと思いまして、少しも恥ずかしく思わなかったということでした。ある家へは十五回も訪問しまして、十幾年間の怠納税金を完納せしめたということであります。今では小石村は県内においては最も善く治まった村となったと申すことであります。かくして、村が整然と秩序を回復した上、彼は村長を辞し、青年団を組織し、道徳的に宗教的に自村を改良し、進んでは近村までをも改良せんことを期しました。私がこの村を訪問したのは桜の花が開いていた時でありましたが、導かれて、城のような彼の住み家に至りました。しかるに私はこの屋敷の門の入り口の右に奇態なる建物を発見しました。この建物はガラス戸がはめてありまして、ガラスは色ガラスを使ってありました。私は大体の形よりして、これを、改良した養蚕室と早合点をしました。やがて座敷に通りまして、あいさつの終わるや否や、第一に紹介されましたのはこの建物でありました。建物の内部は三つに仕切られてありまして、中央は板の間で、イスがならべられ、多数の青年が集まっておりました。その室の隣には本箱が置かれて、この中に私の著書もたくわえられてありました。その反対の室には、ふとんや台所道具が設備されてある。○○氏はこれを会堂であると説明しました。その由来は、彼の屋敷の中に生(は)えた大きな杉の木が風のために倒れたので、彼は青年を集めて板を引かし、彼の弟が器用なので、その人をも頼んで建築したというのです。私はこの会堂において、青年たちに一場の話を試みましたが、○○氏の談によって、私は同氏の治村上の計画の遠大なるに驚きました。その計画と申すはほかではありません、彼の会堂においては、教派にいっさい関係なく、ただキリストとバイブルあるのみという考えで集会をしているのであります。青年団はまた宗教的会合のみを目的としませず、彼の所有の未開の山を、青年たちの暇を利用して畑地となし、これを耕作して得たる収入をことごとく挙(あ)げて会堂の費用に当てました。その畑の面積は五反歩あります。また改良事業を永遠に伝えんとして、彼は子息を師範学校に学ばしめております。○○氏の意見によれば、学士などにして高等の専門教育を授けますと、自村にとどまらずして他所に出て行くがゆえに、むしろ教育を師範学校にとどめ、村にとどめて小学校の校長となし、長く村の子弟の教育の任に当たらしめようというにあるのです。そればかりか、新宅の長男を医学校に送りて医学を学ばしめ、これを村にとどめて開業せしめるはずであります。このようにして、校長と医者とがクリスチャンで、村の改良の先導者となるならば、大丈夫であろうとの話でした。なんと驚くべきほど遠大なる改良法ではありませんか。簡単なる「仕うる者は仕えらるる者よりは幸いなり」という聖句の精神が全国に及びますならば、国家の大問題は解決されるのであります。最後に、今一つの実例を申し上げましょう。福島県のある町に、呉服屋を商売とせる有力なる紳士があります。この人も、早くより単純なキリスト教徒となりまして、単純なる福音によって、町、郡のために大なる改良の功を奏しました。独立教会で話したことでありますが、この人は聖書をたばこ入れのように仕立てて、腰にぶら下げております。私はある日、君はまだ、たばこをのむのかと尋ねました時に、彼は根付けをゆるめまして、中より聖書を取り出し、先生、これですと言って見せました。せわしい彼は、車上にある時、汽車にある時、その他、零砕なる時間を見つけました時に、聖書を取り出して読むためであると答えたのであります。彼はクリスチャンにはなりましたけれども、洗礼はきらいでありました。彼は常に堅く信仰の上に立ちて、さらに譲りませんので、町人より憎まるるに至りました。これはいずこも同じようでありますが、祭礼の時に寄附金をしない、ちょうちんを出さないと言う、それではと町の人はこぞってポンプを門口に引き来たり、もしも応ぜぬならば水を掛けると威嚇（いかく）しました。その時に彼は自若（じじゃく）として、町の人々を前にして、おのれの家族の者を店頭に並びすわらしめて言うよう、私は信者となりましたが、洗礼はきらいで、まだ水の礼を受けたことがありません、諸君が洗礼を授けてくださるということならば、私の非常に喜ぶところであります、サアかけてくだされと言って、町の人人を驚かしたという逸話をも持っている人であります。

さて、この人が義憤を起こしましたのは銀行の腐敗でありました。地方の小銀行（大きな銀行も同様であるが）の信用のないことといったら非常なものでありまして、一たび、その内幕を知るならば、金を預けるのがいやになるほどであります。年に二回の決算報告によれば、金はたくさんあるようになっておりますが、それはみな虚偽の数字であります。そのため地方の財政機関に多大の害毒を流しております。彼はこれを改良せんと試みましたが、難物は、有力者なる頭取であります。これある内は、改良は絶対に望むことができません。彼はついに決心して、自分の財産を犠牲にして大戦争を開始し、独力ついに有力家なる頭取を去らしめて、新しき頭取を置き、根本的の改良をおこないました。私が汽車で福島県を通った時に、彼は福島駅で汽車の中に飛び込んで来て、「先生、でかしました、でかしました」と叫んで私に告げました。その言うところによりますと、この改革は三年間の苦心を経て成功したということで、元は二十万円の資本に対して、わずかに八万円しか預金がなかったものが、今は数倍額の預金を見るようになり、その他多くの信用を得るに至ったとのことでした。私はよくこの事を他の地方で話しますが、どこでも、私の方にもかかる人があって欲しいと申します。日本の現状においては、もしも経済界に恐慌の波瀾が起こりますならば、多くの銀行はたちまち将棋倒しに破産するような、危険きわまるありさまであります。この際に道徳的英雄が起（た）って、根本的に改良を計るということは、いずれの方面にも必要の事となって来ました。

先夜も時計台で話したことでありますが〔注3〕、外国人は日本の現在を批評しまして、日本はすべての問題はよく解決されたが、最後の最大問題として道徳問題があると申しております。新しき人が出て、新しい改良をするは、みな人の望めるところであります。この改良に入るには、人はまず最高の宗教によって霊性の陶冶（とうや）を受け、地上にあれども天を歩める人とならなければならない。改良は、法律、哲学、農業によって来たるものではない。生ける霊のみ、これを与うることができるのである。農業を改良するにも真の宗教の必要なことは、誰でも同意しなければならぬことであります。

（一九一三年十月『内村先生講演集』）

注1 現在の国立北海道大学農学部。第三回札幌伝道における講演の一つ。『内村鑑三聖書注解全集』第一一巻三一二頁参照。
2 宮部金吾。
3 「キリスト教はいかにして始めて札幌に伝えられしや」。

医術としての宗教

ある夜、信仰を共にする、ある医師に語りしところなり

宗教はその実際的方面においては確かに医術の一種である。これは、人をその霊魂において救うことである。人の救済がその最大の目的である。人を実際に救わない宗教は、その教理はいかに高遠なるも、その儀式はいか

に壮厳なるも、用のない宗教である。すなわち宗教と称すべからざる宗教である。

キリスト教そのものが、艱難（なや）める人類の救済術として現われたるものである。キリストは、おのれを医師にたとえたもうた。そうして実際に幾回となく、医術を施したもうた。初代のクリスチャンが彼を救い主と呼んだのは、医療者の意味においてであるという。すなわち救い主と訳されしギリシャ語の Soter は、もともと医師を呼ぶに用いられしことばであるという。キリスト教が化して教会制度となり、組織神学となったのは、後世のことである。その初め、ユダヤにおいて宣（の）べ伝えられし時には、これは単に病める者の医癒（いやし）、疲れし者の安息であった。

医術の一種たる宗教は、医術のように発達し、医術のように施さるべきものである。宗教は、もし学問であるとすれば、医学、法律と同じく、実際的の学問である。これは実際を離れて論ずべからざるものである。世に純宗教なるものはないはずである。宗教は、学者が彼の書斎にこもり、沈思黙考して案出すべきものではない。これには、生ける人生に接し、その病的状態を究（きわ）め、これを癒（い）やすの術を施すべきものである。

この点において、宗教ははるかに医術に後（おく）れている。医術は今や全然科学範囲内にあり、疾病（やまい）の兆候によってその原因を探り、これを除かんとしつつあるに比べて、宗教は、いまだ古代の曖昧（あいまい）時代を脱せず、わずかに信仰箇条なるものを設け、これを信ずる者は救われ、信ぜざる者は救われずとなす。あたかも古代の医師が万病を癒やすに唯一の療法によったと同じである。宗教はいまだ科学範囲に入ったとは言えない。宗教はいまだ秘法範囲においてある。すなわち病者の確実なる療法を知るあたわずして、単に僥倖的（ぎょうこうてき）療法を施しつつある。

しかしながら宗教はいつまでもかかる状態にあってはならない。霊魂の救済術もまた肉体のそれのごとくに、確実なる精密なるものとならなければならない。すなわち、すべての人に向かって同一の療法を施すのではなくして、各人の病の性質にしたがって特別の療法を施すに至らなければならない。宗教は、崇拝物と来世とについて黙考するにとどまらずして、進んで人生の心的疾病を攻究し、これを癒やすの方法を発見すべきである。

人の心的疾病は決して単一ではない。彼が神を離れたのが、彼のすべての疾病の遠因であるかも知れないが、しかし、直ちに神を説きたればとて、彼は癒やさるべき者ではない。彼の病は体のそれとひとしく、種々雑多である。情の病がある。意の気がある。知の病がある。彼が神を見失ったのも、単に不信にのみ、よらない。そうして宗教家のなすべきことは、くわしく各自の病を診察し、これに適当する療法を施すことである。

試みに、ここに思想上の懐疑よりして苦悶する者ありとせんか、かかる人に向かって賛美歌を唱え信仰を説くも無益である。思想上の懐疑は思想をもって解かなければならない。哲学上の懐疑は哲学をもって、政治上の懐疑は政治をもって、倫理上の懐疑は倫理をもって、応じなければならない。かかる人に向かって、ペテロがユダヤ人に告げしように

なんじら各自、悔い改めて罪のゆるしを得んがために、イエス・キリストの名によりて、パプテスマを受けよ（使徒行伝二・三八）

と叫ぶも無益である。宗教は感情ばかりではない。また深い静かなる道理である。道理の解釈に苦しむ者に向かっては、道理をもってこれに応じなければならない。

また世には感情の疾病によりて苦しむ者がたくさんいる。そうして感情の患者に、内的なると外的なるとがある。すなわち疾病の原因を内に持つのと、外に持つのとがある。前者は感情そのものの疾病であって、後者は、感情の外より乱されたる疾病である。前者すなわち、いわゆる神経質の患者に向かって、多くの場合においては、宗教を説くのはかえって害がある。彼らの多くはすでに、あまりに宗教的であるのである。かかる場合においては、彼らの宗教熱をさますのが、かえって彼らを救うの道である。彼らの心をして宗教より転ぜしめ、あるいは冷静なる数学の研究におもむかしめ、あるいは確実なる天然の探究に走らしめ、もって感情以外の方面より、彼らをして再び神に至らしめなければならない。感情の人にさらに宗教熱を加え、彼をして熱心の上にさらに熱心に走らしめて、彼の熱誠を賛（ほ）め称（たた）うるのが、普通宗教家のなすところであるが、これ常識の人の最も慎むべきことである。要は、患者を健康状態にかえらしむるにある。彼をして、わが教義を広め、わが

教会の勢力を張らしめてはならない。イエスがガダラの地において、悪魔に憑(つ)かれし者を癒やされしように、彼をして「正気(しょうき)にて」(マルコ伝五・一五)、すわらしめなければならない。

外部の刺激によりて乱されし感情の患者はさまざまである。失恋のために患(なや)む者、試験落第のために患む者、家庭不和のために患む者、野心挫折(ざせつ)のために患む者、事業失敗のために患む者、愛する者を失いて患む者、貧にして患む者、数え来たれば、ほとんどその数に限りがない。しかしながら、これにもまたそれ相応の療法があると思う。もちろん、聖書を用い、祈禱を勧め、勇気を鼓舞するは、たいていの場合においては、なすべきことであるが、しかし、それのみにては足らない。感情患者の場合においては、その治療に最も必要なるものは深刻なる同情である。これなくして、彼らを癒やすことは、ほとんど不可能(できな)いと思う。同情に不足する宗教家は、この種の患者に対してはほとんど無能である。傷つけられたる感情を癒やすの第一の秘訣は、医師(この場合においては宗教家)自身が、おのが身に彼の痛みを感じ、これを彼と共に分かち、そうしてこれを軽減するにある。外部の刺激は、ある場合においてはこれを除くことができる。しかし、たいていの場合においては、刺激はすでに過ぎ去って、痛き傷のみ残るのである。そうして、かかる傷を癒やすのが宗教家独特の本分である。かかる場合において、彼の技倆(ぎりょう)は最も多く要求されるのである。ここにおいてか、彼は彼の心の内より、ギレアデの乳香にはあらで、同情の香油を取り出し、これを痛める傷に塗りて、その苦痛を取り去るべきである。宗教家は、神学のほかに深き同情を要する。彼はすべての方法をもって、この情性を養成すべきである。

この他にもまた種々の疾病がある。傲慢病(ごうまんびょう)、懶惰病(なまけびょう)、酔酒病、讒害病(ざんがいびょう)、不平病、これみな情の病にあらざれば意志の病である。あるいは肉体の病がその感化を精神に及ぼしたものである。ことにわが日本人中に最も多いのは傲慢病である。これは種々の形において現われる。階級の傲慢、富の傲慢、知識の傲慢、天才の傲慢、道徳の傲慢、信仰の傲慢、傲慢の病だけでもこれを一つの専門学科となすことができる。そうしてこれを癒やすのは、心的疾病中、最も困難である。日本人の傲慢病を癒やすを得て、宗教家はその技術の極致に達したと言うことができようと思う。かくのごとく、善き宗教家となるのははなはだ困難である。彼はひろき知識を要する。彼は政治、経済、理学、文学、哲学に、ひととおりは通じておらなければならない。彼が宗教にくわしくなくてはならないのはもちろんである。彼がキリスト教の教師であるとすれば、彼は聖書ことに新約聖書を、掌（てのひら）をかえすように、よく知らなければならない。聖書の言はまことに「生きて力あり、もろ刃の剣よりも鋭く、精神と霊魂また関節、骨髄まで刺しとおし、心の思いと志とを見分くるもの」（ヘブル書四・一二）であれば、彼はその各章各節の真義をくわしく探りおき、臨機応変にこれを適用しなければならない。彼はまた、ひろい深い同情の人でなければならない。政治家にも、科学者にも、哲学者にも、実業家にも、文学者にも、宗教家にも、貴族にも、平民にも、資本家にも、労働者にも、深き同情を寄することのできる者でなくてはならない。彼はかくて単一の思想の人であってはならない。彼の奉ずる信仰箇条を除いては、他は断じてこれを容（い）れないという底（てい）の人であってはならない。世に種々の宗教があり、同じ宗教の中に種々の宗派のあるのは、これ人の心が種々であるからである。一つの薬をもってすべての病を癒やすことのできないように、一つの宗教をもってすべての人を救うことはできない。ある人には天主教が最も適切なる宗教である。かかる人は、これを躊躇（ちゅうちょ）することなく天主教会にゆだぬべきである。また、ある他の人にはユニテリヤン主義が最も適切である。かかる人は、これを畏憚（いたん）なくユニテリヤン協会に送るべきである。おのれは無教会主義でもよい。しかしながら、すべての人を律するに、おのれの主義をもってしてはならない。人の心は古代の信者が想（おも）いしように単純斉一のものではない。これはきわめて複雑なるものである。すべての人を単一の信仰の下に抱括しようと欲（おも）うて、人を真理に導くことはできない。種々の人に対するわれらの態度は、使徒パウロのそれでなくてはならない。

われ、すべての人に向かいて自主の者なれども、さらに多くの人を得んために、自ら、おのれをすべての人の奴隷となせり。ユダヤ人には、われ、ユダヤ人のごとくなれり。これユダヤ人を得んためなり。

また律法の下にある者には、われ、律法の下にあらざれども、律法の下にある者のごとくなれり。これ、律法の下にある者を得んためなり。律法なき者には、われ律法なき者のごとくなれり。これ律法なき者を得んためなり……弱き者には、われ、弱き者のごとくなれり。これ弱き者を得んためなり。またすべての人には、われ、そのすべての人の状（さま）に従えり。これ、いかにもして彼ら数人を救わんためなり。われ、福音のために、かく、おこのうは、人とともに福音にあずからんためなり（コリント前書九・一九—二三）

これ放縦主義ではない。同情主義である。宗教家とはかくあらねばならぬ者である。

近世の心理学は、宗教を医学同様に科学範囲に導きつつあると思う。これによって宗教の本領は確定せられ、その応用の方法は明指せられつつある。遠からずして宗教は、今日のごとく単に信仰のことでなきに至るであろうと思う。すなわち精密なる一つの科学となりて、心の疾病の原因を探り、これを癒やすことができるに至るであろうと思う。

まことに今の宗教ほど漠然たるものはない。宗教家の事業といえば、その大部分は、高壇に立って教えを説くことである。彼らにとりては、宗教これ説教と言うてもよいほどである。試みに医師が、今の宗教家がなすようになしたならばどうであろうか。もし医師の主（おも）なる事業が、高壇に立って病理を説き衛生を唱うることであったならばどうであろうか。患者はすべて病床に呻吟（しんぎん）して、一人も癒やさるる者はないであろう。そのごとく、宗教家も心的患者を一人一人と診察し、各自適応の治療を施すにあらざれば、医師の功を奏することは難（かた）いではないか。演説と説教と神学と、これに加うるに教会の年会と議論と議決とをもって世を救わんとするからこそ、今の宗教家なる者は世を益することと、はなはだ少ないのではあるまいか。今や宗教家は目をさますべき期（とき）であると思う。医学者が、はやくすでに神農エスキラピオスの古説を捨てて、科学範囲に入りしがゆえに、多くの偉績を挙（あ）げつつある今の時に、宗教家はアウグスティヌス、カルビンの説にのみ固着して、なやめる人世の救済を怠るべきではない。

（一九〇七年十二月『聖書之研究』）

〈宗教法案について〉

宗教法案について

私は宗教を教うる者でありまして、政治を知らない者であります。しかるに今回、宗教法案なるものが帝国議会に提出せられて、わが国において宗教が為政家の監督を受けんとしているということを聞きましたゆえに、ここに私の立場より、この問題について一言することを許していただきます。

ベンジャミン・フランクリンがかつて言うたことがあります、「政府の保護を受けざれば存在し得ざるような宗教は、存在せざるを可とすれば、かかる宗教には保護を供えずして、これを廃滅に帰（き）せしむるに如（し）かず」と。まことに明言であると思います。世に自存性を有するものにして、真の宗教のごときはありません。これは、いかなる勢力の保護をも待たずして、自由に発達し得るものであります。これに反して、偽りの宗教ほど、もろいものはありません。この事を知って、政治が宗教に干渉するのはいかに愚かなることであるかがわかります。政治家が宗教のためになし得る至上善は、全然これを放任することであります。もちろん非倫、不徳を取り締まるの必要はありますが、それは普通の法律によって取り締まることができます。特別に宗教法を設くるの必要はありません。

今や政教分離は文明的政治の原則であります。そして宗教が政治に干渉する害が大なるだけ、それだけ、政治が宗教に干渉するの害は大きくあります。ゆえに西洋諸国においては、二者の分離をしてますます明白ならしめんとしております。しかるにわが国において、第二十世紀の今日において、新たに法律を設けて宗教を取り締まらんとするは、これはたしかに文明の逆行であります。憲法がすでに自由を与えた宗教に、幾分なりとも政治の制裁を加えんとするは、これはたしかに時代錯誤でありまして、政治のために計るも、害多くして益少なきことであります。はなはだ失礼なる申し分でありますが、文部省は、その直轄の諸学校においてすら、教師、生徒の思想の悪化を制止することができないのであります。その文部省が、教育よりもさらに困難なる宗教を、その支配の下に置いて、これを取り締まり得るとはどうしても思われません。

さらに一つ、私は言わしていただきたくあります。この法律案を編んだ人々は、失礼ながら宗教の何たるかを知られた人々でありましょうか。私は大なる疑いをいだきます。私は今日までほとんど四十年間、同胞の間に伝道して来た者でありますが、日本政府の官吏または民間の政治家にして、真に宗教を解した人に、めったに会うたことはありません。彼らは私ども宗教に生きんと欲する者の眼より見ますれば、いわゆる「この世の人たち」でありまして、神の事、霊魂の事、来世の事等については純然たる門外漢であります。そして、かかる人たちによって編まれたる宗教法が、よく日本人の宗教を取り締まり得ようとは、私にはどうしても思えません。私は法案そのものの、為政家の善意に出でたることを信じて疑いませんが、しかし宗教信仰の立場より見て、かかる法案は今日の場合、撤回してもらいたくあります。あるいはまた法律となす前に、一度広く国民の世論に問うて、しかる後、再び提出してもらいたくあります。昭和二年（一九二七年）二月十八日

（一九二七年二月『聖書之研究』）

完全なる自由

三月十八日夜、東京青山会館において開かれたる宗教法案反対キリスト教大会において述べたる演説の原稿である。当日の日記（日々の生涯）参考の事

このゆえに、子もしなんじらに自由を賜いなば、なんじらまことに自由を得べし（自由なるべし）（ヨハネ伝八・三六）

自由は単に内心の自由でない。これを外におこのうの自由である。信仰の自由というは、これをいだくの自由にあらずして、はばからず、これを外に言い表わすの自由を言う。そして外に言い表わすの自由なくして、信仰の自由はないのである。

しかしながら完全なる信仰の自由はこの世においては得られない。最も自由なる国においても、多少の圧迫は信仰の唱道に加えらる。よし法律のこれを拘束するもの

なきも、社会はある形において、これに制裁を加える。この世にありて、自由は実は比較的権利である。われらはもちろん、なるべく多くこれを得んとする。されども世が世である間は、完全なる自由の獲得を期待しない。罪の世は束縛の世である。そして「なんじら、世にありては患難(なやみ)を受けん」であって、この世にありて、自由は戦わずして、完全にこれを得ることはできない。

　しかしながら、ここに完全に自由を得るの道がある。それは、法律によるにあらず、社会の進歩を待ちてにあらず、また自ら戦って得るにあらず、これを万物の主宰者なる神より賜わるにある。神もしわれらに自由を賜うならば、その時、われらは完全に自由であり得るのである。ゆえに信者の立場より見れば、完全なる自由獲得の問題は、これ法律問題でなく、また社会問題でなく、信仰問題である。われらは全能の神より自由を賜わりしか、それが問題である。もし、しかりとならば、われらはまことに自由である。もし、しからずとならば、法律の保証はいかに多く、また堅くとも、われらに完全なる自由はないのである。「子もしなんじらに自由を賜いなば、なんじらまことに自由なるべし」と神の子イエスは言いたもうたそのとおりである。キリストがわれらに自由を与えたもう時には、法律はいかほど、われらを縛るとも、社会はいかほど、われらを圧(おさ)えるとも、われらはまことに自由である。

　かく言いて、私はただ理想を語るのではない。事実と実験を語るのである。完全なる自由は、内心の確実なる信念と、これを外に表わすに必要なる充分の能力(ちから)とである。信仰と能力、この二つがあって初めて完全なる信仰自由がある。そして神が人に自由を与えたもう時に、自由に無くてはならぬこれら二つのものを与えたもう。燃ゆるがごとき生ける信念、「われもし福音を宣(の)べ得ずば、わざわいなるかな」とパウロをして言わしめし信念、そしてこれに伴うすべての知恵と能力、すなわち信力能力兼備せる信仰、神はかかる信仰を賜いて、信者の自由を保障したもう。ゆえに信者は福音をもって世に臨む時に、法律の不備または社会の圧迫を恐れない。勇者が敵地に入りて敵なき里を行くがごとくに行く。そは、全能の神が彼と共に戦い、彼に能力を添えたもうからである。

　かく言いて、もちろん信者は、政府に逆らい法律を犯して進むというのではない。国法はいかに悪法なりといえども、これを尊重すべきである。ソクラテスは国法に従いて毒を飲んで死んだ。イエスもまた国法に従って十字架につけられたもうた。しかも能力なくして、やむを得ず死んだのでない。敵に勝つの充分の能力を有しながら、自ら身を敵手にゆだねたのである。その結果として彼らの死は、敵に勝つの最大の能力、また最上の手段であった。神は実は彼らに、敵に勝つ以上の力を与えたもうたのである。悠然（ゆうぜん）として、敵を愛しながら死に就（つ）くの能力、世にこれにまさるの能力はない。かくて信者は、法律を破り政府に逆らわずして、すべての信念を実行するの道を知る。神がすべての境遇に処するの道を教え、これに打ち勝つの能力を賜うからである。

この事は、過去五、六十年間の日本の歴史を見れば、わかる。今より五十年前に、キリスト教は日本において微々たる勢力であった。誰がその時、キリスト教を日本の三大宗教の一として認めし者があろう。しかるに今日はいかに？　僅々（きんきん）二、三十万の信者を有するにすぎずといえども、純信仰として実は第一の勢力ではないか。キリスト教は政府や社会より何らの保護奨励を受けずして、この地位に達したではないか。それは決して信者の内に特別の大人物が有ったからではない。神の能力がこれに加わっているからである。

今より三十五年前であった、わが国において、キリスト教に対し大反対が起こった。それは、キリスト教はわが国体を危くする、ゆえにキリスト信者は国賊、乱臣であるというのであった。この声はずいぶん高くあった。そして不幸にして私はその攻撃の的となった。そしてこの攻撃を向けるに最も力ありし者は、文学博士井上哲次郎君であった。井上君は全国民の賛成と文部省の後楯（うしろだて）とをもって、攻撃の鉾（ほこ）を向けられたのであったから、われらキリスト信者はいたく悩まされた。私のごとき、大不敬漢の名を着せられて、二十年間、社会より葬られた。私自身にとりては、葬らるることは信仰上最も善き事であったが、日本国を愛し、陛下を敬う私が、かかる汚名を着せらるることは、決して快き事でなかった。しかるに三十五年後の今日はいかに？　はなはだ気の毒の次第ながら、井上君自身が、神武天皇即位以来いまだかつて有らざる最大不敬漢として葬り去らるるに至った。私たちが仇（あだ）を報いて君を葬ったのではない。三十五年前の君の味方が、今日、同君を葬ったのである〔注〕。これ「主のなしたもうところであって、われらの眼に奇（あや）しと見ゆるなり」である。神が福音を弁明してくださる。われら福音の証明者として立ちて、勝利者たらざらんと欲するも得ない。

もし人ありて、キリスト教が日本に栄ゆるは外国宣教師の援助があるゆえであると言うならば、その人はまだ、日本におけるキリスト教の実力を知らない者である。日本のキリスト教界にありて、宣教師の勢力はいたって微弱である。彼らは社会事業、教育事業において多少貢献しつつありといえども、信仰の事は全然日本人の手に存している。私のごとき、今日まで、いまだかつて私の伝道事業において、外国宣教師より一銭の補助または一臂（いちぴ）の力を借りたことはない。そして私は決して例外でない。私のごときクリスチャンは日本に幾人もある。

ゆえにこの宗教法案が成立しようが成立しまいが、われらは少しも心配するに及ばない。神が日本を守りたまいつつある。また福音を進めたまいつつある。その福音の器として使われつつある間は、われらに完全なる自由がある。いかなる政府も社会も、神に勝つことはできない。全宇宙がわれらの後援者となりて働く。諸君、安心して進みたまえ。

付記

今回の宗教法案が不成立に終わったことは不思議と言わざるを得ない。われら信者の眼より見れば、これはたしかに神の御業（みわざ）である。この法案に反対した者はキリスト信者ばかりでなかった。仏教信者の内にも、だいぶんにあった。東京の大新聞はたいてい反対であった。そして貴族院内において熱心なる反対者の少なからざりしことは実に不思議である。花井卓蔵氏、水野錬太郎氏、藤沢利喜太郎氏、小野塚喜平次氏のごとき、平常（ふだん）は宗教に何の縁なき人々が熱心に反対せられ、法案通過の防止を努められしことは、不思議であると同時に、大なる感謝である。まことに余輩の知る範囲において、今回の宗教法案のごとき不人望なる法案はなかった。今や世論は政府当局者よりもはるかに進んでいることがわかった。この事に加えて、最も不思議なるは、キリスト信者中にこれに賛成する者の有ったことである。日本メソジスト教会、日本聖公会の内に多くの賛成者を見たとのことである。もちろん悪意より出でたる賛成ではないと思うが、しかし自由よりも教会を愛する心が、彼らをしてこの態度を取らしめたのではあるまいか。

（一九二七年四月『聖書之研究』）

注　「文学博士井上哲次郎君に呈する公開状」第一五巻二一〇頁およびそれに関する解説（三二八頁）参照。

摂理の事

神は世界を造り人類を造りたまいて、しかる後、これを見放して、その成るがままに任しおきたまいません。神はこれらのものを造りたまいし時の聖意をもって、今なおこれを陶冶（とうや）教導したまいつつあります。摂理（Providence）とは、すなわち創造（Creation）の継続でありまして、今日なお私どもの目前において、おこなわれつつある、神の活動を意（い）う詞（ことば）であります。

神は一つの明白なる目的をもって、この世界と人類を造りたまいました。神の意志は人の意志とは異なり、これを実行するに足る能力がこれに伴うておりますから、神は万物創成の目的を達せずばやみたまいません。必ずこれを達したまいます。

世には創造（クリェーション）を信じて摂理（プロビデンス）を信じない人がたくさんあります。その人たちの言うところを聞きまするに、「神は時計師が時計を作るように、まず宇宙とその中にあるすべてのものを作り、後はこれを神の手より離し、これをして、ひとり自動的発達をなさしめたまいます」と。彼らは、宇宙は何者の干渉をも受くべからざるものであると信じ、人は彼が思うままに、この世に処することができるものであると思い、神は彼が初めてこの世界を造りたまいし時のごとく、今日もなおこの世において彼の特別の意志を実行したまいつつあると聞いても、容易に信じません。

しかし、もし神が在（あ）るといたしますれば、理論上、彼の摂理を疑うことはできません。物を造って、これを放棄するような事は、善き技工のなすことではありません。著述家にして、彼の一たび著わせし書を捨てて顧みない者はありません。一たび描きし絵画はさらにこれを顧みないという画家はありません。著述家が彼の著書を愛するのは、ちょうど母がその生みし子を愛すると同じことであります。美術家がその技術に成りし美術品におけるもまた同じことです。いわんや神が彼の造りたまいしこの完備せる宇宙においてをやです。よしまた神は人間にまさるの技工でましますゆえ、彼が一たび造りたまいし物に二たび手を入るるの必要はなからんなど言う人もありますれど、これはいまだ神の何たるを知らざる人の言であると思います。完全なるものは神のみでありまして、神以外のもので、寸刻も神より自立し得るものはないはずです。

しかし、こう申しても、摂理を信じない人は信じません。彼らは春夏秋冬のおのずと循環し来たるのを見て、宇宙は無意識の機械の一種であると思います。彼らは、悪人がその俗知を利用してこの世に大利を占むるを見て、世に正義の神の干渉があるなどとは夢にも思いません。世人最大多数の宇宙観と人生観とはたいてい、こんなものであります。今、摂理の有無についてお話をいたす前に、神の特性の二、三を挙(あ)げましょう。

(一) 神は自身完全でましますから、彼の造りたまいし万物の完全ならんことを望まるるに相違ありません。製作品は、これを造りし技工の理想を代表するものでありまして、何びとも、その作りしもの、または生みしものの、おのれの理想のごとくならんことを望むは当然であります。ゆえに神も、彼の造りたまいしこの世界と人類とが、彼が完全なるごとく完全ならんことを求めらるるに相違ありません。もちろん完全は物によって異なります。花の完全あり、鳥の完全あり、獣の完全あり、人の完全があります。無機物の完全を調和と申しましょう。霊魂の完全を神聖(ホリネス)と申しましょう。しかし万物が各その完全に達せんことが神の聖意であることは疑うことはできません。

(二) 神は慈悲深くありますから、彼は常に、上層少数の者よりも下層多数の者を庇保(かば)いたもうに相違ありません。平和と貧民とは、神が特別に愛したもう者でなくてはなりません。

(三) 神は無私無欲の者でありますから、謙を貴び、譲を好みたもうに相違ありません。虚栄と傲慢(ごうまん)とは神の最もきらいたもうものであって、自ら高うする者を低くし、自ら低うする者を高うするは神の本性でなければなりません。

(四) 神は自由の神でましますから、彼は自由の発展とその拡張とを助けたもうに相違ありません。神の自由とは、もちろん私利私欲をおこのうの自由ではなくして、神の正義を実行するの自由であることは、言うまでもありません。

神の本性について攻究しますれば、もちろん数限りはありません。以上はただその三、四を掲げたまでであります。しかし神として彼が以上のごとき性質を備えないとは、決して言うことはできません。

今、人類の歴史をその全体において考えてごらんなさい。上に述べたような神の聖意は、その中に現われてはおりませんか。もちろん私どもの観察を歴史の一部に留めましたならば、あるいは文明退歩の時もありました。強者が専横をきわめし時代もありました。正は圧せられて、邪が時めきし時もありました。日本明治の今日は、ちょうど、こういう時代であります。偽善者は子弟教育の任に当たり、無能の族（やから）が貴族となり政治家となりて社会の上流に立つ時であります。しかし、これはなにも人類歴史の趨勢（すうせい）でないことはよくわかっております。たとえ日本国のごとき小国でも、その二千五百年間の歴史とは、確かに進歩の歴史でありました。日本にもその自由史とも称すべきものがあります。顕正、破邪は日本歴史をも貫徹している精神であります。

こう申すと、ある人は申します、「それは、あたりまえのことであって、なにもこれは神の聖意によって、こうなったものではない。進歩は天然宇宙の理であるから、国民が進歩し来たりたればとて、べつに神に賛詞を奉るには及ばない」と。

しかし、それはそうではないと思います。よく考えてごらんなさい。いずれの国、いずれの時代においても、悪人の勢力は善人の勢力にまさっております。明治の今日のように、佞人（ねいじん）、が権力を握って民の自由を奪いし時は、日本歴史においても決して一度や二度や三度ではありません。弓削（ゆげの）道鏡のような者が君寵（くんちょう）をこうむりて、大忠臣として仰がれた時もありました。平清盛のような獣欲漢が太政大臣（総理大臣）と成った時もありました。足利直義や高師直のような者が栄華をきわめて、楠正成の首が獄門にかかったこともありました。日本の国家も佞人、奸物（かんぶつ）の手に落ちしことは幾たびだか知れません。日本は君子国であって、「尽臣皆態羆、武夫尽好仇」〔注2〕などとは虚の絶頂であります。満朝の臣は道鏡の鼻息をうかがいました時に、彼にひざを屈しない者は、ただ一人の清麻呂があったばかりです。楠正成が主従七百騎をもって湊川に陣を張りました時に、足利直義に従って、この忠臣、義士の群れを鏖殺（みなごろし）にしました九州、中国の武士は三十万もあったそうです。もし日本国が日本人大多数の思うとおりの国になりましたならば、この国は今はどんな国に成っておりましたろう。しかるに、奸臣は幾回となく皇室を擁し、国賊は幾回となく天下の権を握りましたが、しかし正はますます正、邪はますます邪たるを得て、今日の日本は千年前の日本ではないように成ったのは、確かにその内に正義の神の指導があったからではありませんか。もし時々に天が泰時、正成のような潔士をこの国に賜わりませんでしたならば、日本は今日今ごろ、どうなっておったか知れません。日本歴史に神の摂理などは少しも現われておらないなど言う人は、まだこの貴重なる歴史を本当に読んだことのない人であると思います。

日本歴史においてさえ、そうですものを、世界歴史においてはなおさらのことです。世界の歴史は進歩の歴史であるとは、われわれがたびたび唱えるところであります。しかし、その事実を考うれば、世界の歴史は一名これを罪悪の歴史と言うことができます。もしアダム、イブが人類の始祖であるといたしますれば、人類の歴史はその堕落をもって始まっております。彼らの二子はカインとアベルと申しましたが、善人のアベルは悪人なるカインにねたまれて、その殺すところとなりました。その後、罪悪は非常に増進しまして、神は洪水（こうずい）をもって、ノアの一家七人を除くのほか、人類をことごとく滅ぼしたまいしとのことであります。しかし罪悪は洪水をもっても尽くすことはできませんでした。モーセのごとき義人は、民の罪悪と戦いつつ、彼の一生を終えました。神の特別の保護の下にありしというユダ人の歴史でさえ、その中に、不義、悪、貪欲（どんよく）、悪意、ねたみ、殺意、争い、詐欺、悪念、讒言（ざんげん）、不遜、高慢、そしり、不孝、無知、不誠実、無情、無慈悲等、すべて聖書に書いてある罪悪の種類の一つとして載せてないものはありません。もしまたバビロン史、アッシリヤ史、エジプト史等に至っては、ユダ史よりもさらに一層はなはだしいものであります。その他、フェニキア史といい、ペルシャ史といい、才能をもって万邦に卓越たりしというギリシャ人の歴史といい、もしその中に一つの善事の記載すべきあれば、罪悪の十も二十も書かねばならぬほどであります。また近世に至りまして、ヨーロッパ文明なるものは幾度か破壊、掃攘（そうじょう）し去られんといたしました。一度はトルコ人の侵入に会い、シャーレマン以来、幾多の大政治家が出で辛苦経営して作り上げしキリスト教国も、東方の野蛮人のために全く毀（こぼ）たれんとするの厄運に迫りました。そして、ようやくトルコ人よりの危険をまぬかれしと思えば、スペイン王国なる、ほとんど世界大の大強国が起（た）って、中央集権を主張し、欧州人の自由と独立とをその根本よりぬぐい去らんといたしました。オランダのごときは八十年の戦争を続け、数十万人の生命を犠牲に供しまして、ようやくサット、その独立を全うすることができたのであります。十六世紀以後の仏国史、英国史を読んでごらんなさい。罪悪は、全力を尽くし、あるとあらゆる勢力を利用して、正義の味方を潰（つぶ）さんと努めました。もし世にいわゆる優勝劣敗なるものが天然必然の理であって、強者が必ず勝つもので、弱者は必ず負けるものでありますものならば、今日この二十世紀の始めにおいて、世に共和国なるものは無いはずです。憲法政治なども無いはずです。今日今ごろ、文明国の人が最も尊重するすべての主義と信仰とは疾（と）くに消えてしまったに相違ありません。国王が自由主義をきらい、朝廷のオベッカ連が共和政治を忌みまするのは、天下いたる所、同じことでありまして、かくも権門、勢家にきらわれし主義と政治とが今日のごとき勢力を持つに至りましたのは、何か人力以外に原因があったからでなくてはなりません。

人類の全体が悪に与（く）みしつつあるに、善がだんだんと勢力を増しつつあるのは、私は確かに神の摂理がこの世におこなわれつつある証拠であると思います。世にもし政治家のほか頼むべきものはなく、軍隊のほか正義を守るの力がありませぬものならば、われわれは絶望してしまわなければなりません。

しかし今、歴史の大体を離れて、その著名なる出来事、ならびにこれにあずかりし人物の事を考えて見ますれば、神の摂理がこの世におこなわれつつあることが一層明白にわかるだろうと思います。

人類の歴史には幾回か危機（クライシス）なるものがありました。これは、人類全体が善に帰（き）するか悪に帰するか、実に危機一髪、危急存亡の秋（とき）でありまして、もし一歩を誤れば、億兆は滅びの淵（ふち）に沈まねばならぬ機会であります。紀元前四百九十年九月十二日、ギリシャ国アチカ州の東岸マラソンの野において、一万のギリシャ人が、勇将ミルティアデスの下に、十万のペルシャ人に対して陣を布（し）きました時は、実に人類の危機でありました。この戦いにおいて、ギリシャ人が敗れペルシャ人が勝ちましたならば、ヨーロッパ文明はその幼芽の時において圧（お）しつぶされ、アジア的圧制は全欧州をおおうに至って、その結果、あるいは二十世紀の今日に至るも、人類はいまだ自由の光明を見るに至らなかったかも知れません。この時にあたってミルティアデスなる人物がギリシャに出でませんでしたならば、どうでしたろう。歴史家が一般にこの人をもって人類の大恩人の一人に数えまするのは、決して無理ではありませんと思います。

英雄がこの世に生まれて来たりまするのは決して偶然ではありません。彼は特別なる仕事をもって生まれて来る者であります。世は彼を要し、彼はまた世を要する時に、ちょうど彼はこの世に臨む者であります。アレクサンドロス大王のごときは実にその一人でありました。彼がもし、彼が生まれし時より百年前か、あるいは後に、この世に来たりましたならば、彼は彼のなした大事業を決してなし得なかったに相違ありません。彼をして彼たらしめしものは彼の技量ばかりではありません。彼の時代、彼の周囲、彼の父祖、彼の敵、万事万物、ことごとく相寄って、もって彼をして大征服者たらしめたのであります。英雄の生涯をよく考えてごらんなさい。彼は彼自身の計画、彼自身の勤労にのみよって偉業を遂げたのではありません。彼は実に彼以上の者の機関となりて、ほとんど無意識のうちに天意を実行した者であります。

かつて鳥尾得庵先生が私に申したことがあります、「もし釈迦（しゃか）をしてキリストの生まれし国と時とに生まれしめしならば、仏教は今は文明国の宗教であって、欧米諸国の民は今はキリストを戴（いただ）かずして、釈迦をあがめておったであろう」と。あるいはそうかも知れません。しかし釈迦がキリストよりも五百年ほど前にインド、カピラ国に生まれて、ローマ、オクタヴィアヌス・シーザーの時に、アジア、アフリカ、ヨーロッパ三大陸の互接点なるユダヤ国に生まれなかったことは、確かに彼はキリストに劣る教導師であった事の一つの証拠であると思います。キリストは自ら神の子であって人類の王であると証（あかし）せられました。もし彼が南洋諸島の中に生まれて、この大胆なる言を発せらるるといえども、誰も彼を信じないに相違ありません。世界を救うべき人は、文明世界の中心点において生まれ来たるべきはずであります。釈迦は「アジアの光」でありますから、インドに生まれました。孔子（こうし）は「シナの光」でありますから魯（ろ）の国に生まれました。モハメットは「アラビヤの光」であって、彼の宗教はおもに砂漠に住する民に適するものでありますから、彼はアラビヤのメッカに生まれました。しかし、キリストは世界の文明国を教化して、ついに人類全体を救うべき者でありましたから、彼はユダヤのベツレヘムに生まれました。ベツレヘムに生まれたから、キリストはキリストとなり、メッカに生まれたから、モハメットはモハメットとなり、カピラ国に生まれたから、釈迦は釈迦となったのではありません。キリストは彼の事業をなすためにはユダヤに生まれなければなりませんでした。モハメットはメッカに生まるべき者であって、インドやユダヤに生まるべき者ではありませんでした。もし鳥尾先生の言われしように、釈迦がユダヤのベツレヘムに生まれましたならば、彼は何のなすところもなくして彼の一生を終わったかも知れません。神はやたらに何の目的なしに英雄を造りません。キリストをユダヤに送った神は、インドに釈迦をつかわし、アラビヤにモハメットを送って、人類の救済を計られました。英雄は必ず時と所とを定めてこの世に生まれ来たる者であると私は信じます。

英雄がみな天命を信じまするのもまた、彼らが天上の聖意を受けてこの世に臨み来たりし者であるとの自覚を証明するものであると思います。彼らはこの世に、ある特別の事業をなさんがために生まれて来た者でありますから、この事業を終えるまでは、彼らはいかなる危険に遭遇するも決して死すべき者でないと自ら信じております。「わが時はいまだ至らず」とは、キリストがしばしば述べられたことでありまして、彼は、天の父が彼に命ぜし人類救済の大事業を終えるまでは、何びとも彼の身に害を加うることはできないと信じておられました。それゆえに、彼が法官ピラトの前に引き出されし時に、ピラトが彼に告げて、「われに、なんじを十字架につくる権威あり、また、なんじをゆるす権威あり。なんじ、この事を知らざるか」と申しました時に、キリストは「なんじ、上より権威を賜わらずば、われにむかって権威あることなし」と答えられました。すなわち「上帝、なんじに、わが生命を奪うの権を与えたもうまでは、なんじはわれを殺すあたわず」との意を示されました。キリストは死すべき時の到来するまでは決して死すべき者でないとは、彼がしばしば彼の弟子たちに告げられたことであります。「事成れり」tetelestai とは、十字架上において彼の発せられし最終の語でありました。

そうして、この確信を持ちし者はキリストにのみ限りません。ナポレオンのような、全く世俗的の人物でさえ、彼の事業を終えるまでは彼の身は金鉄の堅きをもって包まれておるもののように考えておりました。彼は弾丸なるものは決して彼の身に当たるべきものではないと確信しておりました。彼の敵人はみな彼の運の強いのを見て驚きました。彼の事業と申すは、キリストのそれとは違い、全く破壊的のものでありましたが、しかし彼とても、彼の天職を終えるまでは彼の権力を失いませんでした。

紀元後千五百九十九年の四月二十五日に、英国のハンチンドンという村に、オリバー・クロンウェルという人が生まれました。もしこの人が、この時に、ここにおいて生まれませんでしたならば、今日の文明世界は決して今日のようなものではなかったに相違ありません。彼ありしがゆえに、共和国も及ばざるの自由を享有するイギリス王国なるものが起こり、彼ありしがゆえに、北米合衆国なる、古今未曾有の大自由国が地上に現われたのであります。彼なかりせば、ワシントンは生まれても、米国に独立戦争はなかったでしょう。彼なかりせば、リンカンは世に出でしも、奴隷制度廃止のための大戦争は戦われませんでしたろう。クロンウェルを離れて、十七世紀以後の自由の進歩は論ぜられません。

この人、まだ繦褓(むつき)の中にありしころ、彼の父の家に飼育されおりし一匹のさるは、彼をかかえたまま、高く家の梁(はり)にのぼりました。もし猿猴(えんこう)誤ってこの嬰児(えいじ)を床板の上に落としましたならば、英国民の自由は一撃の下に破毀(はき)されたでありましょう。未来の英国と合衆国と、そしてこれら二国を透して全世界との自由は、一時は猿猴の掌中に存しました。危機一髪とは実にこの時でありました。嬰児オリバーは安然に再び彼の母の手に渡されましょうか。母なるエリザベスは狂人のように成って嬰児の安然を気づかいました。しかし天はオリバーを守りました。彼の一身には未来数百千年間にわたる人類の自由がかかっておりました。しかし、さるは安然に、彼を梁より下に持ち来たりました。人類の自由は安然でありました。後世の王党の歴史家輩は幾回となく、嬰児オリバー・クロンウェルがこの時、さるの手を離れて床板の上に破砕されざりしことを恨みました。しかし神は自由の神であって、圧制の神ではありませんから、彼はこの自由の戦士を守りました。

この人、齢（よわい）五十九歳にして、千六百五十八年の九月三日に死にました。英国人にとっては五十九歳は決して高齢ではありません。ことに彼はマラリヤ熱の一種を病みて死んだのであるそうでして、これは今日の医学をもってすれば決して不治の病ではなかったそうです。ゆえに人は彼の早逝（そうせい）を悲しみ、英国民の自由のために、彼のなお十数年間、この世に存在せんことを望みました。しかし少しく彼の生涯と彼の時代とを考えて見れば、彼は実に死すべき時に死んだものであることがわかります。彼は、なすべきだけの事をばことごとく、これをなしてしまいました。彼は今は彼の死をもって彼の事業を封印するまででありました。彼の死は早くもなく、また遅くもありませんでした。彼は他の英雄と同じく、死すべき時に死にました。

私どもが英雄の伝記を読んで感ずるのはこの事であります。すなわち彼らは生まるべき時に生まれて、死すべき時に死んだことです。世に無名の英雄ありとは、私どもがしばしば聞くところであります。さよう、世に無名の英雄はありましょうが、無用の英雄はないはずです。英雄は神が作りたもうものでありまして、名は人の付けるものであります。英雄は、世人が彼の名を賛（たた）えると賛えざるとにかかわらず、彼のなすべきの事業は必ずこれをなすものであります。

時勢は英雄を作り、英雄は時勢を作ります。時勢と英雄とは進歩の二大原動力でありまして、二者その一を欠いて、社会に進歩なるものはありません。歴史は、よくその内容を検すれば、英雄の伝記であるとの言は、この事を言うたのであります。春が来ても、農夫がおらなければ、田も畑も植わりません。時機が来ても、英雄がおらなければ、人心の開拓はおこなわれません。ルーテルは革命時期のためにあらかじめ備えられし人物でありまして、革命時期はその効果を結ばんがためには、ちょうどルーテルのような人物を要しました。舞台あって役者があります。役者のために舞台は備えられます。時勢の必要に応じて英雄が起こるのは、これ、とりも直さず、舞台の道具立てが成って、役者がその上に現われて彼の技を演ずるの類であります。この事に関して、私は拙著『地人論』〔注2〕において、スペイン国自由党総理エミリオ・カステラーがコロンブス時代を評するの言を載せましたが、今またここにこれを転載しましょう。

> 良心は革進を要せり。キリスト教は改良を要せり。人類の信仰はその理想に達せんとせり。しかして伝来の思想と信仰の条目とを棄却せずしてこの天職を充(み)たさんがために、名を不朽に伝えたるサボナローラの強健なる知能と、ルーテルの革命的教理とは世に出でたり。しかして天然もまた革新を要せり。コロンブス、ために世に現われたり。発見者に関する記録を探り見よ。大航海家の世に出づるは、天の指定せし時にありて、吾人の地球と理性とが同時にこれを要する時にありき

大航海家しかり、大政治家しかり、大美術家しかり、大哲学者しかり、大文学者しかりです。大家、偉人と称せられる人で「吾人の地球と理性とが同時にこれを要求する時」に、出なかった者はありません。英雄の輩出は確かに神の特別なる御事業であります。

しかし神の摂理は、国民の歴史と、これを支配する英雄の生涯とにおいてばかり現われるものではありません。私どもはこれを探るに、遠き昔にさかのぼり、または深く英雄の伝記に考うるの必要はありません。私ども日常の生涯が、よくこれを考えて見ますれば、神の摂理の実現であります。誠実に一生を送らんと努める人で、昊天(こうてん)の保護と教導とを信じない人はありません。われわれは心におのずと、われわれも時勢のある必要に応ぜんがために、この世に生まれ来た者であることを信じます。かく信ずるは、われわれはなにも必ずしも大政治家または大哲学者とならんがため生まれて来たというのではありません。物に大小優劣の差があるように人にもそれ相応の地位があります。国家の牛耳を執る大政治家もありますれば、官庁の門を守るための門番もあります。よく門を守り得る者は、よく国を治め得る者だけ必要であります。神は時勢の必要に応じて、善き政

治家と善き門番とを造りたまいますから、われら門番として造られた者は、感謝してその職につくべきであります。そうしてわれら各自の過去の生涯を顧みますれば、われらはみな神の特別なる保護の下にありしことを感じます。われらに多くの困難がありました。しかし、よく考えて見ますれば、この困難はみな、われらに無くてはならぬ困難でありました。ある困難は、われらを光明の域に導いてくれました。また、ある他の困難は、われらを罪悪のちまたより外に救い出してくれました。私どもは時には私どもの過去を振り向いて見て、かくもあれかし、かくもあらざれかしと思うこともありますが、しかしまた、よくよく私ども目下の安寧、福祉を考えまする時に、私どもの通り来たりし生涯の道は実に私どもの通過すべき唯一の道でありしことを発見いたしまする。喜楽必ずしも喜楽ではありません。痛苦必ずしも痛苦ではありません。ただ花咲く道をたどりましたのも、涙の谷にさまよいましたのも、みんな私どもをして、今日、神の愛を悟らしめ、今日、私どもの心の中に快楽と歓喜とをあらしめんとの神の摂理によりしものなることを悟りますれば、私どもはただ感謝するばかりであります。貴下(あなた)方の中で英語のおわかりになる方は、左のワーズワスの詩をよく玩味(がんみ)してごらんなさい。その中に意味深長にして尽きざるものがあります。

"Dust as we are, the immortal spirit grows
Like harmony in music ; there is a dark
Inscrutable workmanship that reconciles
Discordant elements, makes them cling together
In one society, How strange, that all
The terrors, pains, and early miseries,
Regrets, vexations, lassitudes intrefused
Within my mind, should e'er have borne a part,
And that a needful part, in making up
The calm existence that is mine when I
Am worthy of myself." —Prelude, 第一章〔注3〕

こういうあんばいに、われわれの一身にも全能全知の神の摂理がおこなわれております。聖書にこう書いてあります、

五羽のすずめは二銭にて売るにあらずや。しかるに神はその一羽をも忘れたまわず。なんじらの頭の毛またみな数えらる。ゆえに恐るるなかれ。なんじら

は多くのすずめよりも貴し（ルカ伝一二・六―七）神の許諾なしには一羽のすずめも地に落ちざるこの宇宙に存在することでありますれば、われわれは神を信ずる以上は、何も恐るることはありません。われわれは、われわれの定めし気まま勝手の目的に達することはできないかも知れません。しかし神がわれわれにおいて定めたまいし目的は、われわれは、これに達せずしてはやみません。われに百万の敵あるも、恐るるには足りません。わが身体の脆弱（ぜいじゃく）なるも、意とするには足りません。われに友なく、富なく、援助なきも、失望するには及びません。私どもは私どものなすべき事はきっと、なし遂げるに相違ありません。これ、なにも私どもに山をも移し岩をも透す力があるからではありません。これ私ども各自に神の定めし目的がありまして、私どもが心身を挙げて神に任します以上は、神は神の力をもって、私どもをしてその天職を全うせしめたもうからであります。キリストは申されました、「わが父は今に至るまで働きたもう。われもまた働くなり」と。われわれの働くは、生ける真の神が働きたもうがゆえでありまして、われわれは宇宙の運行、人類の進歩、英雄の行動と共に働きつつある者でありますれば、われわれは安心して日常の業務につくべきであります。

（一九〇〇年五月『東京独立雑誌』）

編纂（へんさん）を終えて後に

二十七年前に書いたこの言は、その後、私の国についても、また私自身の生涯においても、事実となりて現われました。私の説きしキリストの福音のごとき、当時の日本においては害ありて益なきもののように思われましたが、今は確かに精神的大勢力となり、天下に横行し得るに至りました。時めきし藩閥政府とその従属とは次第にその勢力を失い、今や日本国をおのが所有のように思いし人たちが食に飢えて、あわれみを天下に乞（こ）うに至りました。私どもを不敬漢として、ののしりし人〔注4〕は神武天皇以来の最大不敬漢として、世より葬り去らるるに至りました。神は生きていたまいます。彼の聖旨（みこころ）は確かにおこなわれます。「われらは安心して、日常の業務につくべきであります」。昭和二年（一九二七年）七月二十二日、相州葉山において、しるす。

（遺稿）

注1 「尽臣（じんしん）みな熊羆（ゆうひ）、武夫（ぶふ）ことごとく好仇（こうきゅう）」（藤田東湖「和文天祥正気歌」）。

2 第四巻に収録。

3 「われらは塵にひとしき者なれど、不朽の精神は
音楽の和声（ハーモニー）のごとくに育つ。目には見えぬ
不可思議なしかけがはたらいて
かずかずの反撥しあう要素をば
一つの円満な調和にまとめあげる。
わが心の中ににじみ込んだ
あらゆる恐れ、なやみ、若き日のかなしみ、
悔い、痛み、気おちなどがことごとく
それぞれの役目を、しかも必要かくべからざる役目をになって
わが本領にふさわしい静かな生活をつくりあげ
われをしてわれ自身の尊厳に立たせてくれる。」
（プレルード第一巻三四〇―三五〇行）

4 井上哲次郎。

奇跡

キリスト教の重心点

キリスト教の重心点はその道徳ではない。キリスト教の重心点はその奇跡である。ことに奇跡的人格なるキリストである。彼の奇跡的出生である。彼の奇跡的生涯である。彼の死して後の復活である。復活後の昇天である。神の子の受肉、その聖行、復活、昇天、そうして来たるべき再臨、キリスト教の重心点はこれである。その道徳なるものは、これに根拠したる道徳である。その慰安と歓喜と希望とは、これを信ずるより来たる慰安と歓喜と希望とである。キリスト教よりその奇跡を除いて、余すところは零である。神御自身が人の間に臨みたもうたのである。天が地に接触したのである。生がはたして死に勝ったのである。その事実と事蹟とがキリスト教である。ただに高遠なる理想ではない。ただに純潔なる道徳ではない。ただに偉大なる社会的勢力ではない。キリスト教は奇跡である。超自然的事実また勢力である。神が人として生まれ、罪を除き、死を滅ぼし、永生を賜えりとの事である。奇跡ならざるキリスト教は、これをキリスト教として認むることはできない。

（一九一七年一月『聖書之研究』）

奇跡の存続

老博士デリッチいわく、「キリスト教は贖罪的（しょくざいてき）である。そうしてまた奇跡的である」と。まことに奇跡を否定して、キリスト教はないのである。そうしてキリスト教はその古い歴史においてのみ奇跡的であったのではない。今日なお、われらの間にありて奇跡的であるのである。キリスト教は今日なお、その奇跡的たるの性質を変えない。エホバは今日なお能（ちから）ある手をもて、われらをこの罪の世より導き出だしたもうのである。この事を忘れて、愛心のある所にキリスト教ありと称し、神の能（奇跡）を仰がずして、人の手段、方法によってキリスト教をひろめ、霊魂を救わんと欲す、現今（いま）の教会のキリスト教に、見るべき事業の挙（あ）がらざるはこれがためである。キリスト教は道徳ではない、教理ではない、奇跡である。奇跡である。神の強き手に捕えられて、その従者となるのである。「この類（たぐい）は、祈禱と断食とによるにあらざれば、成ることなし」（マタイ伝一七・二一）とある。人の取る手段としては、ただ熱き祈禱があるのみである。そうしてわれらの祈禱に応（こた）えて、神の奇跡が施されて、ここに真（まこと）の伝道がおこなわれ、真の信者が起こるのである。

（一九一六年一月『聖書之研究』）

律法

破る者破らる

人が神の律法（おきて）を破るという。しかしながら神の律法は人に破らるべきものでない。人は神の律法を破りて、自ら、おのれを破るのである。あたかも人は岩に当たって、岩を砕くにあらずして、自ら、おのれを傷つけるがごとくである。神の律法は堅牢不壊（けんろう、ふえ）にして、巌（いわお）のごとくに永久に屹立（きつりつ）す。まことに感謝すべきことである。ゆえに思想の変遷は少しも恐るるに足りない。変わったのは人であって、神でない。われ、神と共に在（のこ）って、われは在って、世は消えるのである。人が神の律法を破るという。神は言いたもう、「もしわが律法を破り、わが戒めを守らずば、われ、つえをもて、彼らのとがを罰し、むちをもて、その不義を罰すべし」（詩篇八九・三一―三三）と。たとえ破る者が英国人であろうと、仏国人であろうと、米国人であろうと、神は少しも人を偏視（かたよりみ）たまわない。世界の世論ととなえて、われらは少しもこれをはばかるに及ばない。われらはただ神の律法に従い、その戒めを守るべきである。

（一九二二年四月『聖書之研究』）

さばき

神の裁判

誰が善人であって誰が悪人であるかは、神のみが知りたもうところであって、人の知るところではない。人が見てもって善人となすところの者は、神の目の前には、多くの場合においては悪人である。ゆえに、われらはこの世にある間は、決して人の善悪を判断してはならない（ロマ書一四・四）。

聖書に、神が人を義としたもうということがある（イザヤ書四五・二五）。これにはいろいろの意味があるが、その一つは確かに、神がこの世においても、ついには善人を善人として現わしたもうとのことであるに相違ない。神は善人に悪人の死を賜うことはあるが、しかし永久に善人に悪人の名を付けては置きたまわない。神はついには善人の業を栄えしめたまいて、世をしてついに善人を善人として認むるに至らしめたもう。ゆえに、われらは自ら進んで、おのれを義とせんと努むべきではない。神は事実的に、また歴史的に、義人を義としたもうべければ、われらは謹んで神の命を守り、神がわれらを義としたもうの時を待つべきである（詩篇三七・七）。

神は事実をもって、われらをさばきたもう。彼は世の批評家のごとくに、言をもってわれらの善悪を判断したまわない。人の言は「事の端（はし）」である。事実（こと）そのものではない。神の言のみが真理である。事実である（ヨハネ伝一七・一七）。神の言のみが事実となりて世に現わるるものであるから、われらが神の言を信じ、これをおこないさえすれば、神はついに事実をもってわれらを義としたもうに相違ない（マタイ伝一二・三三）。

（一九〇三年一月『聖書之研究』）

われらの味方

私ども信仰に生きんと欲する者に二人の味方がありま

は、世評の判決を破棄して、神の裁判を言い渡す、公平無私の判事であります。

（一九二七年六月『聖書之研究』）

す。その第一は神でありまして、第二は時であります。世はこぞって私どもに反対し、私どもの言う事はことごとく、これをしりぞけ、すべての悪名を私どもに附けて、私どもを無き者として葬らんとしまするが、神はその定めたまいし時において、その聖旨（みこころ）を実行して、世人の前に私どもを義とし、彼が私どもの味方であって、世人の敵であることを明らかに示したまいます。その時、「知者いずくにある。学者いずくにある。この世の論者いずくにある」でありまして、神は事の成り行きをもって、彼らの愚を衆人の前に曝露（ばくろ）したもうのであります。私どもは覿面（てきめん）の審判（さばき）を望んではなりません。時のいたるを待たなければなりません。あるいは十年、あるいは二十年、あるいは三十年、長ければ長いほど、審判は深刻で激烈であります。正義も罪悪も、熟するに時がかかります。そして熟し切って、実（み）は落ちざるを得ません。神とタイムとであります。神は無窮の存在者、タイム、時は、その聖旨の実現者であります。神はそのしもべタイムを使いて、私ども彼に依（よ）り頼む者を義としたまいます。そして時「おおわれて現われざるはなし」であります。そして時

祭司とは何ぞ

祭司とは、白衣を着けて祭壇の前に立ち、ろうそくをともし、香を焼き、祈禱文を暗誦（そらん）じ、いわゆる聖職をつかさどる者ではない。これ、人の定めし祭司であるかも知らない。しかし神の召したまいし祭司ではない。

祭司（PRIEST）とは、神と人との間に介立し、神を人に紹介し、人を神にとりなす者である。すなわち神人間の中保者である。よく神の心を知り、よく人の須要（しゅよう）を知り、もって二者をつなぐ者である。この意味において、イエスは理想の祭司であった。ヘブル書記者の言をもってすれば、

彼は聖くして、罪なく、汚れなく、罪人に遠ざかりて、天よりも高くせられたる（ヘブル書七・二六）

大祭司であった。彼によって、神人一致の理想は実現せられたのである。

しかしながらイエス一人に限らない。すべて神を人に紹介し、人を神に導く者は、イエスと同じく祭司の地位にある者である。その人は必ずしも祭司として教会に認めらるるに及ばない。監督、牧師、伝道師らの按手礼（あんしゅれい）は、もって人を祭司となすに足りない。イエスはレビの裔（すえ）にあらず（ヘブル書七・一一）といえども、最もすぐれたる祭司であった。そのごとく、われらもまた教会の定めたる「肉につける戒めの律法によらず」（同七・一六）して、「神より賜わる生命の力に従」（同）いて、真（まこと）の祭司となることができる。真の祭司は、神に召されたる者でなくてはならない。すなわち祭司として神に造られたる者でなくてはならない。これは人が任命し、または黜斥（ちゅっせき）することのできる者ではない。

イエスは理想の祭司であった。そうして彼のごとくに神と人との間に立って二者の結合を計る者は、すべて祭司の聖職にある者である。この意味において、すべての

預言者、すべての義人、すべての聖賢は祭司であった。ベテルの祭司アマジヤに沈黙を命ぜられし預言者アモスは、アマジヤ以上の祭司であった（アモス書七・一〇以下）。預言者エレミヤを足かせにつなぎ、彼の罪を訴えて獄（ひとや）に下せし、宮のつかさの長なる祭司パシュルは、実は祭司にあらずして、彼につながれしエレミヤこそ、真の祭司であったのである（エレミヤ書二〇章）。近世の露国において、神の心を人に伝え、人の心を神に転向（むけ）し者にして、レオ・トルストイのごときはなかった。露国に幾万の祭司はおるが、その一人も、いまだかつてトルストイのごとくに忠実に祭司の職を務めなかった。英国においてはトマス・カーライルは、カンタベリー大寺院の大僧正以上の祭司であった。しかも英国国教会はもちろん祭司として彼を認めざるのみならず、キリスト信者の名をさえ彼に附与することを躊躇（ちゅうちょ）する。米国にありては、クェーカー詩人のホイッチャー、自由の賛美者ローエル、ユニテリヤン主義をもってユニテリヤン教会より放逐せられしセオド・パーカー、彼らはいずれも神人の和合一致を計りし貴むべき祭司であった。しかも米国の諸教会は彼らを祭司として認めざるのみならず、多くは信仰上の危険人物として彼らを排斥する。もちろん真の祭司は人の定めし制度や儀式に少しも頓着（とんちゃく）しない。彼らは昔のユダヤの預言者のごとくに、ただに「エホバかく言いたもう」と言う。彼らは人の顔を恐れない。彼らにただ、父なる神と子なる人類とがあるのみである。彼らは二者の乖離（かいり）を悲しみ、全力を尽くしてこれを取り除かんと欲する。

祭司、世に貴むべき職にしてこれにまさるものはない。これまことに聖職である。唯一の聖職である。神を人に紹介し、人を神につれ行くの職、これまことに慕うべく懇求（もと）むべき職である。そうして、いかにしてこの聖職につくを得んかというに、われらは必ずしも神学を研究し、教会に入り、教職の課する試験に及第して、祭司の班（くみ）に入るに及ばない。人はすべて、神が彼を置きたまいしその地位にありて、善き祭司となることができる。鋤（すき）を執る祭司、斧（おの）をふるう祭司、魚をすなどる祭司、工場に働く祭司、店頭に立つ祭司、しかり、万やむを得ざる場合においては、書斉に筆を執る祭司、詩を作る祭司、慰藉（いしゃ）の言を分かつ祭司、われらはいずれの地位、いずれの職にあるも、善き祭司となりて働くことができる。まずナザレのイエスに教えられ、神の心の何たるかを知り、その、愛であって、恐怖でないことを知り、その、おのがひとり子をさえ惜しまずして与えたもうほどに、人を愛したもうを知り、同時にまた自己(おのれ)を知り、おのが罪を知り、これを除くの道を知り、悲痛(かなしみ)を知り、艱難(なやみ)を知り、これによりて同情を知り、慰藉の術を知り、平和獲得の秘訣(ひけつ)を知りて、われら何びとも、神と人との間に立ちて、神を人に紹介し、人を神に導きて、祭司の聖職を果たすことができる。これまことに人として最もふさわしき職(わざ)である。人はまことにその理想に達すれば何びとも祭司たらざるを得ない。儀式、祭典、われにありて何かあらんやである。われはイエスに現われたる神の心を知り、また、わが心に罪のゆるしの福音を実験して、われは教会の任命を待たずして、ひとり祭司たることができる。

されば、われらに、天を通りてのぼりし大祭司なる神の子イエスあり。ゆえに、われら、信ずるところの事を固く、たもつべし。そは、われらが弱きを思いやることあたわざる大祭司の、われらに有るなし。彼はすべての事において、われらのごとくに誘われたまえり。されども罪を犯したまわざりき。このゆえに、われら、あわれみを受け、時機にかなう助けを受けんために、はばからずして恵みの御座に来たるべし(ヘブル書四・一四以下)

イエスはこの世の祭司のごとくに威厳りんりんとして近づくべからざる者ではない。彼は、われらの弱きは、すべてこれをよく思いやることのできる者である。彼は最も人らしき者である。罪人の友である。肉の人の兄弟である。そうして彼にして、聖き、きずなき大祭司であるとならば、われらもまた彼の班に加わりて、小なる祭司となることができる。レビの裔の班にあらず、監督、長老、牧師、伝道師の班にあらず、罪人の友なるイエスの班に入りて、われらもまた平人の平祭司たることができる。

(一九一一年十二月『聖書之研究』)

預言

福音と預言

神の愛を伝うるもの、それが福音である。神の義を伝うるもの、それが預言である。そうして預言は前（さき）にして、福音は後であった。前に預言の準備があって、後に福音の宣伝があった。エリヤは先に来たるべし（マタイ伝一七・一〇）である。彼、来たりて、万事を改めて、しかる後にキリストは来たりたもうたのである。まことに、いずれの時代においても、預言者の準備的出現なくしてキリストの臨在はなかった。先にサボナローラ現われて、後にルーテルが出たのである。ノックス出でて、スコットランドに道徳的大掃除をおこないしがゆえに、かの国が長き年月の間、全世界に純福音を供するその淵源（えんげん）として存したのである。預言者の出でざる所にキリストの福音は栄えない。平和、平和と叫びて、預言者の口を箝（かん）して、神の聖霊は、いつまで待つも、下らないのである。何ゆえに教勢はふるわざるか。何ゆえに熱心は起こらざるか。罪の現われんことを恐れて、預言者の出現を妨ぐるからである。「エリヤは先に来たるべし」である。彼、来たりて、まず罪を罪として現わして後に、罪のゆるしの福音は豊かに著しく下るのである。

（一九一九年五月『聖書之研究』）

偽りの預言者

偽りの預言者とは悪人ではない。国家の利益のために神の正義を曲げる者である。そうして、かかる預言者はいずれの代にもあった。そうして今もなお在（あ）るのである。その哲学的権威をもってドイツ国の立場を弁護する哲家者オイケンは偽りの預言者である。平素の非戦論をなげうちて米国の参戦を賛成する博士ジョルダンは偽りの預言者である。その他、英国のすべての監督と米国の多数の宗教家とは、すべてことごとく偽りの預言者である。預言者は夢を語り偽りを預言すというは、エレミヤの時に限らない（エレミヤ書二、三章参照）。今の時もまたそれである。今や国家万能の時代である。そうして神の真理までが国家の利益に供せらるるのである。「預言者は偽りて預言をなし、わが民はかかる事を愛す」（同五・三こという。この預言者ありて、この民ありである。すべて世論によりてその説を支配せらるる者は偽りの預言者である。すべて真理よりも国家を愛する者は偽りの預言者である。すべて神よりも人の顔を恐るる者は偽りの預言者である。そうして、ああ多いかな、偽りの預言者！

（一九一七年六月『聖書之研究』）

農夫アモスの言

余輩の今ここに訳出し、これに余輩の注釈を付し、もって読者の一読を乞（こ）わんと欲するところのものは、今人今世の作にあらず。著者は自ら称して「テコアの牧者の一人なるアモス」なりと言う。テコアは西方アジアの一小邦パレスチナの首府エルサレムを距（さ）る南十里にある一小村なり。著者の時代は「ユダの王ウジヤの世、イスラエルの王ヤラベアムの世」なりとあれば、紀元前八百年ごろにして、今を距ること、およそ二千七百年、わが神武天皇紀元よりなお二百年前の昔なり。ゆえに、この著作にして、今世今時の時事に一の関係を有するなく、これを掲載する雑誌にして発行停止の厄運（やくうん）に遭遇するの危険なきはもちろんなり。否、常に新に媚（こ）び旧を疎（うと）んずる『国民之友』雑誌が、その掲載を肯（がえん）ずるや否やは、なお余輩の疑問に存す。訳者は政治ぎらいの一人なり。彼は好古的精神をもってのみ、この旧記の編纂（へんさん）を試みしなり。もし、その内に多小の隠語の存するあれば、これ読者の臆察より来たりしものなるべし。読者、心してこれを読まれよ。

作者はまず冒頭、左の美厳なる詩歌的語調をもって、彼の憂慮を述べたり。

エホバ、シオンより叫び
エルサレムより声を出だしたもう
牧者の牧場は歎き

カルメルの頂は枯る

これを、思想の発達をもって誇る十九世紀の日本人の語調をもって言わんか、すなわち左のごとくなるべし。

宇宙の法則と真理とは、吾人の心理に訴えて言う、
悲哀は吾人の邦土に臨めり。芙蓉（ふよう）の頂に妖雲（ようん）現わる

彼まず、この悲声を発して、しかる後、近隣諸邦の未来を預言せり。

余輩の前に述べしがごとく、ユダは南方アジアの一小邦にして、農夫アモスの時代においては、ややその極盛の時を過ぎたりしも、なお時の文明国中、第二等とは下らざりし国なりき。西南にエジプトの富国を控え、東北にアッシリヤの強国ありて、両者の間に介して、その国民的独立を維持せんとするは、決して容易なる業にあらざりしなり。ユダに境して、北にスリヤあり。その首府ダマスコは西方アジアの楽園と称し、王者の常に垂涎（すいぜん）せしところなり。東にアンモン、モアブの二小邦あり。共にその民の兇悍（きょうかん）をもって聞こゆ。南にエドムあり。その、旅商（カラバン）貿易の衝路に当たるをもって、長く殷富（いんぷ）をもって響けり。西南にペリシテあり。西亜の農産国と称す。東北、地中海に浜する所をフェニキアとなす。そのツロとシドンとは太古世界の貿易国なり。以上は西方アジアの邦国にして、その独立と威厳とは常に、ナイル、ユーフラテス両河の岸に建設されし貪婪国（どんらんこく）よりの危険に接し、一歩、国是を誤れば、その蚕食をまぬかれざるの運命に立てり。

テコアの農夫は、この危険を知れり。ゆえに彼は黙するに忍びざりき。彼はスリヤ人の罪を唱えて言えり、「彼らは鉄のすり板をもてギレアデを打てり」と。すなわち敵国の民を遇するに残忍なるを憤り、その天罰として、「スリヤの民は捕えられて、キル（アッシリヤ）に行かん」と言えり。彼はまたペリシテ人の罪悪を数えて言う、「彼らは人々をことごとく捕え行きて、これをエドムに売れり」と。しかして敵国俘囚（ふしゅう）虐待の厳罰として、彼はこの国民の運命を唱えていわく、「ペリシテ人の残れるものも滅ぶべし」と。すなわち、その国全滅して遺跡なきに至るべしとなり。彼はフェニキア人の罪を責めていわく、「彼らは兄弟（友邦）の契約を忘れたり」と。よりてツロ、シドンの燼滅（じんめつ）を

預言せり。彼はエドムを責むるに、その「全く、あわれみの情を絶ち、常に怒りて人を害し、長く憤りを保つ」をもってし、アンモンに問うに、「その国境を広めんとて、ギレアデ（隣邦）の、はらめる婦人をひき裂き」しをもってせり。モアブまた「エドムの王の骨を焼き、灰となせし」のゆえをもって詰問され、三国おのおの、その適応の天罰を課せらる。ユダの隣邦六カ国、多くはその残忍のゆえをもって、長くその国運を全うするあたわざるを示さる。

農夫の言はここに一の注解を要す。もちろん残忍そのもののみが、これら隣邦滅亡の原因にあらざりしなり。残虐は人心腐敗の結果にして、国憲敗頽（はいたい）の徴候たるにすぎず。あたかも十九世紀の朝鮮において、官その政敵を罰するに四肢分断の刑をもってし、シナにおいて、友邦の契約を忘れて、俘囚（ふしゅう）を虐遇、殺戮（さつりく）するに至りしは、その内政の腐乱、貴族の驕恣（きょうし）、奸悪（かんあく）横行の徴なるがごとし。国家の状態かくのごとくなるに及びて、その滅亡の機運は遠からず。西方アジアにおいてしかり。東方アジアにおいてもまた、しからん。

農夫アモスは熱心燃ゆるがごとき愛国者なり。彼がこの記を作るの目的は、隣邦の積悪を矯（た）めんがためにあらずして、彼の特愛の生国なるユダを警戒せんとするにありき。西方アジアにおける昔時のユダ人は、東方アジアにおける今日の日本人のごとく、彼らは特種の歴史と国風とに誇り、異邦の民を見るに常に劣等人種の念慮をもってし、言う、われらは神国の民なり、列国滅ぶるに至るも、わが国の危殆（きたい）におちいるのおそれなしと。彼らは常に隣邦の腐敗、残虐を数え上げ、その厄運（やくうん）に会うをもって、天罰のしからしむるところとなせり。

彼らの政治家と新聞記者とは異口（いく）同音、筆をそろえて自国の仁と義とを称し、他国の暴と虐とを掲げり。されども、アモスは農夫にして、新聞記者にあらず。彼は真面目（まじめ）にして正直なり。彼は天道の、この民に優にして、かの民に酷なるを信ずるあたわず。スリヤ、モアブ、エドムの族は不徳のゆえをもって滅亡に帰（き）するの徴あり、ユダもしその内に非倫、非理の行為を蔵するあれば、また同一の運命をまぬかるるあたわず、天に特愛の民あるなし、ユダ、もし改めずんば、

また敗壊（はいかい）をまぬかれざるべしと。彼は語を続けて言えり、

　ユダに三つの罪あり、四つの罪あれば、われ（神）
　必ずこれを罰してゆるさじ

と。しかしてその罪として数え立てられしものは、隣邦異邦人の罪と全く質を異にし、残虐、兇暴、狼悪（ろうあく）てふ（ちょう）ごとき、外部に現わるる罪過にあらずして、多くはこれ人心の密奥に蔵せらるる道徳的、心霊的罪悪なりき。

　なんじらはエホバの法律を軽んじ
　その定めを守らず

徳義、地に落ち、信義、跡を絶ちしを言う。

　なんじらは義者を金のために売り
　貧者を、くつ一足のために売る

諂媚（てんび）と甘言とは広く社会におこなわれ、貧者は土塊視（どかいし）せられ、金銀は正義にまさりて力あり。

　父子共に一人の女に行き、わが聖なる名を汚す

売淫は盛んにおこなわれて、人は廉恥を忘る。

　預言者に命じて預言するなかれと言う

もし義人ありて、公然自国の弊を唱うる者あれば、治安妨害とか愛国心の欠乏とか称して、その口を鎖（とざ）す。

　彼らは戒むる者を憎み
　正直を言う者を忌みきらう

隣邦の弊は言うべし。わが国の弊は語るべからずと。

　なんじらは貧しき者をふみつけ
　贈り物をこれより取る
　、、、、、、、
　なんじらは義者をしいたげ、賄賂（まいない）を取る

軍夫募集を請け負い、貧者の膏血（こうけつ）を絞るの類、御用商人の繁殖、媚俗的才子の立身。

　このゆえに、今の時は賢き者黙す
　これ悪しき時なればなり

義者と賢人と真面目なる人とは沈黙を守らざるべからず。彼、口を開けば、、、、、、、これ実に悪しき時なり。

しかして世に称する紳士、紳商の生活の状（さま）はいかに。

　彼らは災の日をもて、なお遠しとなし

、、、、、、、、
自ら象牙の寝台に伏し
長いすの上に身を伸ばし
群れの中より小羊を取り
琴の音に合わせて歌い騒ぎ
大杯をもて酒を飲み
最も貴き油（今の香水）を身に塗り
ヨセフ（国民）の破滅を憂えざるなり

彼らはまた「切り石の家を建つ」と言う。西方アジアにおいても、しかるか。紀元前九百年の昔においても、しかりしか。

以上は、特種の歴史と国体とをもって誇るユダ国民の罪過なり。暴虐、表面に表わるるにあらざれども、内に陰険にして、不実なり。その習は優、その俗は雅なりといえども、民、淫行（いんこう）を愛して、薄情なり。賄賂、さかんにおこなわれ、賢者、口を閉じ、上流社会の人は口に正義と愛国とを唱え、貧者をしいたげ、淫佚（いんいつ）にふける。モアブ、アンモンの残忍、狼悪は罰すべし。ユダの隠悪もゆるすべからず。天道はもとこれ公明正大、罪過はいずれの形を取るも、正義の神は仮借せざるべし。

これ農夫アモスの論法なるがごとし。ゆえに彼は語を続けて、自国の運命を歎じていわく

敵ありて、この国を攻め囲み
その権力を取り下さん
、、、、、、、、
われ（神）また冬の家（紳士、紳商の冬別荘）および夏の家（夏の別荘）を打たん
象牙の家、滅び、大なる家、失（う）せん

また

彼（神）は滅亡を忽然、強者に臨ましむ
滅亡ついに城に臨む

神罰の目的物は、おもに「強者」、すなわち貧者の膏血を絞る富豪家なり。

見よ、至らんとす
その時、われ（神）、飢饉をこの国におくらん
これはパンの乏しきにあらず、水のかわくにあらず、エホバの言葉を聞くことの飢饉なり
彼らは海より海とさまよい歩き
北より東と走り廻りて、エホバの言葉を求めん

されども、これを得ざるべし

いかなる飢饉ぞ。「エホバの言葉」とは、直言なり。明白なる真理なり。（今日わが国に称するヤソ教と同視するなかれ）。国人ことごとく「オベッカ」使いと化して、一人の、直言、真理を語る者なし。真理の飢饉、賢人の飢饉、国家の災害、実にこれより大なるはなし。ああ天よ、願わくは吾人にこの飢饉を下すなかれ。

農夫アモスは預言者なり。されども彼は宿命論者にあらず。彼はユダの積弊を責め、その恐るべき結果を預言せり。されども、彼はいまだこの国をもって全く救うべからざるものとなさず。彼に救済策あり。改良策あり。簡単にして明白なり。

正道を水のごとく
正義を尽きざる川のごとく流れしめよ

彼は外国同盟を語らず。内閣変更を説かず。国権の淵源（えんげん）は民の道徳にあり。国家の救済は公義の施行にあり。

なんじら、善を求めよ。悪を求めざれ。さらば、なんじら生くべし

軍艦を増すも益少なし。海防を厳にするも力弱し。まず善（英語のgood）を求めよ。信義を厚うせよ。貧民を撫育（ぶいく）せよ。誠実にして真面目なる教育を施せよ。税率を公平にせよ。しかして、すべての手段をもって国民の涙と渋苦（じゅうく）とをぬぐえよ。「悪を求めざれ」、御用商人をしりぞけよ。オベッカ使いを退治せよ。官吏登用法を改めよ。収賄の弊を根絶せよ。淫縦の俗を洗い去れ。「さらば、なんじら生くべし」、国家、衰頽のうれいあるなし。国民、共同一致して、外侮を受けざるに至らん。殖産、復興し、富強、必ず至らん。アモスの救済策は、左の美厳なる連句にいたりて、その絶頂に達せり。

なんじら公道を茵蔯（いんちん—苦味）に変じ
正義を地になげうつ者よ
昴宿（ぼうしゅく—星の名）および参宿（しんしゅく—同）を作り
死の蔭を変じて朝となし
昼を暗くして夜となし
海の水を呼んで、地のおもてにあふれさする者を求めよ

その名をエホバというところにあらず。

（一八九六年六月『国民之友』）

これをカント哲学の語調に訳すれば、「人類の行為は、宇宙の運行と調和するを要す」と言うにひとしからん。すなわち、国是を定むるにあたりて、三百代言的の政治家に聞くなかれ。「当世の才子」は最大危険物なり。空天に掛かる星に問うべし。彼もし答えずんば、なんじの心底に隠るる良心の声に聞け。「エホバを求めよ」というは、これを言うなり。今日、世に称するヤソ教を信ぜよと言うにあらず。

以上は、余輩が旧記を解するところ、もちろん意義深重にして、余輩のよく、うかがい知るべからざること多し。余輩はわずかにこの太古の記事を読者に紹介するの労を取りしのみ。セミチック語を解し得る読者は、なお原本につきてその蘊奥（うんおう）を探るを得べし。その英訳また勇壮の語気を存し、活激するところ少なからざるべし。その日本訳のごときは著しく改良を要すべしといえども、なお敗徳社会を警醒するの字句を有することと信ず。余輩は重複す、農夫アモスの言は、西方アジアにおける紀元前九世紀の作なりと。その十九世紀における東方アジアに何の関係を有するかは、余輩の全く知る

預言者

預言者の意義

預言者といえば、事の起こらざる前に、あらかじめ、これについて語る者のごとく信ぜらる。預言者もちろん先知者なるに相違なし。されども、預言者の天職をもって預言の一事に限るは、いまだもって彼の活動の区域をつくしたるものと言うを得ず。

ヘブライ語にては、預言者をナビー（nabi）と言う。しかして、ある人は、これ「沸騰（ふっとう）」を意味する根詞より来たりしものなるをもって、預言者とは、その心中に沸騰する高想、妙思をありのままに吐露する者なるを説けり。あるいは、ナビーは単に告知者の意にして、神の聖旨を人類に告知する者なりと言う。今その意義を明白に定むるはすこぶる難（かた）しといえども、しかもその、単に先知者たるにとどまらざりしは、疑うべきにあらず。

預言者の何たるかは、よく英語のprophetなる詞（ことば）において現わる。prophetはpro（前に、代わりに）ならびにphemi（語る）なる二個のギリシャ語より来たりし詞にして、前に語る者、または代わって語る者の意なり。

預言者は、事の起こらざる前にこれを知りて、人に語る者なり。彼は学んでこれを知るにあらず、また他の事実より演繹（えんえき）し、または帰納して知るにあらず。彼は直ちに神より彼の心に聞いて、これを知るなり。前知者なるに相違なけれども、世にいわゆる先見者の類にあらず。

預言者は人の前に語る者なり。彼は密室にこもって、神の真理をひとり自ら楽しむ者にあらず。彼はまた、ある神秘学者がなすごとく、心に人の知らざる秘伝を蔵すと称して、公衆に向かってこれを宣伝することを吝（おし）む者にあらず。彼は公的人物なり。彼は人の前に立って、その顔を恐れず、その威権に臆（おく）せず、大胆に、明白に、神の裁判を彼らに宣告する者なり。

預言者は神に代わりて語る者なり。天に口なし。人をして言わしむ。神はその聖旨を人に伝うるに、預言者の心と口を用いたまえり。彼は神の代表者なるのみならず、またその代言人なり。

一九〇一年三月『聖書之研究』

にせ預言者とは何ぞや

聖書に、にせ預言者または偽りの預言者ということがある。「偽りの預言者を警戒せよ」（マタイ伝七・一五）、また「にせ預言者、多く起こりて、多くの人を欺かん」（同二四・一一）、「偽りの預言者バルイス……この人は地方総督セルギオ・パウロという知者と共にあり」（使徒行伝一三・六―七）、「昔、民の中に偽りの預言者ありき。そのごとく、なんじらの中にも偽りの師、現われん」（ペテロ後書二・一）、「多くのにせ預言者出でて、世に入れり」（ヨハネ第一書四・一）、以上は新約聖書においてである。旧約聖書には、にせ預言者なる辞（ことば）はない。しかし「偽りを教うる預言者」（イザヤ書九・一五）、「偽りの黙示と、占いと、虚（むな）しきことと、おのれの心の偽りとをなんじらに預言する者」（エレミヤ書一四・一四）等の辞がある。もちろん、にせ預言者というと同じことである。ただ旧約においては、新約におけるがごとく Pseudo-prophetes という、この類の預言者を呼称するための一個の辞がなかったまでである。

そもそも、にせ預言者とは何であるか。これ、ただに憎むべき者、さげすむべき者、売僧（まいす）、偽善者、羊の皮をかむりたる、おおかみ等と称し、一目して、その、にせ者たるを知ることを得らるる者であったか。言を換えて言えば、にせ預言者とは必ずしも悪人であったか。悪を企図（たくら）み、悪をおこのうをもって、その日を送りし奸獰（かんどう）邪知の者であったか。にせ預言者の名そのものが、かかる者として、彼らを吾人に紹介する。吾人はその名を聞いてさえ、その顔につばきしたく思う。

しかしながら聖書はかかる者としてにせ預言者を吾人に伝えない。にせ預言者とは、その当時、にせ預言者と認められた者ではない。したがって、その当時、世にきらわれ、その紳士淑女の避くるところとなった者ではない。否、それとは正反対である。にせ預言者とは、真預言者に対して、そう言われた者であって、彼らは、真の預言者より見て偽りの預言者であったのである。彼らは、世が見てもって、にせ預言者となした者ではない。彼らイザヤ、エレミヤ、エゼキエル、アモス、ホセア等、きわめて少数の人が見てもって、にせ預言者となした者である。人の真偽を判別することの難(かた)いのは、今も昔も同じことである。そうして、にせ預言者と真預言者とは何びとにも判別(みわく)ることのできた者ではない。真理を知る者のみ、よく虚偽を知る。真預言者のみ、よくにせ預言者を判別ることができた。にせ預言者とはもちろん偽りの世が見てもって、しか呼んだ者ではない。神の人が見てもって、しか名づけた者である。

さらば、にせ預言者とは何であったかというに、彼らはまず第一に、当時のいわゆる愛国者であった。すなわち、国の利益を思い、国威宣揚を唱え、ひたすらにその富強、安寧、幸福を願った者である。ゆえに彼らは進んで政治に携わり、他強国との同盟を説き、自国の悪事といえば、ひたすら、これをおおわんとし、これを金甌(きんおう)無欠の国として世界に紹介し、もってその称賛、同情を博せんとした。すなわち、にせ預言者とは、何ものよりもまず第一に自己の国を愛した者である。正義よりも、公道よりも、しかり、エホバの神よりも、ユダ国またはイスラエル国を愛した者である。彼らは国王の頌徳者(しょうとくしゃ)、国民の賛美者であった。宗教も、これを国のために利用して、これをもって国を建てんと欲した者である。

しかるに、イザヤ、エレミヤ、エゼキエル、アモス、ホセア、ゼカリヤ等の預言者は、これとは全く正反対の態度を取った。彼らはもちろん国を愛した。されども、国よりも神と正義とを愛した。彼らは神の人でありしゆえに、国に責むべき事があれば、これを責むるに少しも躊躇(ちゅうちょ)しなかった。国の名望なるものは、彼らは少しも眼中に置かなかった。神の正義、神の名誉、これが彼らの熱心を喚起せし唯一の原動力であった。預言者ミカは言った、

われはエホバの聖霊によりて、力、身に満ち、公義と勇気、内に満つれば、ヤコブ(ユダ国)に、そのとがを示し、イスラエル(国)に、その罪を示すことを得(ミカ書三・八)

と。「国に、そのとがと罪とを示すことを得」と。これ、にせ預言者のなし得なかったところである。必ずしも国人の反対を恐れてではない。彼らが国を愛する、あまりに切なるより、情において、なさんと欲して、なし得なかったところである。しかるに真の預言者は、エホバの聖霊によりて、この情に打ち勝つことができた。ゆえに、大胆に、臆（おく）せず、国に、そのとがを示し、民に、その罪を示すことができた。

にせ預言者の何たるかを知らんと欲すれば、これを真預言者と相対して見るに若（し）くはない。真預言者の現われたる時に、必ず、にせ預言者が現われた。一つは他を離れては現われなかった。預言者ミカヤに対して、にせ預言者、ケナアナの子ゼデキヤがあった（列王紀二二・二四―二五）。預言者アモスに対して、にせ預言者、ベテルの祭司アマジヤがあった（アモス書七・一〇―一七）。預言者エレミヤに対して、ギベオンのアズルの子なる、にせ預言者ハナニヤがあった（エレミヤ書二八章）。またネヘラミ人シマヤがあった（同二九・二四）。その他、名はしるしてないが、イザヤに対しても、エゼキエルに対しても、また、その他の預言者に対しても、にせ預言者のあったことは確かである（エゼキエル書一三章、ゼカリヤ書一三・二等を参照）。そうして、これらの対照によって、吾人は真預言者と、にせ預言者とを明白に分かつことができる。

今、ミカヤ対ゼデキヤの例について見るに、イスラエルの王アハブ、ギレアデのラモテを略取せんとするにあたり、その預言者四百人ばかりを集めて、「われ、ギレアデのラモテに戦いに行くべきや、または、やむべきや」と問いしに、彼ら偽りの預言者たちは、王の意に逆らわんことを恐れ、かつ国威宣揚を欲（ねが）いければ、異口（いく）同音に「王よ、攻め上りたまえ。主エホバ、必ずこれを王の手にわたしたもうべし」と答えた。しかるにアハブ王、同事をイムラの子ミカヤに問いければ、彼は臆せず、王に答えて言うた、「エホバ、なんじについて災あらんことを言いたまえり」と。かくも、はばからず、善事を預言せず、ただ悪事のみを預言せしがゆえに、王はミカヤを憎みたりとある。ケナアナの子ゼデキヤは、王に善事を預言せし四百人の預言者（偽り）の一人であったろう。彼はミカヤが「エホバ、偽りを言う霊を、このすべての預言者の口に入れたまえり」と言いしを聞き、怒って、ミカヤの頬（おほ）を打ちしという。この場合においては、ゼデキヤとその同僚とはいわゆる忠臣、愛国者であった。彼らは君のためを思い、国のためを計りて、王の作戦計画に同意し、彼を勧めて遠征の途に上らしめんとした。ひとりミカヤのみ、かかる無謀の計策に反対した。彼はアハブ王の人物を知った。ゆえに彼のなすことの正義と公道とにかなわないことを知った。預言者ミカヤの欲せしことは、他国の攻略ではなくして、自国の改革であった。ラモテの王の征服ではなくして、イスラエルの王の悔い改めであった。にせ預言者は国の膨張を望んだ。真預言者は民の改心を求めた。一つは威を外に張らんと欲した。他の者は内に聖まらんことを願うた。偽りの預言者と真の預言者との別はここにおいて明白である。威か徳か。富か聖めか。二者の願うところによりて、その真偽は現われた。国の富強に目を留めし者、これが、にせ預言者であった。国の神聖に意を注ぎし者、これが真預言者であった(列王紀二二章参照)。

同じ事が、アモス対アマジヤの場合について見てもわかる。アモスはイスラエルの民の罪科を歎き、これを戒めて、「なんじら悔い改めざれば、その罰として、イサクの高き所は荒され、イスラエルの聖所は荒れ果てん。エホバ、剣をもてヤラベアムの家に立ち向かわん」と告げた。しかるに祭司アマジヤはこれをもって不敬の言となし、王ヤラベアムに言いつかわして、「イスラエルの家のただ中にて、アモス、なんじにそむけり」と言うた。すなわち、アモスを叛臣(はんしん)なり国賊なりと称して、彼を王に訴えた。彼、アマジヤの目に映ぜしアモスは、民を乱す者、王にそむく者、神の聖殿を汚す者であった。されどもアモスの目より見れば、彼に沈黙を命じ、彼を王に訴えし祭司アマジヤこそ、真の逆臣、国賊であって、偽りの預言者であった。神の聖旨を伝えし者、これが真の預言者であった。王の意を迎えし者、これが偽りの預言者であった。後者、必ずしも悪人ではなかった。彼あるいは恭順の人、温厚篤実の人であったであろう。されども彼はペテロのごとくに「神の事を思わず、人の事を思い」(マタイ伝一六・二三)たれば、真の預言者の目より見て、偽りの預言者であったのである。

当時の愛国者であった偽りの預言者はまた武力の賞賛者、同盟の賛成家であった。彼らは神の国をこの世に建つるにあたって、人の力を借るの必要を信じた。彼らは純正の義にはあまり重きを置かなかった。彼らは武をもって、ユダとイスラエルの神聖を維持せんとした。また時には他の強国と同盟を結んで、自国の利益を計らんとした。ゆえに彼らのある者は、ヘゼキヤ王に勧めて、エジプト国と結ばしめた。また彼らのある者は、エホイアキム王に勧めて、款（かん）をバビロン国に送らしめた。彼らはすなわち国運発展の方法として、普通の政略を講ずるに躊躇しなかった。彼らは神を信ずると同時にまた剣の力を信じた。彼らは信仰と剣と政略とをもって彼らの国を維持し、神の国をこの地に来たさんとした。

しかるに真の預言者は、かかる複雑なる、かつ矛盾せる方法には全然反対した。彼らは十戒第一条を文字どおりに信じた。「なんじ、わが顔の前に、われのほか何ものをも神とすべからず」と。すなわち唯一神教の精神をそのままに実行せんとした。エホバに依（よ）り頼む者は、エホバのほか何ものにも依り頼むべからずと。これ彼らが厳然として採って動かざる主張であった。彼らのある者は歌うて言うた、

ある者は戦車を誇り、ある者は馬を誇る。されど、われらは、わがエホバの名を唱えん（詩篇二〇・七）

と。これ軍備排斥の言である。信仰をもって兵馬に代えんとする語である。また預言者イザヤは、当時の同盟論者に反対して言うた、

援助を得んとてエジプトに下り、馬に依り頼む者はわざわいなるかな。戦車多きがゆえに、これに頼み、騎兵ははなはだ強きがゆえに、これに頼む。されど、イスラエルの聖者を仰がず、エホバを求むることをせざるなり（イザヤ書三一・一）

と。預言者ホセアもまた同じ事を言うた、

アッシリヤはわれらを助けず、われらは馬に乗らじ（ホセア書一四・三）

と。そうして武力と外交とを全然排斥し真の預言者は、エホバに依り頼むことをもって、国政唯一の方法となした。

なんじら、静かにせば、救いを得、穏やかにして依り頼まば、力を得べし（イザヤ書三〇・一五）

と。戦車に頼まず、馬に頼まず、外交に頼まず、同盟に頼まず、ただ静かにエホバの神に頼まば、国を救うを得べく、勢力を得べしとのことであった。そうして神の選民の歴史においては、事実は常にそのとおりであった。ギデオンがミデアン人を破ったのも、ヘゼキヤ王が

アッシリヤ軍を退かしたのも、ユダとイスラエルの連合軍がモアブの軍を滅ぼしたのも、みなこの方法によってであった。神の選民に、剣を抜いて戦うの必要はない、異邦に援助を乞(こ)うの要はない、ただ祈って待てば足るとは、これ真正の預言者の堅き信仰であった。すなわち彼らはキリスト以前の平和主義者、キリスト教以前の非戦論者であった。彼らは個人の行為よりのみならず、国家の政治よりも、腕力と政略とを放逐せんとした。

ここにおいて、偽りの預言者と真正の預言者との間に断えざる衝突があった。一つは他の者をののしりて、偽りの預言者と言うた。両者の相違は必ずしも人物、人成(ひととなり)の相違ではなかった。信仰、主義、方針の相違であった。いわゆる「にせ預言者」の中にも誠実なる愛国者があったであろう。また後世の人が真正の預言者と称する者の中にも、エリヤのごとき粗野の人、ヨナのごとき薄志弱行の人、エレミヤのごとき感情激変の人もあった。両者同じく国を思ったのであろう。されども偽りの預言者は、いわゆる「偽りの預言」をしたのである。すなわち唯一神教の主義によらずして、神以外のある他の勢力によりて、国を救い民を済(すく)わんとしたのである。その精神や必ずしも、とがむべきでない。ただ真正の預言者のいだきし厳密なる唯一神教の立場から見て、その方法と政略とが全く誤っておったのである。

ここにおいて、真の預言者と偽りの預言者との別が判然するのである。神のほか、何ものにもたよらざりし者、これが真の預言者である。神にたよるのほか、またこの世の勢力にもたよらんとせし者、これが偽りの預言者である。預言者の「真」と「偽」とを、両者の品性または人格によって定めてはならない。その取りし主義、方針によりて定むべきである。

偽りの預言者、偽りの監督、偽りの宣教師、偽りの牧師、彼らはいかなる者であろうか。キリストの福音を宣(の)ぶると同時に軍備拡張の必要を唱え、神のしもべなりと称しながら政権の保護を仰ぎ、この世に友人多きをもって誇り、社交を円滑にして福音の伝播(でんぱ)を計らんとし、この世にありては、この世の方法によらざるべからずと称して、この世のすべての方法によりて、神の国をこの世に建設せんとす。その精神や、とがむべきにはあらざるべし。また、かかる方法を取る者を称して、ことごとく悪人なり、偽善者なり、諂媚者（てんびしゃ）なりと言うことを得ざるべし。されども、それにかかわらず、彼らは偽りの預言者の類である。キリストの福音の精神は、彼らの取る主義、精神とはその根本を異にする。人は善意をいだけばとて偽善者たるをまぬかれない。世には自ら欺く人がある。そうして昔時の偽りの預言者の多くは、かかる人であったのである。すなわち自己の善良を信ずるのあまり、偽りて神の聖旨を伝えし者である。

（一九〇七年六月『聖書之研究』）

予定

予定の事

キリスト教に予定という教義があります。これは左のごとき聖書の語によって示さるる教義であります。

われをつかわしし父、もし引かざれば、人よくわれに来たるなし（ヨハネ伝六・四四）

なんじら、われを選ばず、われ、なんじらを選べり（同一五・一六）

それ神はあらかじめ知りたもうところの者を、その子のかたちにならわせんと、あらかじめ、これを定む。また、あらかじめ定めたるところの者は、これを召し、召したる者はこれを義とし、義としたる者はこれに栄光を賜えり（ロマ書八・二九—三〇）

神、モーセに言う、われ恵まんと欲（おも）う者を恵み、あわれまんと欲う者をあわれむと。されば願う者にも走る者にもよらず、ただ恵むところの神によれり……されば神は、あわれまんと欲う者をあわれみ、かたくなにせんと欲う者を、かたくなにせり（ロマ書九・一五、一六、一八）

なんじら、恵みによりて救を得。これ信仰によりてなり。おのれによるにあらず、神の賜物（たまもの）なり（エペソ書二・八）

エホバの言、われに臨みて言う。われ、なんじを腹に造らざりし先になんじを知り、なんじが胎を出でざりし先に、なんじを聖め、なんじを立てて万国の預言者となせりと（エレミヤ書一・四—五）

その他、この類の聖語は数うるにいとまありません。予定の教義を短く摘（つ）まんで申せば、こういうことです。すなわち人は何びとも、自ら救われんと欲して救われる者でない、人の救われるのは全く神の恩恵によるのであって、人の意思のいかんにかかわらず、神は救わんと欲う者を救い、のろわんと欲う者をのろいたもうとのことであります。

ちょっと聞きまするど、これははなはだ不条理なる教義のように思えます。神は勝手次第に、彼が救わんと欲う者を救い、のろわんと欲う者をのろいたもうとのことであれば、われわれ人類は、救われようが、のろわれようが、それはわれわれにとっては何の責任もないことであるはもちろん、また、いかんともすることのできない次第であるように思えます。ゆえに、予定の教義は不信者のあざけるところであるのみならず、世にいわゆるキリスト信者なる者で、これを不問に措(お)くにあらざれば、全然これを「パウロ時代の神学思想」なればとて排斥する者もあります。彼らは申します、もし救わるべき者、罰せらるべき者はすでに神の意中において定まっているものならば、べつに道を伝えて人を救わんとするの必要もなければ、また彼らが地獄に落ちて永遠の刑罰を受くるの心配もいらないと。キリスト教の予定説なるものは回教の宿命論に似たものであって、もしこれを信ずるに至れば、世に改悔の必要もなくなり、したがって克己(こくき)自制も不用になるように思われます。予定説は確かに、キリスト教を信ぜんとする者の一大障害物たるに相違ありません。

しかしながら、前にもたびたび述べましたとおり、キリスト教は事実そのままを述べるものでありまして、その説明の困難なるのゆえをもって、事実の告白を避けません。予定の教義は、復活の教義と同じく、私ども、キリストを信ずるに至りし者の、確乎(かくこ)動かすべからざる実験の上に立つものであります。私どもはその説明のいかんに関せず、その事実を疑うことはできません。

昔より今日に至りますまで、自身の修養鍛錬の結果として、神を信じ、神の愛を受くるに至りし人はありません。人は神に召されて彼にいたりし者でありまして、彼は彼より進んで神に近づいたのではありません。前に申しましたエレミヤ書の言のごときは、よくこの事を示しております。エレミヤは自ら好んで万国の預言者と成りし者でないのみならず、彼は幾たびか、彼の預言者たりしを歎きました。預言者たるべしとの命が彼に下りました時に、彼はこれを辞して申しました、「ああ主エホバよ、われは若くして、語ることを知らず」と。彼はまた幾回か、彼が神の忠実なるしもべとなりて、国民の罪悪を詰責した結果として、天下の怒りを買うに至りしことを悔やみました。

ああ、われはわざわいなるかな。なんじ何ゆえにわれを生みしや。全国の人、われと争い、われを攻む。われ、高利をもて人に貸さず、人またわれに貸さず。しかるに人みな、われをのろうなり（エレミヤ書一五・一〇）

彼は実に神に強（し）いられて彼の職についた者であります。彼はもちろん身に預言者の大任を負いしことを無上の栄誉として感じましたろう。しかし、これは彼が自ら好んで授かった天職ではなくして、彼がいまだ母の胎に宿らざりし前に、神が彼に授けしものであると、彼は、あつく信じておりました。

これは、キリスト降世以前の人たちの実験でありますが、キリスト信者の経験とても、これと少しも異なりません。使徒パウロの確信は、この談話の始めに引用しました彼の言に徴して明らかであります。

それ神、われらをして、その前に潔（きよ）く、傷なからしめんために、世界の基礎を置かざりし先より、われらをキリストの中に選びたまえり（エペソ書一・四）

とは、驚くべき彼の表白でありまして、彼は彼のキリスト信徒たるを得しは、世界の基礎のすえられし前より定まっておったことであると信じておりました。

使徒ペテロの確信もまた同じことでありました。「神が、その、あらかじめ知りたもうところにしたがい、霊の聖潔をもて選びたまいし人々」とは、彼の、キリスト信徒なる者の定義でありました。ある人は、これらはみなユダヤ人の人生観によるものであると申しますけれども、いずれにしろ聖書は始めより終わりまで、神の予定選択を充分に認めていることだけは確かです。

クロンウェルの臨終の時の語に「余は世にあるところの最も卑しき者の一人なりと思う。されども余は神を愛す。否、余は言わんと欲す、余はむしろ神に愛せらるる者なり」とありまするのを見ても、彼クロンウェルは、彼は神を愛すると言わんよりは、むしろ神に愛せらるる者なりと言うの、真に近きを悟っておったことがわかります。

詩人カウパーの牧師として有名なるニュートンという人は、たびたび人に告げて申しました、「もし神が生前において私を選びたまいしにあらざれば、彼は私の生後の行為において、一も私を選びたもうに足る理由を発見したまわざりしならん」と。そして彼ニュートンの生涯のいかなるものでありしかを知る者は、彼のこの表白の決して過言ではないことを悟ります。彼は一時は奴隷売買にまで従事した人でありまして、アフリカ在住中の彼の生涯というものは実に惨憺（さんたん）たるものでありました。彼のごとき者が、カウパー時代の英国において、最も有力なる教師の一人となりしことは、一種の奇跡と見るよりほかはありません。

その他、ルーテルでも、バンヤンでも、ノックスでも、神における信仰によって、この世に大事業を遂げた人で、神の予定を信じない人はほとんどありません。「キリストはわれらのなお罪人たる時に、われらのために死にたまえり。神はこれによりて、その愛をあらわしたもう」との使徒パウロの言は、神の救済にあずかった者の心をよく言いあらわすものであります。もしわれらの受けし救済なるものは、われらの善行に報ゆる神の賜物でありまするならば、救済とはさほどにありがたいものではありません。

さて予定の事実はかくのごとしといたしまして、ここにこの教義について一大疑問があります。すなわち「もし神は、ある人を選び他の人を捨てたもうとならば、神ははなはだ不公平なる者であって、こういう神は決してわれわれの神として、あがむべからざる者である」ということであります。この反対論に対して、パウロの与えた答ははなはだ明白なるものであります。

> されば、なんじ、われに言わん。神なんぞなお人を責むるや、誰かその旨に逆らうことをせんと。ああ人よ、なんじ何びとなれば神に言い逆ろうや。造られし物は造りし者に向かいて、なんじ何ゆえに、かく造りしと言うべけんや。陶人（すえものし）は同じ土くれをもて、一つの器を貴く、一つの器を卑しく造るの権あるにあらずや

これは、ちょっと聞きますると、ずいぶん独断的の答弁のように聞こえまするけれども、よく考えて見ますると、決してそうでないことがわかります。世に人爵なるものがありまして、私どもはこれには大反対でありますが、しかし争われぬことは、世に天爵のあることであります。世に知者があり、愚人があり、大帝国を左右するに足る力量をそなえられたる者があり、官衙（かんが）の門番に適したる人があります。もし造物主が不公平であると言うならば、世に賢愚の差別のあるのが不公平であり

ます。ある人は蓄材の才能を有し、また、ある人は作詩の天才を有します。彼を富豪となして、これを高想妙句を出すのほか何の見るかげもなき者とならしめたもう神は、実に不公平であると言わなければなりません。しかし、この事をもって神の不公平を責める人は誰もありません。そは、これは神の特権によることでありまして、われわれ人間の云々（うんぬん）すべきことではないからです。

救済の予定も同じことであります。賢愚の差別は知識上の予定によるものでありまして、清濁の差別は心霊上の予定によるのであります。ナポレオンに軍略上の大天才を与えられました神は、同じ仏国人中でパスカルやフェネロンのような人には、心霊上の大達識を賜わりました。陣に臨む者はことごとく大将軍ではないように、世に生まれ出る者はことごとく大聖人ではありません。これは何ゆえなるやは吾人の知るところではありません。しかし、その、こうであることは、何びとも疑うことのできないところであります。

それゆえに、もし世に貧富知愚の別あるがゆえに神を不公平なりと申しますならば、彼がある人に彼の真理を悟るの力を与え、またある人にこの力を与えざるをもって、彼を不公平なりと言うことができるかも知れません。しかし、これは吾人人類の逆ろうても甲斐（かい）のない不公平でありまして、吾人、神ならぬ者の、いかんともすることのできないことであります。

しかし神は神でありますから、彼は万一、不公平でありまするとも、決して無慈悲ではありません。不公平と無慈悲とは全く別ものであります。そして無慈悲ならざる不公平は、実は不公平ではありません。

もし神がある人に蓄財の天才を与えおきながら、彼をして富豪たるを得ざらしめたもうならば、神は実に残酷であります。何ゆえならば、世にふるうべきの天才を持っておりながら、これをふるい得ないほど苦しいことはありませんから。

またもし神はある人に詩才を与えておきながら、彼をして詩人たるを得ざらしめたもうならば、神は実に無慈悲であります。そは、心に燃ゆる詩想のある時に、これを包んで言わないほど、つらいことはないからです。

しかし蓄財家は必ず財産を作りますし、詩人は必ず詩を作ります。そして蓄財家は詩の作れないのを歎きませんように、詩人はまた財産の作れないのを恨みません。二者は各自の天職に安んじ、蓄財家は彼の積みし金を見て喜び、詩人は彼の集めし詩を見て感謝します。歓喜、満足の点においては、金持も詩人も同じことでありまして、神はこの点においては決して不公平ではありません。

神の予定によって、真理の光明を授かり、未来の栄光を承け嗣（つ）ぐ義人も、また予定に洩（も）れて、肉欲の快楽のほかに別に求むるところなき俗人も、その満足を受ける点においては同じことであります。義人は、神の光明が雲をもって、おおわれしを見て、いたく歎きまするが、俗人にはかくのごとき苦痛は絶えてありません。予定といい、救済といい、これは義人の苦にする問題でありまして、俗人はこれを耳にするも、絶えてこれに意を注ぎません。俗人が天国の事や神の事に無感覚なるは、牛や馬が数学や哲学の問題に無感覚なるのと同じであります。俗人は、金があって、世人にほめられて、位階とか勲章とかいう、義人の眼より見れば小児の玩弄物（おもちゃ）同然のものがあれば、それで充分に満足しておりまする。これ、あたかも、馬は豆と秣草（まぐさ）とさえ、たくさんあれば、それで何も他に求めるところがないと同然であります。そして馬に秣草をたくさんに賜う神は、俗人には、彼の欲する金や位階、勲章の類を、あり余るほど賜います。神は俗人に対して決して無慈悲ではありません。俗人の欲するものだけは、神は彼らに充分与えます。

そうして俗人に金と位階と勲章とをたくさんに与えたもう神は、義人に、真理と永世と天国とを与えたもうのであります。俗人が、その授かりし君恩に感泣するように、義人も、その賜わりし神の恩恵について感謝するのであります。両方とも、心を満たすに足るの恩恵を受くるのでありまして、ただ、その受けし恩恵の種類が異なるまでであります。馬はその与えられし秣草のために喜び、俗人はその授けられし勲章のために喜び、詩人はその示されし思想のために喜び、義人はその与えられし永生のために喜ぶのであります。生を神より受けたもので、喜ばないものはありません。神とはかくも恵み深い者であります。

それでありますから、神が特別に義人に、義人の要求する新生命を与えたまえばとて、神は決して不公平ではありません。公平なる君とは、なにもその臣下の者どもにことごとく、正一位の位と最高等の勲章とを与える者を言うのではありません。公平なる君とは、臣下各自の分に応じて、その心に満足を供する者を呼ぶのであります。満足の一点より申しますれば、神の俗人を恵みたもうは、義人を恵みたもうに劣りません。

さらば神の予定に洩れし人とはいかなる人であるかというに、これは、予定とか、救済とか、未来とか、永生とかということは、少しもこれを苦にしない人であります。彼はこの世以外に少しも目を注ぐことなく、生命とはただこの世に限るものと思い、もし安然にこの世を通過し得れば、それで人生の目的は達せられしことと信じております。

彼は純然たる「世界の人」でありまして、彼にとりては、道徳は処世の方法たるにとどまり、宗教は治国平天下の道具たるにすぎません。彼はこの世をもって満足し得る者でありまして、神に選ばれて天国に行くことができないとて、神をも人をも恨む者ではありません。

よく牧師や伝道師が申すことでありますが、悪人とは、常に良心の詰責を受け、死を恐れ、未来の刑罰について常に恐怖の念をいだいている者のように思いますのは、実は大まちがいであります。真正の悪人とは決してそんなものではありません。真正の悪人とは、神を畏(おそ)れず、人を恐れず、死を恐れず、生あるを知って死あるを知らない、実に幸福なる者であります。彼はちようど、屠場(ほふりば)に引き出さるるまでは死の苦痛を感じない牧牛のごとき者であります。もし世に真に満足の人と称すべき者がありまするならば、彼は実は善人ではなくして、真正の悪人であります。

『天路歴程』の著者として有名なるジョン・バンヤンという人はまた『悪人君の生涯ならびに死状(しにざま)』"Life and Death of Mr. Badman" という書を著わしました。これは今日ではほとんど世人に忘れられて、特別にバンヤン文学を究(きわ)めんと欲う人でなければ、めったに読まない書でありますが、しかし非常におもしろい書であります。バンヤンの眼に映じた悪人とはどんなものであったかは、よくこの本によって知ることができます。彼の筆に成りし「悪人君」の死状とは、左のごときものでありました。

彼(悪人君)の一生が罪悪の一生なりしがゆえに、

彼の死は悔い改めなしの死なりし。彼は病中かつて一回も、彼の罪業（ざいごう）について感覚を起こせしことなく、かえって終生いまだかつて一回の罪をも犯せしことなき者のごとくに平和なりし。彼はあたかも罪を知らざる天使のごとくに安然なりき。彼の終焉（しゅうえん）に近づくや、病によりて彼の肉体に現われし変化のほかに、彼に何らの異状なかりき。彼はなお名においてのみならず、彼の心の状態において、以前同様の悪人君なりき。しかして彼はこの状態を彼の最終の時まで持続せり。彼の病褥（びょうじょく）のかたわらにありし者は、彼において死の苦闘をさえも認めざりき。彼は小羊のごとく平和に死せり。あたかも無辜（むこ）の小児のごとく、
静かにかつ恐れなくして死せり

こういう人が真正の悪人でありまして、これが神の予定に洩れた者の死状であります。死に臨んで過去の罪業を悔いて煩悶する者のごときは、いまだ全く救済の希望の絶えた者ではありません。

そして、これが神の予定に洩れし者の生涯でありますれば、その予定にあずかりし者はいかなる人であるかというに、これまた世人一般の予想とは全く違った者であります。神の予定にあずかりし人は苦闘、憂悶の人であります。彼に平和なるものはありません。彼は彼自身のために歎き、彼は同胞のために歎き、社会、国家のために歎きます。「悲哀の人」とは実に彼のことを言うのであります。不幸、艱難（かんなん）は彼の身に絶ゆることなく、彼は国を愛するも、国賊なりとして彼の国人に追窮せられ、彼は親に孝なるも、不孝の子なりとして父母にきらわれ、彼は神を愛するも、神を汚す者として教会に迫害されます。彼はたびたび自ら神に見捨てられし者と思い、世人もまた彼の身に不幸の絶えざるを見て、神の怒りに触れし者として彼を指斥（つまはじき）します。預言者エレミヤは歎じて申しました。

われは彼（神）の怒りのむちによりて、悩みに会いたる人なり。彼はわれを導きて暗黒を歩ませ、光明に行かしめたまわず、まことにしばしば、その手を向けて、終日われを攻め悩ます。わが肉と皮とを衰えしめ、わが骨を砕き、われにむかいて苦しみと悩みを築き、これをもて、われを囲み、われをして、とこしえに死にし者のごとく、暗き所に住ましめ、

われを囲みて、出づることあたわざらしめ、わが鎖を重くしたまえり……彼、われをして苦き物に飽かしめ、茵蔯（いんちん）を飲ましめ……なんじわが霊魂をして平和を遠く離れしめたまえば、われは福祉（さいわい）を忘れたり

これがキリスト以前のユダヤ人の中で、最も深く神の聖旨を悟り、母の胎内に造られざる前より神の選択にかかりしという、預言者エレミヤの言であるとは、ほとんど受け取れないことであります。「ああ、われ、わが頭を水となし、わが目を涙の泉となし、わが国民の殺されたる者のために昼夜泣かんかな」とは、彼の悲嘆の極を述べた言であります。このエレミヤに比べて、幸福なるホームの中に喜楽の賛美歌を唱えながら、安楽に日々を送る今日の牧師や宣教師をごらんなさい。もしエレミヤが神に選ばれし者でありましたならば、これらの牧師や宣教師は何者でありましょう。

神に選ばれし者といえば、イエス・キリストにまさりし人はないはずです。彼は神のひとり子でありまして、最も豊かに神の祝福を受けた者であります。「こは、わが心にかなう、わが愛子なり」とは、彼がバプテスマのヨハネより洗礼を受けし時に天より下りし声でありました。彼の表白によれば、彼は世界の原始（はじめ）より神と共に在（あ）りし者でありました。祝福と栄光と知恵と感謝と尊貴と威権と才能とは彼に帰（き）すべきものであると、聖書に書いてあります。もし世に幸いなる者があれば、実にキリストでなければなりません。

しかるに、この世におけるイエス・キリストの生涯はどんなものでありましたか。彼は自ら「王の子」であると申されましたが、彼は実に王子や王族のような安然、気楽な生涯を送られし者でありましたか。平和は実に彼の特有性でありましたか。彼は絶えず神の祝福にあずかりし人でありましたか。ここに旧約時代の大預言者が彼の生涯について預言せしものを、お聞きなさい。

われらが宣（の）ぶるところを信ぜし者は誰ぞや。エホバの手は、たれにあらわれしや
彼は主のまえに芽のごとく、かわきたる土より出づる木株のごとく育ちたり
われらが見るべき、うるわしき姿なく、うつくしきかたちはなく、われらが慕うべき艶色（つや）なし
彼は侮られて人に捨てられ、悲しみの人にして病を

知れり
また顔をおおいて避くることをせらるる者のごとく侮られたり。われらも彼を尊まざりき
まことに彼はわれらの病を負い、われらの悲しみをになえり
しかるにわれら思えらく、彼は責められ、神に打たれ、苦しめらるるなりと
彼はわれらの、とがのために傷つけられ、われらの不義のために砕かれ、自ら懲らしめを受けて、われらに平安を与う
その打たれし傷によりて、われらは癒やされたり
われらはみな羊のごとく迷いて、おのおの、おのが道に向かい行けり。しかるにエホバは、われらすべての者の不義を彼の上に置きたまえり
彼は苦しめらるれども、自ら、へりくだりて口を開かず
屠場（ほふりば）に引かるる小羊のごとく、毛を切る者のまえに黙す羊のごとくして、その口を開かざりき
彼は虐待と審判とによりて取り去られたり
その代（よ）の人のうち、誰か、彼が生くるものの地より絶たれしことを思いたりしや
彼はわが民の、とがのために打たれしなり
その墓は悪しき者と共に設けられたれど、死ぬるときは富める者と共になれり
彼は暴虐をおこなわず、その口には偽りなかりき
されどエホバは彼を砕くことをよろこびて、これを悩ましたまえり
かくて彼の霊魂、とがの供え物をなすにいたらば、彼、その末を見るを得、その日は長からん
かつエホバの喜びたもうことは彼の手によりて栄ゆべし
かれは、おのが魂の苦しみによりて、心、足らわん。わが義（ただ）しきしもべはその知識によりて多くの人を義とし、また彼らの不義を負わん
このゆえに、われ、彼をして、大いなる者と共に獲物を分かち取らしめん
彼は強き者と共に獲物を分かち取るべし
彼はおのが魂をかたぶけて死にいたらしめ、とがある者と共に数えられたればなり

彼は多くの人の罪を負い、とがある者のためにとりなしをなせり（イザヤ書五三章）

「きつねは穴あり、空の鳥は巣あり、されど人の子（キリスト）は、まくらする所なし」。彼は彼の兄弟に誤解され、彼の郷人に見捨てられ、ついに彼の国人の殺すところとなりました。そうして彼の死状といえば実に悲絶、惨絶、筆にも紙にも書き尽くすことのできないほどのものでありました。「わが神、わが神、なんじ何ゆえに、われを見捨てたもうや」とは、彼の臨終の言辞（ことば）でありまして、この言辞によって察すれば、彼は苦痛の極に達して、人生唯一の慰藉（いしゃ）たる神の存在さえも疑わねばならぬようになられたのであると見えます。多くの神学者は、キリストのこの絶命の言辞のあまりに彼に似合わしからぬのを見て、これに種々なる弁解的の注解を下しますが、しかし、これは、かつて英国の思想家ジェームス・ヒントン氏が『苦痛の哲理』なる書において述べましたように、キリストの苦痛のその絶頂に達せし時の感を表わせし言辞でありまして、神はその愛子を苦しめて、ついには彼をして神の存在さえも疑わしむるに至らしめたのであると思います。キリストにとりては、貧乏や飢渇は数うるに足らない艱難であります。彼の国人に捨てられ、ついには彼の弟子にまで捨てられましても、彼は神が彼と共にするを知って、自らを慰められました。されども神はついに人生の最大苦痛を彼に味わわしめたまいました。神は、キリストの苦痛がその極に達せし時に彼の心を去って、彼をして心に神を認めかぬるに至らしめたまいました。キリストは今は茫漠（ぼうばく）たる宇宙にただひとりになられました。彼は人生の苦痛をなめ尽くして、ついには神にまで捨てられました。そうして彼は神のひとり子で、神に最も愛せられし者でありました。

神に選ばれし者とは、キリストのごとき者でありまして、神の予定に洩れし者とは、バンヤンの描きし「悪人君」のような者であります。神に選ばれし者は不幸者で（世人の眼から見れば）、神に捨てられし者は幸福の者であります（同上）。ゆえに、神に選ばれしとて、べつに、うらやむことではありません。神に捨てられしとて、悲しむことではありません。世の人の多くは、実に神に捨てられんことを望む者でありまして、神に選ばれし者の状態を見ては、気の毒に思うにあらざれば、はなはただ彼を卑しみ、かつ憎む者であります。心に罪の苦痛を感ぜざる者、人生を全然楽しみ得る者、キリストの贖罪（しょくざい）の教義を聞いても、べつにありがたく感ぜざる者、伝道本部に虚偽の報告をなしながら、べつに心に痛痒（つうよう）を感ぜざる者、「政略家」、「経世家」、「実業家」、「教育家」、「忠臣」、「愛国者」、その他、世のすべての幸福なる者、君寵（くんちょう）に沐浴（もくよく）する者、人望を博する者等、この世において最も幸福なる者、最も人にうらやまるる者は、神の選定に洩れし者でありまして、実は神に捨てられた者であります。

泣く者、悲しむ者、罪を悔ゆる者、神の刑罰を恐るる者、地獄に落ちんとて心配する者、神の予定に洩れやしまいかとて、時々絶望せんとする者、世にきらわるる者、君と国人とに斥（しりぞ）けらるる者、時には神にさえ捨てられしならんと疑う者、「逆臣」、「国賊」、貧に泣く者、飢餓に叫ぶ者等、この世において最も不幸なる者、世人に最もきらわるる者は、神の予定にあずかった者でありまして、最も多く神に愛せらるる者であります。

神に選ばるるとは、かくもつらいことでありまして、神に捨てらるることは、かくも楽しいことでありまするから、神がその救わんと欲う者を救いたもうと聞いて、神は「不公平」なりとの小言は出づべきはずのものではありません。神は不公平なりとは、実は選ばれざる者の境遇を見て発すべき不平であります。

もともと予定の教義は、神に選ばれし者を慰め、かつ強めんために説かれしものでありまして、これは彼らにとりてはこの上なき貴い教理であります。もし私どもは自身の努力、奮励によって救わるべき者でありまするならば、私どもは、いつ、神を離れて元の罪悪に沈むかも知れません。もし私どもの克己、修養をもってしましたならば、私どもはとても神の救いにあずかるの価値（ねうち）のある者ではありません。世に神の愛を買うに足るの宝はありません。神の愛を買うに足るものとては、ただ神の愛のみであります。神は私どもの徳行に余儀なくせられて私どもを救いたもうのではありません。神は神の聖旨のままに私どもを選びたもうたのであります。それでありますから、神の救いにあずかるのは容易のことではありません。これは実に神の特旨に出でしことでありまして、われらはこれがために誇るべきではなくして、ただ感謝するばかりであります。

そして神の聖旨によって救われし者に、再び堕落するのおそれは決してありません。神はいかなる障害をも排して、その聖旨を実行したもう者であります。神は一たび始めたまいし事業は、これを終えずしては、やみたまいません。神は必ずその選びたまいし者を救いたまいます。神の恩恵は、私どもの失敗と過失とをあがないて余りあります。神はもしその聖意にかなわば、私どもの罪あるにかかわらず、私どもを救いたまいます。ゆえに私どもはこの事について少しも心配するに及びません。

こう申しますと、また、ある人は申します「それならば、神の予定にあずかりし者は勝手に罪を犯してもよろしいか」と。この質問に対して、パウロは答えて申しました、

さらば、われら、恵みの増さんために罪におるべきか。しからず。われら、罪において死にし者なるに、いかでかなおその中において生きんや（ロマ書六・一―二）

神に選ばれしことを知る者は、感謝の余り罪を犯さなくなります。また神はその選びたまいし者をして、いつまでも罪を犯さしめたまいません。神は種々の方法をもって、その選びたまいし者をして、罪を避けしめたまいます。キリスト信徒（真正の）に、悔い改めの苦痛、信仰復興の苦闘等のあるのは全くこれがためであります。すなわち神は世人の少しも知らないこういう苦痛を、神の選びたまいし者の上に下したまいて、彼の改善、進歩を促したまいます。彼に苦痛と憂慮との絶えない間は、彼は確かに慈愛の神のふところの中にある者であります。

それでありますから、私どもが予定の事について非常に心配する間は、私どもの救いは確かです。また私どもに世人の迫害、憎悪、擯斥（ひんせき）の絶えない間は、私どもの予定について心配するに及びません。私どもが真正のキリスト信者であるかないかは、私どもの身に受ける困難の多寡、有無によって分かるべきものであります。私どもに天国に入るの心配がなくなり、私どもの罪の感覚が鈍りて、罪を犯すも少しもその罪悪たるを感ぜざるに至って、私どもの身に幸福が打ち続いて、この世が天国のように思われて、永生も私どもに用なきに至って、私どもは実に危険の地位におちいりつつある者であります。それですから、私どもの誇るべきことは、身の幸福でなくして、その不幸であります。世人に愛せられ

ることではなくして、彼らに憎まれることであります。富と栄誉とではなくして、貧と汚辱とであります。宝玉をちりばめたる冠ではなく、刺（とげ）と、いばらとの冠であります。使徒パウロは申しました。

われはむしろ喜びて自己の弱きに誇らん。これ、キリストの能（ちから）の、われに宿らんためなり。これによりて、われ、キリストのために、弱きと、乏しきと、迫害と患難（かんなん）に会うを楽しみとせり。けだし、われは弱き時に強ければなり

予定と伝道との関係については、後でお話し申しましよう〔注〕。

（一九〇〇年七月『東京独立雑誌』）

注　この続稿はない。

聖召

聖召の祝福

世に幸福なる事はあまたあるが、神に選まれて福音の使者となされしことにまさる幸福はない。これ、自ら望んで与えられ、選んで得らるる幸福でない。神の善き聖意（みこころ）により、特に彼の聖召（めし）をこうむりし者にのみ賜わる幸福である。人は誰も自ら選んで伝道師となることはできない。事はあまりに困難である。この世全体の反対がある。骨肉近親の反対がある。自分自身の反対がある。生まれながらの人は何びともキリストの福音を好まない。ゆえに人は、神に余儀なくせらるるにあらざれば、真の伝道師となることはできない。この事を称して聖召という。聖召は単に心に響く神の声ではない。われを捕え、われを縛り、われを余儀なくしたもう神の行動（はたらき）である。ゆえに聖召は内的であるとともにまた外的である。ペテロの聖召は善き例である。イエス、彼に「われに従え」と言いたまいければ、彼は網を捨て、イエスに従えりという（マタイ伝四・一九―二〇）。

これは、命令の辞（ことば）をもってして彼の心に下りし聖召である。イエスまた彼に言いたまいけるは、「まことにまことになんじに告げん。なんじ若き時、自ら帯し、意（こころ）に任せて歩きぬ。老いては手を伸べ、人、なんじを束（くく）り、意にかなわざる所に連れ行かん……われに従え」（ヨハネ伝二一・一八―一九）と。これは、威力をもってして彼の身に臨みし聖召である。聖召は、命令として心に臨み、威力として身に加わるのである。神は身の内外より、その選びたまいし、しもべを召し、またこれを使いたもう。召され、また使役せらる。これが聖召である。決して楽しき喜ばしき事ではない。やむを得ざる事である。しかしながら、かく召され、かく縛られてこそ、聖召の祝福は下るなれ。避けんと欲して避くるあたわず、至上者に追いやられて、やむを得ず福音宣伝に従事するのである。内なる声に追い立てられ、外なる境遇に余儀なくせられ、奴隷のごとくに使役せらる。そうして人生最大の幸福はその内にあるのである。もしわれ、福音を宣（の）べ伝えずば、わざわいなるかな（コリント前書九・一六）。もしわれ、福音を宣伝せずして政治に入り、実業に従事し、文芸を楽しみ、外交に尽くすならばわざわいなるかな。まことに伝道師は伝道のほかに何事をもなすあたわざる者である。他（ひと）なるイエスはわれを束り、意にかなわざる所にわれを連れ行きたもう。そうして、そこに至上の祝福を注ぎたもう。まことに矛盾せる生涯とて、聖召をこうむれる伝道師の生涯のごときはない。奴隷束縛の生涯である。同時にまた最も恵まれたる、最もさいわいなる生涯である。他（ひと）もきらい自分もきらう神の事業に追いやらるるのである。これ、自ら好んでなすことのできることではない。全能者に余儀なくせられて、やむを得ず、おこなうことである。預言者エレミヤは叫んで言うた、

エホバよ、なんじ、われを勧めたまいて、われ、その勧めに従えり。なんじ、われを捕えて、われに勝ちたまえり。われ、日々に人の笑いとなり、人みなわれをあざけりぬ……ここをもて、われ重ねてエホバの事を宣（の）べず、またその名をもて語らじと言えり。されどエホバの言、わが心にありて、火のわが骨の中に閉じこもりて燃ゆるがごとくなれば、忍耐（しのぶ）に疲れて堪えがたし（エレミヤ書二〇・七―九）

と。世は神の言をいとい、預言者またこれを宣べ伝うるに苦しむ。されども神は彼の沈黙を許したまわず、聖言（みことば）を彼に送りて、彼をして沈黙に堪えざらしめたもう。ここにおいてか真の預言者と伝道師との、世にはなはだ、まれなる理由（わけ）がわかるのである。伝道は、他の職業のごとくに、人が自ら選ぶ職業ではない。また教会と監督とは人を雇うて、彼を伝道師となすことはできない。自ら伝道師たるあたわず、人を伝道師となすあたわず、俸給も、教権も、学識も、志望も、人を伝道師となすことはできない。ただ全能者の聖意より出でたる聖召によりてのみ、この聖職につくことができる。召されし者の栄光この上なしである。されども、これに伴う損失と患難（かんなん）、孤独と寂寥（せきりょう）、これまた無類である。イエスは聖召の祝福につき、弟子たちに告げて言いたもうた、

まことになんじらに告げん。われと福音のために、家、あるいは兄弟、あるいは姉妹、あるいは父、あ

るいは母、あるいは妻、あるいは子、あるいは畑を捨つる者は、この世にて百倍を受けざる者なし……迫害と共に受け、また後の世には限りなき生命を受けけん（マルコ伝一〇・二九―三〇）

と。この世においては迫害、後の世には無窮の生命……栄光の極である。祝福（さいわい）の頂上である。ゆえに言う、「イエス・キリストのしもべ（奴隷）パウロ、召されて使徒となり、神の福音のために選ばる」と。人として最大の恩恵をこうむり、最上の栄光に浴せし使徒パウロは、召されて奴僕となった者である。

（一九二一年十一月『聖書之研究』）

教義研究の必要

多くの人が、キリスト教は知るにはなはだ易(やす)き宗教であると思う。キリスト教の困難なるは、これをおこのうにあって、知るにあらずと思う。彼らは、使徒ヨハネの言として伝えらるる

愛なき者は神を知らず。神はすなわち愛なればなり(ヨハネ第一書四・八)

との一言をもってキリスト教は尽きていると思う。ゆえに彼らはそれ以上にキリスト教を研究せんとしない。研究は、哲学者、神学者、彼らの称する「教師方」のなすところであって、普通の信者は特別にこれに努力を費やすの必要はないと思う。前年、私が教会のある有力者と、ある実際問題を議論した時に、その人は、ある大教会の長老であるにかかわらず、私に向かい、冒頭第一に、力をこめて言うた、

私は聖書を知らないけれども……

と。これはその人にとり、恥の言葉でなくして高ぶりの言葉であった。聖書は知らない、そんなことは、どうでもよい、しかし貴下(あなた)のなす事は悪いというのであった。実に驚き入りたる次第である。そして、かかる人にたくさんに会うのである。彼らは教会につき、教勢拡張につき、社会問題につき、ことに教師、誰、彼を批評するにあたって、たくさんに言うべきことを持つが、キリスト教普通の教理につき、明確なる何らの言うべきことを持たない。キリスト教で言う神なる者は何をさして言うか、その存在の確証はこれをいずこに求むべきか、聖書は何ゆえに貴きか、いかなる意味において神の言なるか、罪とは何ぞや、罪とキリストの十字架の関係、キリストは何ゆえに神にていまさねばならぬか、死の問題、復活とキリストの再臨等々である。かかる問題について、信者はその教師たちに教えられず、ゆえに確乎たる理解を持たないのである。彼らはただ熱心と犠牲とを要求せらる。ただ愛せよ、与えよ、伝道せよと勧め

らる。しかしながら、何ゆえに愛すべきか、何を伝うべきか、その事について知ること、ほとんど零であるように見える。

しかしながら、これではいけない。神は人に理性を与えたもうて、理をもって彼らを動かしたもう。彼が聖霊を下したもう場合にも、感情を動かす前に理性を照らしたもう。神は光であって、道理によらずして何事もなしたまわない。もちろん道理によって万事万物を解することはできない。しかし道理によって多くの事を解することができる。道理を無視して、これを卑しめて、何事も解することができない。天啓と称して、決して道理を離れて下るものでない。われらは道理によって知り得るだけ知りて、それ以上を天啓によって補うていただくのである。道理の無きところに、迷信と教会の教権とが跋扈（ばっこ）する。慎むべきである。

（一九二八年十二月『聖書之研究』）

パウロなかりせば

余は時々思う、もし使徒パウロがおらなかったならば、サゾよかったであろうと。その時は、煩わしき神学なるものは無くして、したがって教会もなく、教派もなく、ただ単純なるキリストの教訓（おしえ）のみ存して、キリスト教は実に単純無垢（むく）のものであったであろうと。パウロは確かに神学の元祖である。彼なかりせば、キリスト教は、今日のごとくめんどうなる、こみいったるものでなかったに相違ない。余は実にある時はパウロのおらざりしことを望む者である。または、おりしも、彼の書簡を新約聖書の中より取り除きたく欲（おも）う者である。

山上の垂訓、放蕩息子（ほうとうむすこ）の話、これでキリスト教は足りているではないか。何を好んで神の愛について論究するのであろうか。パウロはキリスト教を無理に、また無益に、むずかしくした者ではないか。彼はキリスト教を神学化した者ではないか。パウロの在（あ）

りしことは、キリスト教にとりて最も悲しむべきことではないか。

しかし、これは一時の感である。キリスト教をごく浅薄に見た時の感である。ことに、余の罪、余の救いについて深く感じない時の感である。パウロはキリスト教をむずかしくしたのではない。深くしたのである。人の心の奥底にまで達する宗教としたのである。キリストの教訓を伝うるにとどまらずして、その性格を究(きわ)め、これによって、人の行為にとどまらずして、その本性までを改造するに足るの真理を啓発したのである。まことにパウロによってキリスト教は宗教となったのである。道理にかなうキリスト崇拝は、パウロをもって始まったのである。福音書の示すキリストは、主としてラビ(教師)としてのキリストである。「ラビ、われら、なんじは神より来たりし師なりと知る」とニコデモはキリストに向かって言うた。そうして、これが、福音記者がおもに伝うるキリストである。そうしてもしキリストがそれだけの者であるならば、彼は孔子(こうし)、釈迦(しゃか)、ソクラテスと類を同じゅうする者である。大なる教師、聖賢の一人、しかもその最も大なる者、それだけである。彼の血、彼の死、彼の復活、彼の昇天に、われら人類の生命にかかわる大なる真理が含まってあるとのことは、おもにパウロによって闡明(せんめい)せられたことである。

キリストにならい、彼のごとく謙遜(けんそん)に、彼のごとく柔和に、彼のごとく勤勉に、彼のごとく慈悲なることが、われらキリスト信者の目的であることは言うまでもない。しかしながら、罪に沈めるわれらをしてキリストの完全に達せしむるの道については、われらはこれを、福音書が示すキリストの教訓以外において求めなければならない。福音書は、人が神にいたるのを道を示している。しかしパウロは、特別に、人がキリストを通して神にいたるの道を示した。パウロは明白に、人と神との間にキリストを置いた。そうして、かくして人と神との関係を間接にして、二者の間を離したようではあるが、しかし神人間の中保者を確定し、二者をつなぐに、愛の純金の鎖をもってした。間接なることは必ずしも疎遠なることではない。否、直接の関係は多くは破れやすい関係である。媒介者によらざる夫婦の関係のごとき、慈母の愛をもってつながれざる父子の関係のごとき、直接にして、かえつて危き関係である。神と人との関係もそのとおりである。直接なるは望ましきようなれども、実際は維持するに最も困難なる関係である。もちろん神の場合においては、彼より進んで人との関係を絶つがごときは無しといえども、人が神の愛を誤解し、彼の正義を怒りと見なし、ついに彼を離れ去るの場合はたくさんある。キリストは、人を固く神につなぐために必要である。キリストを明らかに中間に置いて、神と人との関係を間接ならしめしパウロは、両者の関係を非常に強めた者である。

人は行為（おこない）によりて救わるるのではなくして信仰によりて救わるるのであると言うたパウロは、いかにも善行を軽しめたようにも見える。そうして、ある場合においては、キリストの行為そのままをまねて、自我以外の力に頼まない方が、救いの捷路（はやみち）であるように見えることがある。しかしながら、これ、われらの心に永久（とこしえ）の平康（やすき）を与える道でないことは、これまた明らかなる事実である。人は行為によりて救わるるにあらず、信頼によりて救わるるのであると聞いて、永久の平和は初めてわれらの心に臨むのである。われら弱き罪人の完全になし得ることとは、実は信頼の一事である。愛、喜び、慈愛、善意、柔和、自制、これ、われらがなさんと努めて満足になし得ることではない。これを完全になし得ることが救いであるとならば、われらは失望せざるを得ない。しかし、われらに一事、完全になし得ることがある。それはすなわち信頼、すなわち信仰である。われらは神の慈悲と恩恵と宥恕（ゆうじょ）とを充分に信ずることができる。この意味において の完全の信仰は、罪人なるわれらといえども容易にいだくことができる。しかり、われらの罪が深ければ深いほど、この信仰をいだくことが容易である。あたかも病人の病が重ければ重いほど、医師にたよるの心が強くなると同じである。そうして、もしこの心が神を喜ばし奉るに最も貴い、最も実効（ききめ）ある心であると教えられて、われらは初めて永遠より永遠にわたる、深い、強い、堅い、清い平和を全身に感ずることができるのである。人は信仰によりて義とせらるるとは、実にキリストの福音の真髄である。この事なくして、福音は福音でない。そうして、この事を最も強く、最も明らけく、かつ最も繁（しげ）く宣べた者は使徒パウロである。人は信仰によりて救わるるとは、神学的命題ではない。これは深き宗教的信念である。キリスト信徒の平和の依（よ）って立つ土台を、一言もって表白せるもの、これが、信仰によりて救わるるとの教義である。

パウロは確かにキリスト教神学の元祖である。パウロのキリスト論なくして、後世のすべての煩雑なるキリスト論は無かったであろう。しかしながら、ここにパウロの神学について一事、われらが忘れてはならない事がある。すなわちパウロの神学たる、神学のための神学ではなかったこと、これである。しかり、パウロの神学たる、新たに神学を建てるための神学ではなくして、旧（ふる）き、死せる、無用なる神学を壊（こぼ）つための神学である。パウロの神学は明らかに反神学的である。たぶんパウロほど神学論をきらった者はあるまい。しかしながら、おのれ神学をもって育てられし彼は、神学を壊つために神学を用いたのである。彼は敵を屠（ほふ）るにその武器をもってしたのである。彼は単純なるキリストの福音を愛した。しかるに彼の敵が神学の紛糾（ふんきゅう）をもって彼を縛らんとせしがゆえに、彼は同じ網羅をもって、おのれを守り、またその敵を圧伏せんとしたのである。

それがゆえに、今に至るも、神学の縲絏（るいせつ）を断つに最も有効なる武器は、パウロの書簡に現われたる彼の神学論である。ユダヤ神学を破らんために、ものせられたるパウロの神学論は、ローマ天主教神学を破るためにも、英国監督教会神学を破るためにも、米国の数限りなき宗派神学を破るためにも有力である。「今より後、誰もわれを煩わすなかれ。われ、身にイエスの焼き印を帯びたればなり」（ガラテヤ書六・一七）と。この確信に基づきしパウロの神学は、いかなる神学をも掃攘（そうじょう）するに足る。また、いかなる神学も、この確信に基づく彼の神学をくつがえすことはできない。パウロは確かに神学者であった。しかし神学研究を目的とする今の神学者のごとき者ではなかった。彼の神学は神学掃攘のための神学であった。ゆえに実際的に最も有益なる神学であった。神学がことごとくパウロの神学のごときものとなって、信者も教会も神学の害をこうむらざるに至るのである。

パウロなかりせば、しかり、パウロなかりせば、パウロなかりせば、キリスト教はすでにすでに消えてしまったであろう。あるいは今なお存しておったにせよ、アルメニヤの山中、あるいは黒海の浜あたりに、小なる一宗教として存しておったであろう。パウロなかりせば、キリスト教は世界的宗教とはならなかったに相違ない。したがって、われら極東の住民は、終生これを目にも耳にもすることができなかったに相違ない。

そうして、これ必ずしもパウロの伝道区域の世界的なりしにのみ、よるのではない。散布の区域はいかに広くとも、生気の薄い種は長くは繁殖しない。キリスト教がパウロによって世界的になり、また永久的になったには、地理的以外、何か他に理由がなくってはならない。そうしてそれが、パウロの伝えし教義の性質に存せしことは言うまでもない。パウロによりて、キリスト教は濃厚にして精鋭なるものとなった。福音そのものは、美は美であったが、しかし、まだ、人、ことに罪人（つみびと）の良心を刺し通し、その暗所に存するすべての邪悪を露出し、これを神の前にまで引き来たりて、ゆるしの恩恵にあずからしむるには足らなかった。人の罪のあまりに大なる、やさしきイエスの言のみにては、これを滅ぼすに足らなかった。ゆえに神は罪に生まれしパウロを起こし、彼をして、おのれに罪のゆるしの恩恵を充分に味わわしめ、そうして世界の万民をして、彼によりて同じ恩恵にあずからしむるの道を設けたもうた。

まことに四福音書はわれらの良心の外より働き、パウロの書簡はその内より働く。前なるものは太陽のごとく、そのあたたまりをもって、外よりわれらをあたため、後なるものは地中の水のごとく、その湿潤（しめり）をもって、内よりわれらを萌芽（きざ）さしむ。イエスの恩恵、われらを取り巻き、使徒ら（ことにパウロ）の勧告、われらを励まして、われらはついに救わるるのである。使徒らの遺（のこ）せし書簡は実に福音の半分である。これなくしては、イエスの教訓も充分にその目的の効を奏しないのである。もし「大いなる使徒にも劣らず」（コリント後書一二・一一）して働きし使徒パウロがなかったならば、イエスの福音も半ばはその救霊の能力（ちから）を失うであろう。

ゆえに、近ごろ、われらのしばしば耳にする「パウロよりイエスに帰れ」との、ある神学者らの声は、全く謂（いわれ）なき言である。われらはパウロを離れてイエスに帰ることはできない。われらはパウロによりてイエスに連れ来たられたる者である。ゆえに、もしパウロを離れるならばイエスをも離れざるを得ない者である。パウロによりて見ざるイエスは、われら罪人を救うためにはいたって能力弱きイエスである。パウロは、われらがイエスをその万善の神性において解するために必要である。パウロなくして、イエスはわからない。パウロなくして、キリスト教は消えてしまう。パウロはパウロのために貴いのではない。彼は神のつかわしたまいし使徒として貴いのである。彼は「神の定めし旨と、あらかじめ知りたもうところにかないて」（使徒行伝二・二三）つかわされた者である。ゆえに、われら、彼を排斥して、ついには神を排斥するの罪におちいらざるを得ない。ゆえに余は今もなお敬虔（けいけん）もってパウロの書簡を研究し、四福音書同様、神の言としてこれを戴（いただ）く者である。

（一九〇六年九月『聖書之研究』）

信仰と神学

信仰は詩である。歌である。音楽である。思索ではない。議論ではない。さればとて思索しがたいものではない。あまり深くして、思索し尽くすことあたわざるものである。ゆえに信仰は、これを表わさんと欲して、おのずから断言するのである、いわく、「われ信ず」と。哲学はこれを称して独断的主張（ドグマティズム）と言う。されども信仰は自個を説明せんと欲して、あたわないのである。信仰は生命そのものの声である。ゆえに、おのずから歌い、かつ躍（おど）るのである。その点において、プラトンもパウロもアウグスティヌスも一致している。彼らの哲学または神学と称するものは、近代人のそれとは全く異なり、詩歌の一種であって、組織的思惟（しい）の結果ではない。ルーテルいわく、「神学は音楽の一種なり」と。完全の調和、無限の歓喜、宇宙と人生とが一団となり、理性と霊性とが一致して躍り喜ぶところに本当の神学がある。かくてクリスチャンは各自、その知識の程度にしたがい神学者である。彼は自己を神のひとり子イエス・キリストの立場において見るがゆえに、万事万物を調和的に見るのである。「万物、彼によりてたもつことを得るなり」。

（一九一九年十月『聖書之研究』）

神学の解

神学がある。神学がある。パンを獲（う）るための神学がある。宗教をもてあそぶための神学がある。哲学の一種なる神学がある。これはいずれも、われらに用なき学問である。それがゆえに、われらは時々思う、神学は無用の学問であると。

されども真（まこと）の神学はそんなものでない。神学は教会に入るための学問でない。また思索的に神を探らんとする研究でない。かかる神学は無いではない。キリスト以前に、ギリシャの哲学者は神学を攻究した。されどもキリスト教の神学は全然それと異なる。これは、神が選民をもって御自身を人類に現わしたまいし、その事実と人に伴う教訓とを究（きわ）むるための学問である。言葉を替えて言えば、神の備えたまいし人類救拯（きゅうしょう）の道にかかわる学問である。ゆえに最上の学問である。最もうるわしき学問である。天文学に音楽を加えたるがごとき学問である。ゆえに、最大の天才を賦与せられたる者にあらざれば、その研究者たるあたわざる学問である。

（一九二六年八月『聖書之研究』）

現代神学について*

現代神学は、イエスの人格ならびに内的生命をもって、その研究の主題とする。旧神学のごとくに、彼の受肉、復活、昇天、再臨等に注意しない。現代神学はその根本において主観的である。「おのが、へそを見つめるものである」とカーライルが言いしごとくである。過度に自己を意識する。ゆえに自由でない。また膨脹しない。救いとは、主として自己意識より脱することである。しかるに現代人はその現代神学をもって、自分が離れんとして努めつつある束縛に自分をつなぎつつある。真（まこと）の信仰は客観的であって、主観的でない。われらのために十字架につけられしイエスを仰ぎ見ることであって、われらの罪に満ちたる自己を顧ることでない。「善なるものは、われ、すなわちわが肉におらざるを知る」（ロマ書七・一八）とパウロは言うた。外なる世界の実在を主張する唯物論は、自己意識の病的探求に没頭する現代神学にまさること数等である。

（一九二四年三月『聖書之研究』）

神学瑣談

神学は、信仰が結晶したか、さなくばその化石したものである。信仰は生命であるから、これはとうてい組織されまた定義されべきはずのものではない。信仰は神学と成って死するものである。神学は信仰の死体である。ゆえに神学は信仰に近いものではない。もし信仰に近いものがあるとすれば、それは詩歌ならびに美術である。三者同じく発動性のものであって、思索的のものではない。詩歌の化石したものが批評学であって、美術の化石したものが審美学である。生命はいずれも化石しやすいものであって、信仰のみ、その数に洩（も）れることはできないと見える。

神学の化石性については旧新の別はない。旧神学が化石したゆえに新神学が起こったのであるとは、新神学者が常に唱うるところであるが、事実は決してそうではない。肉体の復活は無いと弁証せんとするのも、有ると弁証せんとするのと、その思索的径路において異なるところはない。二者同じく、信仰以外の能力（ちから）をもって信仰の事を弁論せんとするのである。信仰は思索ではない。もし二者の間に関係があるとするも、それはごく間接の関係である。信仰は視能の一種である。「それ、われらが聞き、また目にて見、ねんごろに見、わが手さわりしところのもの、すなわち元始（はじめ）より在（あ）りし生命の道をなんじらに伝う」（ヨハネ第一書一・一）と。かかる確実なるものは弁証され得べきものではない。誰も太陽の実在を弁証せんとする者はない。これはあまりに確かなる事実である。そうしてクリスチャンにとりては、キリストは義の太陽であって、これもまた弁証せんとするにはあまりに明白なる者である。世に弁証しがたいものとて自明理のごときはない。そうして神とキリストとその救済とは、信仰上の自明理である。

ベルリン大学教授ハーナックは現今（いま）の神学界の泰斗である。彼は久しき以前に、使徒行伝は聖ルカの書いた作ではないと主張した。そうして彼は彼の神学説に多くの賛成者を得て、愛すべき使徒行伝は一時はまさにその歴史的価値を失わんとした。しかるに近ごろに至り、同じハーナック氏は彼の前説を取り消さざるを得ざるに至った。彼は使徒行伝の聖ルカ著作説に同意せざるを得ざるに至った。ここにおいてか神学界の一動揺はやや平静に復したのである。

しかし、何ゆえに、かかる動揺が起こったのであるか。何ゆえに、使徒行伝の著作論が欧米諸国のキリスト信者の信仰までを動かすに至ったのであるか。それは彼らが信仰を信仰として見ないからである。信仰が歴史的証明の上に立つものであると思うたからである。すなわち信仰が思索に負けたからである。思索の奴隷となったからである。信仰が信仰としてその威権を保つ間は、聖書の批評、解剖によって、その基礎を動かさるべきはずはない。よし使徒行伝が聖ルカの作であろうが、あるまいが、その記載する信仰的事実の、われらの今日実験する事実である以上は、われらはそれがためにわれらの信仰を動かされない。信仰がその土台を離れる時に、神はしばしば神学者を送りたまいて、これを震いて、その堅牢（けんろう）を試みたもう。神学にもし要があるとすれば、信仰ならざる信仰をこわすにある。

近ごろ英国に博士カンベルなる人が起（た）って新神学を唱うると称して、かの国のキリスト教界は大いに動揺しているとのことである。余輩はまだくわしくカンベル博士の説を究（きわ）めない。しかし余輩の少しく聞きしところによれば、彼の説とて決して新しいものではない。彼の唱えしとほぼ同じ事を、キリスト降世百五十年後のアレキサンドリヤのクレメントが唱えた。すなわち神は愛であるとの教理をその極端まで論究して、神は万人を愛する、ゆえに永久の刑罰なるものはない、神がその子を下して、万人の罪を負うて十字架に上りて、贖罪（しょくざい）の血を流さしめたまいしというような事はないというのである。近ごろ出版になりし、米国エール大学神学教授故スティーブンス氏著『キリスト教救済論』の主張するところも、ほぼこれに類している。昔時のいわゆるペラジウス主義、中世のアリアン主義、近世のユニテリヤン主義、みなこれと大同小異である。名は新神学であるが、実は旧神学と同じように、やはり旧神学である。真理のある一面を表わすものであって、全然受くべきものでもなければ、さりとてまた全然斥（しりぞ）くべきものでもない。

博士カンベルについて思い出すのはW・L・ウォルカー氏である。この人は近代における最も透明なる思想家の一人であると思う。氏の著述に成りし『霊と受肉（スピリット・エンド・インカーネーション）』の一冊は、実に近世の大著述と称すべきものであると思う。氏の文は決して流暢（りゅうちょう）ではない。氏はまた神学者として迎うべき人物ではない。氏は実に深き霊の人である。深き霊に深き学をそなえたる人である。氏は氏の思索の結果を提供しない。氏は氏の実験を語る。氏は元、ユニテリヤン教会の教師であった。しかし二十五年間の霊的奮闘の後に、福音主義に帰った。ゆえに氏はユニテリヤン主義をあざけらない。また世間ありふれの福音主義に同意しない。氏は福音の根本義を握った。ゆえに自由の人であって、また謙遜（けんそん）の人である。外観はユニテリヤン主義の人であって、内容はオルソドックス主義の人である。近世の宗教的著述家中に、余輩が尊敬せざるを得ない人はこの人である。

ウォルカー氏はまた近ごろ『新神学について』と題する小著述を公にした。余輩はまだこれを手にしない。されども、その題目より考えて、また氏の主張より推して、その、いかなる書なるかは、読まずしてほぼ推察することができる。「吾人は新神学を要するか」、「新神学は吾人の要求を充（み）たすに足るか」と。これ氏がこの著において自ら問うて自ら答うる問題である。そうしてウォルカー氏はこれに対して「否」と言うのであろう。教権的にそう言うのではなくして、思索的に、すなわち新神学の剣をおのれの手に採って、そう答うるのであろう。いずれにしろ余輩はW・L・ウォルカー氏の著を、英文を読み得る本誌の読者諸君に推薦せざるを得ない。もし氏の著作もまた神学書であるというならば、余輩は神学に反対しない。しかし氏の神学は普通の神学とは全く違ったる神学である。すなわち神学ならざる神学である。

実にうるさいことである。建ててはまた、こわし、こわしてはまた建つ。これ神学の常である。要のない事のようではあるが、しかしまた全く益のない事でもあるまい。多少の進歩はまたその中にあるのであろう。そうして、かく言う余輩もまた時には神学書を買うて読む。読んで、その愚と無益とを知るがゆえに、これがために投ぜし金を惜しむ。あるいはこれを道楽というのであろう。あるいは、こわいもの見たさというのであろう。おのれの信仰も、こわれるものならば時にはこわして見るもよい。ただ、たびたび神学の迷霧の中にさまようて、出口を失うて煩悶することがある。かかる場合に際して、熱心なる信仰家に余輩の愚を笑われることがたびたびある。しかしこの彷徨(ほうこう)の実験なくしては、同じ困難の中にある者を救い出すことはできない。神学界の冒険旅行(エキスカーション)は危険は危険であるが、はなはだ興味あるものである。久しく神学海の氷山、雪塊の中にただよい、近ごろ無難にまたまた元の信仰の春の海に帰り来たりたれば、感想のままをここにしるす。

(一九〇七年八月『聖書之研究』)

神学雑談

今の新神学といえば、必ずまず四福音書を批判するを常とする。その表明者の言うところを聞けば、いわく、マタイ伝は税吏より選まれて使徒となりしというマタイの書いたものではない、その著者は不明である、ゆえにマタイ伝の名は不当である、マルコ伝はペテロの弟子マルコ、ルカ伝はパウロの同伴者ルカが書いたものとするも、ヨハネ伝に至っては、使徒ヨハネの書いたものでないことは、近世批評家のほとんど一致するところであって、これを使徒ヨハネの作と信ずるがごときは、無識の最もはなはだしいものであると。

しかるに新神学のこの提説に対して、近ごろ強力なる反対者が出たのははなはだ心地よいことである。そうしてその反対者とは誰であるかといえば、古典学第一等のオーソリティとして仰がるる、ドイツ国ハーレ大学教授フリードリッヒ・ブラース氏その人である。氏は近ごろ物故せられたが、世を逝(さ)る二週日ほど前にしたためたる氏の論文中に、氏は明らかに、マタイ伝の使徒マタイの作なることと、ヨハネ伝の使徒ヨハネの作なることとを認めている、これ確かに神学界における青天の霹靂(へきれき)である。大学者はいまだ必ずしも旧来の伝説を捨てない。

ブラース氏はそのマルコ伝論の始めにおいて言うてい

る、「新約聖書に関しては、批評学は、過ぐる一百年の間に、いまだ一歩たりとも確実なる進歩をなさない」と。すなわち氏の説に従えば、今日の新約聖書はその大体においては百年前の新約聖書であると。すなわちヨハネが書いたと言われしものはヨハネの書いたもの、パウロが書いたと言われしものはパウロが書いたものであると。氏のこの言に九鼎（きゅうてい）の重みがある。

余輩は今ここにブラース氏の研究の順序を読者に示さんと欲する者ではない。ただ、ここにこの事ありしを告げて、新説なりと聞いて驚かないように、読者に注意する。ドイツ流の神学者という神学者がこぞってヨハネ伝のヨハネ的著作を否認するを見て、ここにヨハネ伝批評の最終の言が発せられしように思い、したがって新約聖書全体の著作について疑いをはさむに至るは、今の人の常である。しかし、その事は決してそうではない。最終の言はまだ発せられない。しかり、この大問題に関する最近最重の言は、このフリードリッヒ・ブラース氏の言であって、それは、ヨハネ伝は使徒ヨハネの作であるとのことである。

ここに言うておくが、博士ブラース氏は神学者ではない。彼はギリシャ、ローマ古典学の専門家であった。そうして氏の専究せしこの学科において、世界第一等のオーソリティーであった。そうしてこの人が近世神学者の説を拒んだのである。氏は言うている、

人は三、四年、神学を修めたりとて、あるいは、たとえ神学の教授なればとて、または神学博士の称号の所有者なればとて、それによりて、彼が宗教に関する知識を有すとは証明せられない。すべてこれらの事は、彼が天の事を受くるの機能を持たざる俗趣味の人たるを妨げない

と。ブラース氏は、彼の深遠なる科学上の知識と敬虔（けいけん）なる信仰上の立場より、ここに断然と、神学者の提説に対して反対の言を発したのである。

そうして神学ことに聖書のことをよく知る者は実は神学者ではない。英国の神学界において、聖書知識に最も確実なる貢献をなしたる者はW・M・ラムセー氏その人である。氏の『ガラテヤ書論』、『使徒行伝論』、『黙示録論』等は近世の大著作である。しかるにこのラムセー氏もまた神学者ではない。氏もまたブラース氏に似て考古学者である。そうして考古学の立場より聖書を研究し

て、その歴史的真価を認め、これにかかわる古来の伝説の、近来唱えらるる仮説にまさりてはるかに信頼すべきものであることを唱うる者である。

神学者は神学を知らない。聖書学者は聖書を知らない。聖書を毀(こぼ)つ者は聖書学者である。宗教を乱す者は宗教家である。キリスト教そのものが、当時の神学者、宗教家にそむいて興ったものであって、今といえども、教会以外、神学校以外の人によりて維持せらるるものである。「多くの人々、東より西より来たりて、アブラハム、イサク、ヤコブと共に天国に坐し、国の子らは外のやみに追い出だされて、そこにて悲しみ、歯がみすることあらん」(マタイ伝八・一一―一二)とは、昔も今も同じである。神学者が毀ちし聖書が、神学者ならざる学者によって建て直されつつあるとは、最も興味ある顕象である。

そうして、それはその理由(わけ)である。宗教家は宗教を知って人生を知らない。彼らの人生観はおもに教会と称する、一種の人為的社会に限られてある。彼らは天然の上より、世界歴史の上より、宗教を見んとしない。ゆえに、彼らの人生観のみならず宗教観までが常に拘束されている。余輩がたびたび唱えしように、神学は神学を毀つための要がある。しかし宗教を建つるための要はない。キリスト教は初めて大工の子イエスによって創(はじ)められ、漁夫や税吏によって伝えられた。そのごとく、今に至るも、キリスト教に常に生気を吹入する者は、教会以外、神学校以外の者である。教会と神学校とは常に宗教を腐らす所である。キリスト教の復興は常にこれを平信者の努力に待たなければならない。

ゆえに今の神学界の動揺なるものは少しも憂うるに足らない。これは神学と教会との破滅を意味すると同時に、キリストの福音の復興を意味するものである。すなわち「震わるべきものの捨てられて、震われざるものの残らん」(ヘブル書一二・二七)とする前兆である。神学と教会とが、神学者の暴慢と宗教家の嫉妬、陥擠(かんせい)、相殺によって毀たるる時に、キリスト教は、花婿が祝の殿を出づるがごとくに、疲れ果てたるこの世に出で来たりて、物としてその、あたたまりをこうむらざるものなきに至るのである。

(一九〇七年十月『聖書之研究』)

教義と儀式

教会の信条（ドグマ）としての教義はこれを受けない。しかしながら信仰の実験の表明としての教義はこれを唱える。余輩は無教会信者であればとて教義を無視しない。外より課せらるる教義（信条）は絶対的にこれを拒否するも、内なる実験の表明としての教義はこれを唱道せざるを得ない。

教会の要求する儀式はこれを認めない。しかしながら罪の世に対する信仰発表の機会としての儀式は、進んでこれを実行する。余輩は無教会信者であればとて絶対的に儀式を無視しない。余輩は教会の洗礼、晩餐式（ばんさんしき）等に救霊の能力（ちから）があるとは信じない。しかしながら余輩がキリストの弟子たることを世に向かって発表せんがためには、余輩は適当の形式を挙行する。儀式としての儀式は、これを軽んじ、これを拒否するも、確信発表の機会としての儀式は、これを重んじ、これを励行する。

多くの場合において、教義なきは、信仰なきの証拠である。儀式を避くるは、勇気に欠くるの証明である。信仰は教義をもって現わるるだけの明確を要し、また公然とこれを発表するの勇気を要するのである。

（一九一六年八月『聖書之研究』）

神学博士

西洋のことわざにある、「神学博士の著わしたる書はこれを読むなかれ」と。これ一理ある言である。人は神学博士となると同時に固結（かたま）ってしまう。生命は彼より脱（ぬ）けて、彼は純粋なる教会の役人となってしまう。ゆえに、彼は今は生ける生命の泉ではない。古い教義の貯蓄池である。彼はおもに、聖徒に一たび伝えられしという信仰の道を守るにとどまって、進んで新たに真理の荒蕪（こうぶ）を開拓せんとはしない。

もちろん神学博士にも固結らない者がある。しかし、そういう人はたいていは純粋の神学博士である。すなわち神学を純粋の科学として研究する博士である。かかる人は教会のきげんを取るの必要がないから、いつまでもその独立的態度を維持し、老いてなお青春時期の気象を失わないように見える。有名なる聖書学者、ドクトル・マイヤー氏のごときはその一人である。彼は終わりまで壮（さかん）であった。彼の大著述に古っくさいところは少しもない。われらは老いたるマイヤー先生にたよって、自ら老人と成り終わるの危険は少しもない。先生はどこまでも大胆で、どこまでも自由である。先生は聖書の誤りを指摘して、はばからない。処女懐胎説のごとき、これを否定するも、信仰上さしつかえないと言うている。しかも彼はドイツ国教会の役人であって、正統神学歴々の弁護者であった。

しかし先生のごときは例外である。神学博士といえば、たいていは老物である。何よりも破壊を恐れ、万事を犠牲に供しても教会の平和を維持せんとし、無理に聖書を解釈して、古き教義を守らんとする。神学博士といえば、たいていは学者ではない。名誉職である。教会の藩屏（はんぺい）である。自由思想をもって世に臨まずして、教権を身に具して信徒を指揮する者である。

神学博士、D. D.、温良の君子（くんし）、教会の柱石、彼らに従えば安全である。しかし自由はない。進歩はない。詩人レッシングかつて言えるあり、「主なる神、もしわれに問うて、真理と、真理を探究する自由の精神と、二者いずれをなんじに与えんやと言いたまわば、われは答えて言わんのみ。主よ、われの僭越をゆるしたまえ。されどもわれに後者を与えよと」。実にそのとおりである。真理は貴くあるが、真理を探研する自由の精神はさらに貴くある。真理を握って神学博士たらんよりは、真理を探研して常に進むが、はるかにましである。昔、周公は道を望んで得ずという。われらもまた教会に祭り込まれて、その老臣と化すべきでない。常に粗野なる学生として存し、永久に望んで、永久に進むべきである。

（一九〇八年九月『聖書之研究』）

サバチールの信仰

故オーガスト・サバチールは学者であった。神学者であった。しかし、その著『宗教哲学概論』を読んで、吾人は彼がただの学者でなかったことを見る。彼に深い霊的実験があった。その霊的生命に、彼は宗教哲学てふ(ちょう)衣服を着けて、世に公にしたのである。彼は宗教の基礎を「有神論」に置かずして、「敬虔(けいけん)の念」、「霊的苦悶」に置いている。彼は言うた、

> 他のすべての欠乏を補うに足るといえども、他のすべてをもっても欠乏を補われざるあるもの＝霊中に実在するある内的要素＝これ、われらの知らんと願うところなり。一言にして言えば、われらは宗教的実験を得んと欲す。余にとりては、イエス・キリストのみ、唯一真正の師また主なり。何となれば、彼にのみ、軽浮を伴わざる楽天あり。失望を伴わざる真摯(しんし)あり

宗教論をするならば、彼のごとき、霊的根底のある論をしたいものである。

(一九一二年八月『聖書之研究』)

世界と共に醒めよ

余輩もまた言う、「世界と共に醒(さ)めよ」と。世界はドイツの軍国主義の、非人道的、非キリスト教的なるを悟れり。ゆえに、こぞりてその撲滅に従事しつつあり。それと同時に、世界はまた、ドイツの自由神学の非聖書的にして、キリスト教の根本を毀(こぼ)ち、信仰、道徳をその根底よりくつがえすものなるを悟りつつある。近世のドイツ神学とドイツ政策とは関係の無きものではない。Like Priests, like People (この宗教家ありて、この国民あり) である。歴史的に聖書を研究すると称して、その根本義を破壊するに至りし、ドイツ自由神学の罪は決して軽からずである。世界のキリスト信徒たる者はこの時にあたり、ドイツ軍国主義を排斥すると同時に、また非聖書的にして非キリスト教的なる近世のドイツ批評的神学を排斥すべきである。

かく言いて、余輩はドイツ国民を憎み、その単純なる霊的信仰に反対する者ではない。信仰の事において、余輩はドイツ人に負うところが多くある。敬神、信教の念において、ドイツ人ははるかに英米人以上であると信ずる。されども、近世のドイツ神学なるものはこれ害物と称せざるを得ない。そしてこれまた多くのドイツ人の悲しんでやまざるところのものである。余輩はアドルフ・ハーナックの自由神学あるに対してヘルマン・クレーメ

ルの福音的神学あるを忘れてはならない。憎むべきは、心（ヘルツ）においてはキリスト教を信ぜんと欲するも頭脳（コップフ）においてはこれを信ずるあたわずと公言してはばからざる、ドイツ神学校出の神学者らの態度である。そしてこの神学は英米の宗教界を毒し、そしてわが日本国のキリスト教会をも毒しつつあるのである。いわゆるドイツ神学、他なし、聖書をもって宇宙、人生を解釈せんとなさずして、人の知識と哲学とをもって聖書を解釈するものである。聖書本位か、哲学本位か。近世ドイツ神学は明らかに哲学本位である。人の立場より神を評するものである。聖書よりも文明を重んずるものである。そして聖書の立場より見て、これ大なる異端なることは言わずして明らかである。

そしてキリストの再臨をあざけるシカゴ大学の神学は明らかにドイツ神学である。そしてエール大学の神学、ハーバード大学の神学、ボストン大学の神学等、これまた多くはドイツ神学である。そしてこれらの米国神学校を通して、ドイツ神学はわが日本に流れ込み、今や公然と、福音主義を標榜（ひょうぼう）するわが国の諸教会において唱えられつつある。余輩、福音的真理のためにこれを憤慨せざるを得ずである。

世界と共に醒めよ。しかり、世界と共にドイツ神学を排斥せよ。単純なる聖書的キリスト教に帰れよ。生意気に科学的または哲学的キリスト教を唱えて、福音の真理を毀つなかれ。何ゆえに、教師と信者とに希望と平和と活気なきや。何ゆえに、高価なる会堂のみ建築されて、その内に聖霊がみなぎらざるか。ドイツ神学の中毒である。聖書を批評的に見るの結果として、その偉大なる真理が見えずなったからである。醒めよ。醒めよ。聖書を文字どおりに信ぜよ。奇跡を信ぜよ。復活を信ぜよ。昇天を信ぜよ。再来を信ぜよ。昔のドイツ人のごとくに、聖書の言のままを信ぜよ。世界と共に醒めて、近世ドイツの軍国主義に反対すると同時に、近世ドイツの神学に反対せよ。

（一九一八年五月『聖書之研究』）

パウロと神学者

今やパウロ排斥はキリスト教界の流行である。英国にI・シンガーなる学者があって、近ごろ『イエスとパウロの競争的哲学』なる書を著わし、新約聖書に思想の二大潮流があり、互いに反対の方向に流る、イエスの思想とパウロのそれとは互いに相反し、そして吾人は前者を取って後者を捨つべしと論じている。また米国クローザー神学校の教授にしてヘンリー・C・ヴェッダーなる学者があり、その人は『キリスト教の根本義』なる書を著わし、その内に「今日までのキリスト教はパウロに従って来た。しかし今後のキリスト教はイエスに従わねばならぬ」と論じている。この他に同一の事を論じている書はたくさんにある。

これらの欧米の神学者に対して、パウロ自身は左のごとくに答うるのである。

> われらにもせよ、天よりの使者にもせよ、もし、われらがかつてなんじらに伝えしところに逆らう福音を、なんじらに伝うる者あらば、その人は、のろわれし者なり。われ、すでに言いしが、今また重ねてそのごとく言わん。もし、なんじらが受けしところに逆らう福音を、なんじらに伝うる者あらば、その人は、のろわれし者なり……兄弟よ、われ、なんじらに告ぐ、われ、かつてなんじらに伝えしところの福音は、人より出でしにあらず。そは、われ、これを人より受けず、また教えられず、ただイエス・キリストの啓示によりて受けたればなり（ガラテヤ書一章）

パウロを信ずべきか。近代の欧米神学者を信ずべきか。われら日本のクリスチャンは二途いずれかを選ばねばならぬ。そして余自身は、パウロを信じて、これら神学者を信ぜざらんと欲する者である。パウロは明白に言う、「わが伝えし福音に逆らう者は、のろわれし者なり」と。パウロの福音はイエスの福音にあらずと言う者、二者は互いに相反すと言う者は、もちろんこの名称に当たる者である。すなわち、のろわれし者である。のろわれし欧米の神学者、ことに米国の神学者……われらは彼らより福音を聞くの必要はない。まことに「福音にあらざる福音」を彼らに受けて、われらの霊魂は餓死するのである。

（一九二二年十月『聖書之研究』）

『使徒信経』略注

本文は原文よりの自訳による

われは全能なる父なる神を信ず

「われは」　他人はいかに信ずるとも、われは。「全能なる」　超自然的なる、すなわち、いわゆる天然の法則によってその動作を限られざる。「父なる」　力以上に情をそなえたる、すなわち愛の父なる。「神を」　霊的実在物を。「信ず」　わが全性を挙(あ)げて、その実存在の事実なるを確認す。

われは、そのひとり子なるキリスト・イエスを信ず

「ひとり子」　唯一の子、完全に父を現わす者、その本質の真の姿(ヘブル書一・三)。「キリスト・イエス」受膏者(じゅこうしゃ)イエス、人類の首長として特定されしイエスを信ず。

彼は、われらの主にして

「われらの」　クリスチャンの。「主にして」　崇拝物にして(原語の Kyrios (クーリオス)。

聖霊によりて、処女マリヤより生まれ

「聖霊によりて」　人の情欲によらず、神の聖霊によりて、神御自身の降臨によりて。(その奥義は測り知るべからず。されども彼のなしたまえる、また今なしたもう行(わざ)によりて、そのしかるを知る)(ヨハネ一四・一一)。「処女」　肉をもって現われんがために、女によりて。肉においてもまた最も完全ならんがために、処女によりて。「マリヤより」　ダビデの裔(すえ)なるマリヤより。「そは救いはユダヤ人より出づるがゆえなり」(ヨハネ伝四・二二)。遺伝においてもまた欠くるところなからんがためなり。

ポンテオ・ピラトの時、十字架につけられ、葬られ

「ピラト……」　明記すべき、ある時期において、ローマ律によりて、さばかれ、その指定する刑に処せられ。「葬られ」　確かに死し、死者として扱われ。イエスは確実なる歴史的人物なり。

第三日に、死にし者の中より復活(よみがえ)り

「第三日に」　墓にとどまること二日にして。「死にし者の中より」　死者として数えられしも、その中にとどまらずして。「復活り」　起き、生をもって死に勝ち、

死せる肉体を revitalize し（これに生気を吹入し）、同時にこれを spiritualize （霊化）し。

天にのぼり

地的存在を脱して、天的存在に入り。すなわち時間と空間とに制限せらるる現象的存在を脱して、永久普遍の霊的生涯に入り。

父の右に坐し

全能なる父なる神と、栄光、権威を共にし。すなわち人の斥（しりぞ）くるところとなりて、神の受くるところとなり。

生者と死者とをさばくために来たりたもう

「生者と死者と」かつて在（あ）りしすべての人。「さばくために」その善悪を表顕せんために。「来たりたもう」再び地に臨みたもう。人にさばかれしイエスはついに人をさばく者なり。

われはまた聖霊を信ず

父より出で、キリストの霊として、クリスチャンの霊に臨む聖潔（きよめ）と慰藉（なぐさめ）の霊を信ず。

聖教会を信ず

聖霊によりて、つながるる、クリスチャンの霊的結合と交際とを信ず。これ、もちろん時と所とによりて限らるるものにあらず。天にのぼりしキリストと共に永久普遍なるものなり。

罪の赦免を信ず

思弁的にこれを信ぜず、実験的にこれを信ず。これを教会の信条として維持せず、生命の事実として確認す。罪の赦免は、クリスチャンにありては罪の根絶なり。なんじの罪はゆるされたりとの神の声にとどまらずして、起（た）ちて歩めとの彼の命なり。しかして聖霊を信ずる者のみ、よくこの意味における罪の赦免（ゆるし）を信ずるを得るなり。

身体の復活を信ず

「身体の救い（ロマ書八・二三）」を信ずというに同じ。われは聖霊の能力の、わが霊を化して、ついにわが肉にまで及ぶを信ず。すなわち、わが全霊、全体の聖化と復活とを信ず。

（一九〇八年五月『聖書之研究』）

安息日

安息日聖守の動機

問　先生、貴下(あなた)は今でも安息日をお守りになりますか。

答　守ります。私は三十年間、これを守り続けたつもりであります。少なくとも、これを憶(おぼ)えたつもりであります。

問　貴下は安息日を、どう、お守りになりますか。

答　さようであります、まず、でき得るだけ俗事を避けます。金銭の受け渡しであるとか、物品の取り引きであるとか、その他、家族の中に混雑を起こすような事は、努めてこれを避けます。私はこの日に聖書を研究します。これを人に教えます。病院に病人を見舞います。遠方にある友人に書をしたためて、その安否を問い、その苦痛を慰めます。天気うららかなる時には郊外に出て、あるいは森の木かげにおいて、あるいは小川のほとりにおいて、神を賛美し、彼に祈ります。私はまた子供や召使の者に休日を与えるためにこの日を守ります。これが安息日聖守のおもなる目的の一つであろうと思います。「なんじのしもべ、はしため、家畜もしかり」(出エジプト記二〇・一〇)と聖書に書いてあります。

問　貴下はどういう動機から、安息日をお守りになりますか。

答　べつに、どういう動機からというのではありません。私はキリスト信者であるから安息日を守るのであります。

問　貴下は、モーセの十戒に、安息日を憶えてこれを聖く守るべしと書いてあるから、これをお守りになるのでありますか。

答　それも確かに動機の一つであります。しかしながらユダヤ人ならぬ私は、モーセ律にことごとく従わねばならない義務は持ちません。

問　しかしキリストはたびたび安息日厳守の誤りを説

かれたではありませんか。安息日は人のために設けられたるものにして、人は安息日のために設けられたるにあらずと言われ、また人の子は安息日にも主たるなり（マルコ伝二・二七―二八）と言われて、キリストによって安息日制度は廃止せられたようにも聖書に書いてあるではありませんか。

答　それは安息日の誤用と濫用とを戒められたお言葉であります。しかしキリスト御自身が安息日を守られたことは、聖書の所々に書いてあります。試みにマルコ伝一章二十一節以下三十四節まで、ヨハネ伝五章一節以下十七節まで、マタイ伝十二章九節以下十三節まで、ルカ伝十三章十節以下十七節まで等をごらんなさい。その中に、キリストがどうして安息日を守られたかが示してあります。

問　その事はよくわかりました。安息日に善をなすことは善いことであることはわかりました。しかし何ゆえに、その日に店を開いて商売をなしては悪いのでありますか。何ゆえに、日曜日に田地を耕しては悪いのでありますか。また何ゆえに、この日に少しく娯楽にふけりて肉体に休養を与えては悪いのでありますか。私にはその事がわかりません。

答　何ゆえにか、その理由は私にもよくはわかりません。しかしキリスト信者にとりては、安息日は律法的の休息日ではありません。これは「主の日」（黙示録一・一〇）ととなえられまして、われらの救い主を記憶するための日であります。彼はこの日に墓を破りて復活されました（マタイ伝二八・一、マルコ伝一六・二）。いわゆる「七日の初めの日」「一週の初めの日」は、これキリスト復活の記念日でありまして、またキリスト教建設の記念日であります。この日を聖く守るのは、キリストを憶ゆることであります。彼の復活の証人として立つことであります。すなわち、わが信仰と希望の基礎を世に向かって発表することであります。私はついでに申し上げておきますが、キリスト信者の安息日（主の日）はユダヤ人の安息日と日を異にします。一般に信じられるところによりますれば、ユダヤ人の安息日は一週の終わりの日でありまして、今の土曜日であります。ゆえに、私どもキリスト信者が「安息日」を守るというのは、はなはだ誤解されやすくあります。私どもは主の日、すなわち一週の初めの日を守るのであります。すなわちユダヤ人がその安息日なる土曜日を守りしように、私どもは主の日なる日曜日を守るのであります。日曜日はキリスト信者の安息日であるのであります。

問　たぶん、そうでありましょう。しかし何ゆえに、普通の業を休んでこの記念日を守らなければならないのでありますか。

答　それは信者各自の信仰によって決せらるべき問題であります。われら日本人が紀元節や天長節に業を休まないとて、日本政府も天皇陛下もわれらを罰したまいはいたしません。しかし日本国を愛し、天皇陛下に忠実なる者は、自ら進んでその業を休んで、この日を祝します。そのごとく、われらキリスト信者が安息日に商売したればとて、キリストはそれがために特別にわれらに向かって怒りを発したまいはいたしますまい。しかし、われら、彼を愛する者は、自ら、われらの業を休んで、この日を聖く守りたく欲（おも）います。「主の日」のいかなる日であるかを知り、また主キリストがわれらのために何をなしたまいしかを悟りし者は、一週に一日、この日を彼のために献じ、彼の聖業を祝し、その、われらに施したまいし偉大なる救いを感謝せずにはおられません。安息日は信者にとりては感謝日でありまする。これは義務的に厳守する日ではなくして、感恩的に記憶すべき日であります。その点においても、ユダヤ人の安息日とキリスト教の主の日とは全くその性質を異にします。

問　その事はよくわかりました。しかし、この問題についてはなお、うかがいたいことがたくさんあります。それは他日うかがうことにいたしましょう。

答　そう願います。安息日問題はいたって、こみいったる問題であります。私もなお、よく攻究した後で、御質問に応じましょう。サヨナラ。

（一九〇六年六月『聖書之研究』）

礼典

バプテスマと聖餐

余は教会の儀式としてのバプテスマと聖餐（せいさん）とを信じない。儀式はいかに荘厳なりといえども、人の霊魂を救うの能（ちから）を持たない。バプテスマの水はどこまでも水である。これに罪を洗うの能はない。聖餐のパンとぶどう酒とはどこまでもパンと酒である。これに永生を供するの能はない。神の恩恵（めぐみ）は儀式によって下るものではない。その証拠には、バプテスマを受けし悪人もあれば、またこれを受けざる善人もある。月ごとに聖餐のパンとぶどう酒の分配にあずかりつつも、すべての悪事をおこないながら、少しも意に介せざる、いわゆる「キリスト信者」もある。教会においておこなわるるバプテスマと聖餐との儀式は、人の霊魂の救済には何のかかわりなきものである。

しかしながら、余はクリスチャンの信仰の表号としてのバプテスマと聖餐を信ずる。二者を称して Sacrament（サクラメント）という。そしてサクラメントは「聖事」または「神秘」の意であって、後には「聖事の表号」を意味するに至った。聖アウグスティヌスは言うた、

神の事に関する表号をサクラメントという

と。彼はまたサクラメントなる詞（ことば）に定義を下して言うた、

見えざる恩恵の見ゆる形

と。かく解して、サクラメントはバプテスマと聖餐とに限らないのである。深くその意味を解して、天然そのものがサクラメントであるのである。そしてパウロはかくのごとくに天然を解したのである。

それ見ることを得ざる神の無限の力と神性とは、造られたる物により、世の創始（はじめ）よりこのかた、覚（さと）り得て明らかに見るべし（ロマ書一・二〇）

と。父子の関係、これまたサクラメントである。夫婦の関係、これまた明らかに「神の事に関する表号」である。眼に見えざる霊の国にその籍を移せしクリスチャン

にとりては、この世の万事はことごとくサクラメントであるのである。

さらばバプテスマは何の表号であるか。クリスチャンのいかなる信仰がこのサクラメントをもって表現せらるるのであるか。

余はこの問いに答えて言う、バプテスマはキリストの死と復活とに関する信者の信仰の表号であると。「彼は死して葬られ、第三日に復活(よみがえ)り」との信仰は、バプテスマをもって表号せらるるのである。ゆえにバプテスマは「洗礼」ではない。もしこれを礼式として見るならば、これはこれ「潜礼」と称せらるべきものである。バプテスマは潜(しず)める事である。そして「潜」は死の表号である。墓に下る事である。旧(ふる)きわれに死する事である。そして水より上がる事は復活の表号である。墓より出づる事である。新しきわれをもって生くる事である。かくのごとくにして、簡単なるバプテスマの形式(かたち)をもって、深遠なるクリスチャンの信仰が表号せらるるのである。バプテスマは罪の洗滌式(せんできしき)ではない。また世に対する信者の信仰発表式ではない。さらにまた彼が教会に入らんとする時、教会が彼に課する入会式ではない。バプテスマは、信者の心に臨みし、深遠なる、革命的の大信仰の表号である。彼はこれによって、

イエスはわれらが罪のために渡され、また、われらが義とせられんがために復活(よみがえ)らされたり(ロマ書四・二五)

との、クリスチャン独特の信仰を言い表わすのである。キリストの復活を信ぜざる者のバプテスマは無意味である。かかる者にこれを施すは、その濫用である。復活の真偽は別問題として、バプテスマの、復活の信仰の表号たるは疑うべくもない。使徒パウロの左の言のごときは、バプテスマをかく解してのみ解することのできるものである。

なんじら知らざるか、キリスト・イエスに合わんとてバプテスマせられし者は、すべて彼の死に合わんとてバプテスマせられしことを。われらはまことに死に合わんとするバプテスマによりて、彼と共に葬られしなり。これキリストが父の栄えによりて死者の中より復活せられしがごとく、われらもまた新しき生命(いのち)に歩まんがためなり。われら、もし

彼の死の様にしたがいて彼と共なるを得ば、われらはまた彼と復活を共にするを得べし……(ロマ書六・三以下)

復活の信仰、われらの主イエス・キリストの復活の信仰、彼を信ずるを得しわれら彼の属(もの)たる者の復活の信仰、これがバプテスマの意味である。そして余は水のバプテスマを受くるも受けざるも、霊の事実たるバプテスマを信ぜざるを得ない。バプテスマはよく余の信仰を表現するものである。もし余の言語をもってせずして、しかも言語以上の印象力をもって、死と復活とに関する余の信仰を表明せんと欲するならば、余はバプテスマの形式によるよりほかに善き道を知らないのである。

バプテスマは、キリストならびにクリスチャンの死と復活とに関する信仰の表号である。さらば聖餐は何の表号であるか。これ余のさらに陳述せんと欲するところである。

聖餐の何たるかは、これをマタイ伝二十六章二十六―二十九節、マルコ伝十四章二十二―二十五節、ルカ伝二十二章十五―二十節、コリント前書十一章二十三―二十五節において見ることができる。すなわち、イエスを憶(おぼ)えんがために、パンを食い、ぶどう酒を飲む事である。

パンはキリストの肉を代表し、ぶどう酒は彼の血を代表する。パンを食い、ぶどう酒を飲みて、信者はキリストの死を記憶するのである。すなわちパウロの言のごとし。

なんじら、このパンを食い、この杯を飲むごとに、主の死を表わして、その来たる時までに及ぶなり(コリント前書一一・二六)

と。かくのごとくして、聖餐はキリストの受難の記念会である。すなわち、ユダヤ人の過越祭に代わるべきものである。

しかしながら、それだけではない。聖餐にさらに深い意味がある。聖餐はただに記念会ではない。同時にまた感謝会である。聖餐は聖筵(せいえん)である。主の肉を食い、その血を飲みて、わが霊魂を養うことである。イエスは言いたもうた、

まことにまことになんじらに告げん。もし人の子の肉を食らわず、その血を飲まざれば、なんじらに生命なし。わが肉を食い、わが血を飲む者は永生あり。われ、終わりの日にこれをよみがえらすべし。

わが肉は真（まこと）の食物、またわが血は真の飲み物なり（ヨハネ伝六・五三―五五）

と。信者の生命はイエスである。彼は、日ごとにイエスの生命を摂取するの必要がある。

なんじら、もしわれを離るる時は、何事をもなすあたわず（同一五・五）

とある。そしてイエスの肉を食い、その血を飲むとは、イエスをわがものとなすの意である。獣の血を飲み、その肉を食いて、わが肉体を養うがごとくに、イエスの生命を摂取して、信者はその日ごとの霊的生命をつなぐのである。そしてこの霊的生命の摂取、これを表現するものが聖餐であるのである。もちろんパンとぶどう酒に霊的生命のありようはずはない。パンはどこまでもパンであって、ぶどう酒はどこまでもぶどう酒である。しかのみならず、よしキリスト御自体の血を飲み、その肉を食いたればとて、それがわれらの霊魂を養いよう道理はない。彼御自身が言いたもうた、

生命を賜わるものは霊なり。肉は益なし。わがなんじらに語りし言葉、これ霊たるなり。生命たるなり（同六・六三）

と。「肉は益なし」、筋と脂肪と靭帯（じんたい）とより成る肉は、たとえキリストの肉といえども、霊魂を養うには「益なし」である。ましてパンをや。ぶどう酒をや。信者が、聖餐のパンとぶどう酒より、彼の霊魂の生命を求めて、彼は失望せざるを得ない。信者の霊的生命は聖餐の儀式をもってつなぎ得るものではない。その事は日を見るよりも明らかである。

しかしながら、キリストにありて充溢（じゅういつ）する霊の生命の摂取の表号として、聖餐はまことにうるわしき、かつ意味深き形式である。そしてわれらはこの簡単なる形式をもって表わされたる霊の事実を、日ごとに実行すべきである。まことにわれら、キリストのしもべは、この深き意味において、日ごとに神の聖筵にあずかる者である。まことにまことにわれらは日に日にキリストの肉を食い、その血を飲む者である。教会は月に一回、聖餐の儀式を挙（あ）げて、信者のこの日々の実験を表現するにすぎない。そして信者の霊魂を養うものは、月ごとに臨む聖餐の儀式ではなくして、日々刻々と彼がおこなうイエスの生命の摂取である。われらは前者にあずからずともよい。しかし後者を怠りて、われらに生命

は絶ゆるのである。

パンは肉を表現し、ぶどう酒は血を表現する。そして肉と言い血と言うは、生命と言うと同じである。そして神の生命の真の表現は、キリストの肉と血とにあらずして、彼が語りたまいし言葉である。

わがなんじらに語りし言葉、これ霊たるなりと。そしてこの言葉を伝うるものは聖書である。ゆえにイエスの生命にあずからんと欲して、その肉を食い、その血を飲むという事は、取りも直さず聖書を霊読することである。敬虔(けいけん)をもってする聖書の研究、これが真の聖餐であるのである。預言者エレミヤいわく

われ、なんじ(エホバ)の言葉を得て、これを食らえり。なんじの言葉はわが心の歓喜、快楽なり。万軍の神エホバよ、われはなんじの聖名(みな)をもって、となえらるるなり(エレミヤ書一五・一六)

と。人の言を咀嚼(そしゃく)するということはあるが、エレミヤは神の言を食いたりという。われらもまた聖書を咀嚼するにとどまらず、さらに進んでエレミヤのごとくに、これを食い、これを消化し、この生命を摂取しなければならない。われらは生命摂取を目的として、日ごとに聖書の研究に従事して、日ごとに豊かなる神の聖筵にあずかるのである。

バプテスマと聖餐、罪に死して新たに生まるる事と、新生命の供給を得て、ついにキリストの完全まで達する事、信者の生涯にこの二つの進歩の階段があるのである。バプテスマは再生であって、聖餐は成長である。ゆえにバプテスマは一度で済む事であって、聖餐は終わりまで続くべき事である。信者はバプテスマをもって罪に死し、義によみがえり、この世に別れを告げて天国の民となるのである。そして聖餐をもって彼の新しき生命を続け、「彼に満ち満ちたるその中より受けて、めぐみにめぐみを加えられ」(ヨハネ伝一・一六)、義において強くなり、愛においで成長し、そしてついに「全き人、すなわちキリストの満ち足れるほどと成るまでに至る」(エペソ書四・一三)のである。

かくのごとくにして、教会に属せず、その儀式にあずからざる余にもまたバプテマスと聖餐とはあるのである。余はこれを監督、牧師、伝道師等、教会の役人の手よりは受けずといえども、余の霊魂において、神より直ちにこれを受けずしては、余もまたキリストのしもべた

ることができないのである。しかり、ただに余の霊魂においてこれを受くるばかりではない。ある特別の場合においては、これを余の身においても受くるのである。余の愛する者に、この世における最後の訣別を告ぐる時に、余はこの簡単なる形式をおこなって、余の言語をもってするも通ずるあたわざる信仰と希望と愛とを、余の愛する者に通ずるのである〔注〕。そして余もまたキリストの言にならい、

> 今より後、なんじと共に新しき物をわが父の国において飲まん日までは、再びこの、ぶどうにて造れる物を飲まじ

と言いて、余の愛する者を父の国に送り、余はなおこの涙の谷にとどまり、また会う日を楽しみて、余の勤労を続くるのである。余は教会の儀式としてのバプテスマと聖餐とをきらう。余はこれにあずかりて、かえって余の信仰の冷却するを感ずる。しかしながら

> 二人三人、わが名によりて集まる所に、われもまたその中に在（あ）り

とのイエスの言にたより、二、三の信仰の友と共に、あるいは清き流れのほとりにおいて、あるいは涼しき森のかげにおいて、あるいは生命のまさに絶えんとする死の床のかたわらにおいて、パンを割（さ）き、ぶどうの露をすすりて、言い尽くされぬ歓喜と慰藉（いしゃ）とを覚ゆるのである。

（一九一二年九月『聖書之研究』）

注　著者はこの年一月臨終の床にあった娘ルツ子に聖餐を授けた。

洗礼晩餐廃止論

二十年前の昔、余が建設の特権にあずかりし札幌独立教会において、今般、洗礼、晩餐両式の存廃問題起こりたりしとて、この事に関する余の意見を問われたれば、余はほぼ左のごとく答えぬ。

第一に、余自身は深く教会問題に関与するを好まず。余は信ず、余の天職は福音宣伝にあって、教会設立になきを。余は余の天職以外のこの事に関与して、多くの兄弟をつまずかし、これがために多くの世の反抗を招き、もって余の福音宣伝事業に障害を生ぜんことを恐る。余はもちろん反抗そのものを恐るる者にあらず。されどもキリスト教信徒として不必要なる反抗は、すべてこれを

避けんと欲す。洗礼、晩餐両式の存廃は、余の今日の事業に何のかかわるところあるなし。

第二に、余は洗礼、晩餐の両式をもって救霊上の必要とは信ずるあたわず。余自身は過ぐる十五年間、いまだかつて一回も晩餐の式につらなりしことなし。されども余はこれがために余の信仰の冷却するを覚えざるのみならず、神の特別なる恩恵によりて、日に月にますます神に近きを感ず。しかしてこれに反して、正式の洗礼、晩餐を受け、またはこれを授けし人士にして、今は全く宗教を去りし人少なしとせず。木はその実(み)をもって知らる。洗礼、晩餐の両式にして、必ずしも信徒の信仰を維持するの力を有せず、またその教師の心をキリストの心のごとく柔和、温順なるものとならしめざる以上は、余はこれをもって救霊上の必要と見なすことあたわざるなり。

第三、されども余はこの両式を蔑視(べっし)する者にあらず。否、かえって余はこれに対して非常の尊敬を表する者なり。洗礼は、キリスト御自身がバプテスマのヨハネより授かりたまいし式として、晩餐は、キリスト受難の紀念として、余はその非常にうるわしき式なることを知る。ゆえに、余はこれをもって救霊上の必要とは見なすことあたわざるも、これを受けて、われらの信仰養成上、少なからざる利益あるを疑わず。ゆえに、もし余にして兄弟をつまづかすることなくして、これを施すことを得ば、余はこれを施さんと欲す。また、もし余の尊敬する教師ありて、これを余に授けんとなれば、余は感謝してこれにあずからんと欲す。されども、もし人ありて、水の洗礼を受けず、教会の晩餐式につらなるにあらざれば、余は救われざるべしと言う者あれば、余は余の聖書に従って余の精神的自由を唱え、かくのごとき説に服従せざらんとす。われらは信仰によりて救わる。行為(おこないー儀式的)によりて救わるるにあらず。これにあずかるはよし。あずからざるもよし。要は、十字架につけられし神の子の贖罪(しょくざい)を信ずるにあり。その他の事は細事のみ。

第四、さらば札幌独立教会のごとき、いずれの教派にも関係を有せざる教会においては、この事をいかに所置すべきやというに、余の思うところは左のごとし。

もし他の教会全体が喜んで独立教会の選定する教師を識認し、兄弟的好意をもって彼を迎え、そのなすところ

(両式の執行をも含む) に何の故障をも唱えざるに至らば、余は教会がこれらの聖式を保存し、適宜にこれを施して、信徒の信仰養成を計らんことを勧む。されども今日のごとく、かくのごとき事のとうてい、おこなわれざる場合においては、教会は全然これら両式を廃して可なり。そは吾人はでき得るだけ、すべての人と平和を守り、福音の進歩に妨害を加えざるよう努めざるべからざればなり。事もし教理上の大問題ならんか、たとえばキリストの人格 (ペルソナリティ) に関するがごとき大問題ならんか、吾人は何びとと争うても吾人の確信を守るべきなり。されども事、外形上の儀式に関す。これ兄弟と争うてまでも吾人の主張を維持すべきことにあらず。吾人は喜んで洗礼その他の式を現在の諸教会に任せ、彼らをもって、洗礼を授ける者 (baptizers) となし、しかしてわれらは福音宣伝者 (evangelists) の職をもって満足し、感謝して熱心にこれに従事すべきなり。

第五、されども人あるいは言わん、洗礼、晩餐はキリストの定めたまいし聖式なり、これを守らざるは、信者にして信者にあらずと。しかして彼らはマタイ伝第二十八章十九節を引き、またルカ伝第二十二章十九節を引きて、彼らの説を維持するならん。されども、これ彼らと余輩と説を異にするところにして、この点についても、他の点についてのごとく、余輩も彼らとひとしく自身の判断力を使用するの特権を有す。余輩も人を救うに洗礼を施さんとす。されども、これ教会においてする水の洗礼なるや否やは余輩の疑問をさしはさむところなり。洗礼と訳せられしギリシャ語は、その中に、浸すとか、しめすとかの意味を存するならん。されども事実は、人を救うに足るの洗礼は水の洗礼にあらざるを示して明らかなり。あるいは火の洗礼と言い、雲と海にてバプテスマを受けて、モーセに属せり (コリント前書一〇・二) と言う。洗とは、心の汚れを洗うの意なり。しかして、たとえヨルダン川の水なりといえども、心を洗い浄 (きよ) むるの能力を有せざるなり。洗礼が救霊上の必要なりとは、これ、もちろん神の霊をもってする霊魂の洗礼を言いしものなることは、あまり明瞭に過ぎて、余輩の弁論を要せざるなり。

晩餐におけるもまたしかり。余輩はキリストの言に従い、人の子の肉を食らわず、その血を飲まざれば、われらに生命なき (ヨハネ伝六・五三) を信ず。されども、これ、いかなる意味においてしかるかは、キリストの救いにあずかりし者のみ知るなり。余輩は晩餐なるものの、この余輩の心中の実験の表彰にすぎざるを知る。しかして、その表彰の方法に至っては、人おのおの、その選ぶところに従って可なり。これを教会において会衆と共に、教師の手より、パンとぶどう酒を受けて食い、かつ飲むも可なり。あるいは心に深くキリストの贖罪の恩恵を感ずる時に、親友二、三名と共に深林人無き所にいたって、ここにパンを割き清水を飲むも可なり。されども、キリストの聖意にかなう最も善き聖餐は、貧者と共に飲食を分かちてキリストの心を喜ばすにあり。晩餐の方法は一つにして足らず。なんぞ必ずしも銀の皿に盛れるパンを食い、銀の杯に満つるぶどう酒を飲むことのみ晩餐式と言うを得んや。

第六、かく論ずるも、世には、水の洗礼を受けざれば信徒となりし心地せず、会堂における晩餐式にあずからざれば心に不足を感ずるの信徒もあらん。しかして余輩は、かくのごとき兄弟姉妹に対しては、彼らの心を満足するためのすべての援助を供し、余輩自身は今日の聖式にあずかるの必要を感ぜざるも、余輩は彼らを、これを施行する教会に紹介し、これに転会を勧め、もって長く彼らの信仰を維持せんことを努むべきなり。余輩は自らこの式をつかさどりて現在の諸教会と争論を開始するを好まず。さりとて、これにあずからんと欲する者をして強(し)いて余輩と行為を共にせしむるをも好まず。ゆえに今日のところ、平和を重んぜんとすれば、教会一部の分離をあえてするのみ。

第七、ある人は言わん、洗礼、晩餐は細事のみ、ゆえに教会の分離を断行してまでもその存廃を決すべきにあらずと。されども、これ細事にあらざるなり。余輩はこれを細事と見なす。されども現在の教会全体はこれを教会存在上の最大事と見なすなり。彼らはこれを施すの特権をもって、容易に他に附与すべきものにあらずとなし、彼らのある一定の宗式に服従せざる以上は、何びとにもこの特権を分与せんとはなさざるなり。しかして、かくのごとき場合において洗礼、晩餐を彼らに依頼するは、余輩がもって福音の自由と信ずるものを否定することにして、これ余輩にとりては重大事なり、余輩は現在の教会にキリスト信徒とし見なされざるも可なり。また余輩の教会をもってキリストの教会にあらずとして名指(ざ)さるるも可なり。されども余輩の信仰の自由を犠牲に供せんことは、余輩の死すとも、あたわざるところなり。ゆえに洗礼、晩餐を彼らに依頼して、彼らは余輩の独立を認めざるべく、またこの依頼の必要ありて、余輩はいまだ全く独立せりと言うべからざるなり。

第八、教会と名づけらるるも可なり。名づけられざるも可なり。要は、心に主イエス・キリストを信ずるにあり。洗礼を受けずして、熱心にキリストを信ずる人あり、晩餐式につらなって、キリストの聖名（みな）を汚す人あり。しかして二者いずれを選ばんとあれば、余輩はもちろん前者を選ぶなり。聖式にあずからざるがゆえに堕落の危難を感ずる者は、これにあずかるも、いつか必ず堕落する者なり。これに反して、主の選びたまいし者は、これにあずからざるも、最終まで信仰を維持する者なり。ゆえに吾人をして、ここに断然、聖式不必要論を実行せしめよ。しかしてこれを実行して、世の形式に誇る者に、主の恩恵のいよいよ豊かなるを知らしめよ。余輩は信ず、聖式に附着する多くの迷想、誤信を排し、これをして再びその真正の効果を奏せしめんためには、まず一たび、これを廃し、霊の力のみにたよって、しかる後に、その、霊の実力の表彰なるを知らしむるにあり。独立教会の天職、あるいはこのあたりに存せざるなきか。

（一九〇一年二月『聖書之研究』）

洗礼と信仰

洗礼を受けない者はキリスト信者でないという。さらば余のごとく、洗礼は受けたれどもこれを返納した者はキリスト信者でないのである。また余とひとしく、心にキリストを信ずるといえども頭に洗礼を受けない者はキリスト信者でないのである。キリストのために世に迫害せられ、キリストのために身と心とに傷を負う者でも、牧師、宣教師、伝道師らより水の洗礼を受けない者は、キリスト信者でないとのことである。これに反して、党を結び、友を売り、偽り、欺き、世に媚（こ）び、富を追求する者でも、水の洗礼を受けたる者は、すべてキリスト信者であるとのことである。ああ、もし、しからば、キリスト信者たることはいかに易（やす）きぞ。余はキリスト信者となりてキリストを離れんよりは、むしろキリスト信者たらずしてキリストの心を知らんと欲する。

洗礼を受けなければキリスト信者として認められない。したがって宣教師と教会信者の仲間に納(う)けられない。したがって、そのすべての俗化、すべての腐敗よりまぬかるることができる。洗礼を受けずして、われらは身を安全の地位に置く者である。幸福なることの一は、確かに水の洗礼を受けざることである。

誰がキリスト信者である？　キリストのごとくに世に憎まるる者、彼のごとくに世にまくらする所なき者、彼と苦痛(くるしみ)を共にする者、いばらの冠を着せらるる者、この世の政府と教会とに十字架につけらるる者、これがキリスト信者である。もしバプテスマ(洗礼)を受くべしとならば、聖霊のバプテスマを受くべきである。もし聖餐式の必要があるとならば、迫害の苦き杯を飲むべきである。われにとりては、これを除いて他に洗礼もなければ聖餐式もない。

聖書に水の洗礼のことが書いてある。ゆえに洗礼を受けない者はキリスト信者でないという。しかり、同じ聖書に、盗む者、姦淫(かんいん)する者、兄弟をそしる者、財貨(たから)を愛する者はキリスト信者でないと書いてある。ゆえに洗礼を受けない者がキリスト信者でないとならば、洗礼を受けながら、この世の思慮(こころづかい)と、貨財と、さまざまの情欲とにおおわれている者はすべてキリスト信者でないのである。キリスト信者でない者は、水の洗礼を受けずして教会の外に立つ者ばかりではない。教会の内にありて、罪を犯しながら自己の罪を認めざる者もまたすべてキリスト信者でないのである。

昔は洗礼を受くることは多くの苦痛であった。これは、古き宗教と絶ち、悪しき習慣を去ることであった。今はしからずである。今は、水の洗礼を受くることは、教会と宣教師との保護をこうむることである。多くの社交的便宜を得ることである。洗礼を受け教会信者となりて、富を作った者もある。教育を受けた者もある。今は洗礼を受くることは、「キリスト・イエスを知るをもて最もまされることとするがゆえに、すべてのものを損となす」(ピリピ書三・八)ことではない。物質上ならびに社交上、多くの利益を受くることである。今の洗礼なるものが害あって益なきは、これがためである。

キリスト信者でなくてもよい。キリストを信じ、その聖足(みあし)の跡を践(ふ)み、その救いにあずかれば足る。洗礼信者は一団となりて、その行かんと欲するところに行くべしである。われら洗礼を受けざる信者もまた、キリストの十字架を担(にな)いながら、われらの行くべきところに行くべきである。われらはキリスト信者と認められざればとて、何の苦痛をも不快をも感ぜざる者である。

(一九〇七年三月『聖書之研究』)

真のバプテスマ

教会は言う、水のバプテスマを受けざる者はキリスト信者にあらずと。余輩は言う、水火のバプテスマ、すなわちキリストの聖名(みな)のために迫害のバプテスマを受けざる者はキリスト信者にあらずと。そして姦悪(かんあく)のこの世にありて、誠実にキリストを信じて、ある種の迫害は避くべからずである。迫害を受けざる者はキリスト信者にあらずと言いて、誤らないのである。そして世には水のバプテスマを受けて迫害を受けざる、いわゆる信者がたくさん、いるのである。これに反して、水のバプテスマを拒みしも、キリストの聖名のために堪えがたき迫害を受けし、彼の後従者が少なくないのである。そして余輩は信じて疑わないのである、天国に入るの機会は、前者よりも後者にはるかに多いことを。よしまた水のバプテスマに救いの力があるとするも、それはバプテスマそのものにあるにあらずして、これを受けしによりて身に迫害を招くに至るその事においてあるのである。式が霊魂を救いようはずはない。霊魂の苦闘を通して臨む神の恩恵のみ、救いの能力(ちから)であるのである。

(一九一七年六月『聖書之研究』)

聖霊のバプテスマについて*

今年の夏、ある米国宣教師が私に問うて言うた、「貴君(あなた)は聖霊のバプテスマを受けましたか」と。私はこれに答えて言うた、「私は知りません。私はキリスト信者に成りてから今年で四十六年になります。その内、三十年間、私はキリスト教の伝道に従事しました。そしてその間に、私は教会または伝道会社より、いまだかつて何らの補助をも受けませんでした。私は自分の生活費と伝道費とを自分の労働によって得ました。御承知のとおり、私はこの非キリスト教国において、この事をなしたのであります。貴君は、私がある形において聖霊のバプテスマを受けずして、この事をなし得たとお考えなさいますか」と。かの宣教師は私のこの答えを喜ばなかった。聖霊のバプテスマに関する私の考えは、彼のそれとは違っておった。私にとりては、キリスト教は生くるか死ぬかの問題である。私は人に説くべき私独特の教義を持たない。

（一九二三年十一月『聖書之研究』）

神癒について㈠

問　先生、貴下（あなた）は神癒をお信じになりますか。

答　もちろん信じます。神が造りしこの身体（からだ）、神がその病を癒（い）やし得ないという理（わけ）はありません。キリストは今もなお生きていまします。彼の能力（ちから）に昔も今も変わりはありません。もし聖意（みこころ）にかなわば、彼は今も昔のごとく、性来（うまれつき）の盲人の目を開くことができます。死にたる人を復活（いきかえら）すことができます。

問　さらば先生は何ゆえに、病気にかかられた時に医者におかかりなさりますか。

答　医者にかかるのが神の聖意であると信ずるからであります。私は、かかることは聖書の言によるまでもなく、私の常識によって決します。

問　しかし聖書には「エホバはなんじのすべての病を癒やし」（詩篇一〇三・三）と書いてあるではありませんか。またヤコブ書には「なんじらのうち、誰か病める者あるか。あらば、教会の長老たちを招くべし。彼ら、主の名によりて、その人に油を注ぎ、これがために祈らん……」（五・一四以下）と書いてあるではありませんか。その他、キリストが、てんかん、中風、血漏その他、すべての病を癒やされたことを、聖書はたくさんに記録（かきしる）しているではありませんか。

答　その事は私も承知しております。私も、神によらずして、いかなる病といえども決して癒やすことのできないことを固く信じます。エホバはまことにわれらのすべての病を癒やす神であります。しかしながら、エホバはわれらの病をいかにして癒やしたもうか、それが問題であるのであります。神が病を癒やしたもう方法は一ツにして足りません。いわゆる奇跡をもってするのみが医癒の唯一の方法ではありません。医術をもってするのも、神が私どもの病を癒やしたもう一ツの方法であります。そうして今日のごとくに医術が比較的に進歩したる時にあたっては、神に感謝しながら、これを使用するのが、常識にかのうたる信仰の道であると思います。

問　しかし聖書に、病にかかりたる時は医者に行けと、どこに書いてありますか。聖書は医者の無能を唱えてやまないではありませんか。「なんじらはただ偽りを造り設くる者、なんじらはみな無用の医師なり」（ヨブ記一三・四）と。「この女、多くの医者のためにはなはだ苦しめられ、その持ち物をもことごとく費やしけれども、何の益もなく、かえって悪しかりき」（マルコ伝五・二六）と。聖書の言そのままによれば、医者は全く無用の者ではありませんか。

答　そうであります。聖書にはまた、汽車に乗れとか、憲法政治を採用せよとか、銀行を興して金融の途を開けと書いてはありません。また、聖書が医者の無用について述べているとしまするならば、「知者いずくにある。学者いずくにある。この世の論者いずくにある。神はこの世の知識をして愚かならしむるにあらずや」（コリント前書一・二〇）、また「われ、（神）知者の知を滅ぼし、賢き者の賢きをむなしくせん」（同一・一九）ともしるしております。パウロ在世当時の知者といい、賢き者というは、今日の哲学者、科学者に当たります。そうして聖書にこう書いてあるから、われらキリスト信者は、カントの哲学もダーウィンの進化説も顧みてはならないというのでありますか。もし、そうであるとしまするとは、私どもは、近世科学の結果たるすべての発明をも利用することはできません。また近世哲学の結論たるすべての進歩的思想をいだくこともできなくなります。貴下は私に、医者にかかってはならないと仰せられて、私に、カントの平和論をも信ずるな、近世科学の発明にかかる汽車、電車にも乗るなと仰せられるのでありますか。

問　しかし医術に多くの誤りのあるのは貴下も御承知でありましょう。貴下は今日の医術が、神のかたちにかたどりて造られたる人の身体をことごとく解し得るとお信じになりますか。

答　もちろん、そうは信じません。私は今日の医術に多くの仮想があることを信じます。ゆえに私は多くの注意をもって、私の身体を医師に托します。しかしながら、同じように、今日の政治学にも社会学にもまた多くの誤りがあります。立憲政体なるものがはたして完全の政体なるや否やは、まだ大疑問であります。それのみではありません、今のキリスト教にもまた多くの誤りのあることは明らかであります。今の医学の全く信ずるに足らないように、今の神学も今の聖書学も、いまだ全く信ずるに足りません。もし誤り多きのゆえをもって医術を排斥するならば、同じ理由をもって、今の神学、聖書学をも排斥しなければなりません。われら人間は、われらの持つだけの知識にたよるよりほかに道はありません。医術に誤り多きは、決してこれを悪魔の術として排斥するの理由とはなりません。

問　しかし医師の誤診によって生命を奪われた者はたくさんあるではありませんか。政治や哲学は直接の生命問題ではありません。しかし、いわゆる医学に至っては、これ吾人の生命にかかわることでありますす。そうして、貴重、否、神聖なる吾人の生命は、これ人に任すべきものではないと思います。貴下はそうはお信じになりませんか。

答　医師の誤診によって生命を奪われた者はたくさんあります。しかしまた医師の診察を受けずして生命を失うた者もたくさんあります。試みに医術に種痘の発見がなかったとしてごらんなさい。幾千万の小児が成長に至らずして死んだか、わかりません。人類の発見中に種痘は、その最も大なるものの一つであると思います。また近ごろに至りまして、ジフテリア病の血精療法が続々と功を奏しているではありませんか。その他、不完全ながらも医術は人類の苦痛の多くをぬぐいつつあるではありませんか。医術とても、神の特別の指導なくして、今日の進歩に達したものではないと思います。多くの医学者は最も熱心なるキリスト信者でありました。彼らは、神に仕え同胞を救わんとの熱心より、彼らの研究に従事したのであります。私は信じて疑いません、医術の多くの発見も、他の技術の発見のごとく、神よりの直接のインスピレーションによりましたことを。私は、医術に誤り多きのゆえをもって絶対的にこれを排斥するの、はなはだ没常識なるを唱えざるを得ません。

問　さらば貴下は、ヤコブ書五章十四節以下をどう御解釈になりますか。

答　文字どおりに解釈します。私は「義者のあつき祈りは力あるもの」なることを信じて疑いません。私は、人の病は直接間接に、その罪の結果たることを信じます。ゆえに、病にかかりたる時は神に罪の懺悔（ざんげ）をなして、そのゆるしを乞（こ）うの必要なることを信じます。私はまた、霊魂の病はこれを神に任し、肉体の病はこれを医師にのみ、ゆだねる人の、よく事理を解する人にあらざることを認めます。私は、肉体の病にかかりし時にもまた祈禱の最も必要なることを信じます。しかしながら、ヤコブのこの言葉の中に、医者にかかってはならないとは一つも書いてありません。また薬を用いてはならないとも書いてはありません。否、油を注げと書いてあるのを見ますれば、適当の療法はこれを施すべしと言いおるように見えます。御承知のとおり、今より二千年前のユダヤにおいては、今日、世に称する医術なるものはありませんでした。その時代の薬品とては、少数の香料と香油とに限られました。「ギレアデに乳香あるにあらずや。かしこに医者あるにあらずや」（エレミヤ書八・二二）とは、エレミヤ時代の医術のありさまを示した言葉であります。強盗に打ちたたかれ、死ぬばかりになりし旅人を、あるサマリヤ人が救いし時に、彼はその傷に「オリブ油と、ぶどう酒とを」（ルカ伝一〇・三四）注いでやったと書いてあります。ゆえに、ヤコブがここに、病人に油を注げと言うたのも、この意味で言うたのであろうと思います。もちろん「油を注ぐ」とは、聖めるとの意味にも取れます。しかしながら穏当なる聖書学者E・H・プランプター氏のごときも、ヤコブ書のここにある油を注ぐという言葉を、薬品使用の意味に取っております（ケンブリッジ聖書、ヤコブ書百三ページ参照）。もちろん私は聖書のこの一節を取って、キリスト信者に薬品使用を義務として強（し）いんとはいたしません。しかしながらヤコブがここに薬品の使用を禁じていないことだけは明らかであると思います。

長老を招けとは、もちろん今日のある教会にある長老職を招けというのではないことは明らかであります。長老とは、もちろん信仰の長者であります。祈禱の実力を知り、力ある祈禱を神にささぐるの秘訣を知っている人であります。かかる人を病気の時に招いてその祈禱を乞うのは、最も適当のことであります。私はヤコブのこの言葉の中に何も解しがたい教理を発見することはできません。私といえども、病にかかりました時は、たいていは、ヤコブがここに教えたとおりに実行しているつもりであります。

問　しかしながら、人が医者にたよれば、それだけ神にたよらなくなるのは、わかり切っているではありませんか。神にのみたよってこそ、真正（ほんとう）の信仰が出るのではありませんか。

答　必ずしもそうとは限りません。よく万物の理をわきまえた者は、すべての方法を取りつつ、すべてのことにおいて神にたよります。知識ある信仰は、その熱心の度を増さんがために、神の供えたまいし明白なる手段までを放棄しません。

問　しかし祈禱で病が癒えるものである以上は、べつに医術の助けを借りるの必要はないではありませんか。もし貴下の御説明のとおりでありますれば、祈禱によりて病を癒やさんとするの場合は全くなくなるではありませんか。

答　決してそうではありません。もし医術が完全無欠のものでありまするならば、あるいはそう成るかも知れません。しかし医術が人間の術である以上は、これは全くたよることのできないのはもちろんであります。ヤコブ在世当時のごとく、医術の今日よりもさらに不完全なりし時には、祈禱の必要の、今日よりもさらに多くあったことはよくわかります。しかし今日とても、病の時における祈禱の必要は決して失（う）せません。今日とても、いまだなお多くの不治の疾病があります。らい病のごとき、胃癌（いがん）のごとき、肺結核のごとき、脊髄病のごとき、今日の医術をもってしてはとうてい、なおすことのできない病があります。そうして、かかる病にかかりました時は、ただ祈禱をもって神にたよるのみであります。この時こそ、エリヤのごとき信仰を持ったる人の祈禱を乞うて、その治療を計るよりほかに道はありません。医術の比較的に進歩せる今日にありても、信仰治療の範囲はまだたくさん残っております。神は人類をしてその造り主を忘れざらしめんがために、疾病治療に関する秘密をまだことごとく彼らに示したまいません。われらはすべての場合において、直接間接に神にたよらなければなりませんが、しかし直接、彼にのみたよらなければならない場合は、今日といえどもまだたくさんあります。

問　貴下の御説をうかがいまするとゝなんだかわかったようで、少しもわかりません。貴下は神癒を信ぜられるようでもあり、また信ぜられないようでもあります。この問題に対する貴下の御態度は、どうも明瞭を欠いているように思われます。

答　そう仰せられますならば、この問題に対する私の態度を、貴下に明白に申し上げましょう。私は神を信ずる上において、神癒なるものにあまり重きを置きません。貴下方の唱えられる神癒なるものは、私の信仰箇条とはなりません。私は、神が私の祈禱を聞いて私の肉体の病を癒やしたまおうが、たもうまいが、それによって、神の私に対する聖意のほどを判断いたしません。私は私の肉体の病を癒やされんがためにキリストを信じたのではありません。私は私の霊魂を救われんために彼の弟子となったのであります。私の肉体は、罪のゆえにすでに死んだものであります（ロマ書八・一〇）。これは、一たび癒やされても、ついには必ず死すべきものであります。よみがえらされしラザロですら、ついには死んでしまいました。キリストに肉体の病を癒やさるることは、霊魂の罪をゆるさるるような大なる救いではありません。私は、私の霊魂さえ癒やさるれば、私の肉体はどうなってもよいのであります。

霊魂のためを思うて、病は必ずしも悪いことではありません。しかり、多くの場合においては、病は恩恵であります。重き病にかかりし結果として、罪の縲絏（なわめ）より救われた人はたくさんあります。ある時は病は実に歓迎すべきものであります。病をすべて悪事とのみ解する者は、いまだ深くキリストの恩恵を味わったことのない人であると思います。

祈禱で病がなおると決まりますならば、キリスト教はすみやかに俗化してしまいます。疾病医癒の願いは決して無私無欲の願いではありません。病を癒やされんと欲する願いは、だれにもある願いでありますす。そうして、もしキリストが肉体の医師であるとわかりましたならば、利欲一方の官吏でも、商売人でも、争って彼のひざもとに来るでありましょう。ちょうど浜口某なる者が金剛力をもってすべての病気をなおすと唱えました時に、都下の衆愚が争って彼のもとに走ったようなものであります。キリストは万物の造り主でありますから、もちろん容易に肉体の病をなおすことができます。しかし、人の霊魂を救い、彼らをして永久に生かしめんとするのが彼の目的でありますから、彼はある特別の場合においてでなければ、肉体の病をなおしたまいません。彼は、もし霊魂を救うために肉体を癒やすの必要があると認めたまいますれば、これを癒やしたまいます。しかし、その他の場合においては、これを癒やしたまいません。

キリストが肉体の病を癒やしたもうからと言って彼を信じ、たまわないからと言って彼の恩恵を疑うがごときは、これキリストを信ずるの道を知らない者のなすことであります。ある大臣がキリストのもとに来たり、カペナウムに下りてその子を癒やしたまわんことを請いし時に、キリストは彼に問いたまいました、「なんじら、しるしと奇跡とを見ずば信ぜじ」（ヨハネ伝四・四八）と。肉体に医癒の恩恵を受けしがゆえにキリストを信ずるのは、彼を喜ばし奉るの道ではありません。私どもは私どもの霊魂において、キリストの偉大の能力（ちから）を感ずべきであります。そうして、ここにこれを感じさえすれば、私どもは肉体の医癒いかんによらずして、彼に感謝してやまないのであります。「彼（神）われを殺すとも、われは彼に依（よ）り頼まん」（ヨブ記一三・一五）というのが真正（ほんとう）の信仰であります。使徒パウロも、ある苦痛よりまぬかれんことを神に求めました。しかし神はパウロのその祈禱を聞き入れたまいませんでした。その時、パウロはどう言いましたか。コリント後書十二章七節以下を読んでごらんなさい。

われに賜わりし多くの黙示によりて、わが高ぶること無からんために、一つのとげを、わが肉体に与う。すなわち、わが高ぶること無からんためにわれを撃つサタンの使者なり。われ、これがために三たび、主に、これをわれより去らんことを求めたり。彼、われに言いたまいけるは、わが恩恵、なんじに足れり。そは、わが力は弱きにおいて全くなればなりと。このゆえに、われはむしろ喜びて自己の弱きに誇らん。これキリストの力、われに宿らんためなり

これが真正のキリスト教的信仰であります。肉体の治療にあまり重きを置いて、神癒を信ずるをもって信仰強しと言い、信ぜざるをもって信仰足らずと言うがごときは、はなはだ低い、かつ浅い信仰であると思います。私は私の信仰をかかる程度に止め置かんことを望みません。私はヨブやパウロと共に、私の肉体の病を癒やされずとも、あつく神に依り頼むの信仰に達したく思います。

問　御説あるいはごもっともかも知れません。しかし貴下の御説はなんだか学者の説のように聞こえまして、私にはまだ充分にこれを受けいれることができません。

答　たぶん、そうでありましょう。私は今、貴下の「神癒」に関する御信仰を毀（こぼ）とうとするのではありません。ただ、今後、私が病にかかりたる時に、私が医師の助けを求むればとて、それがために無信仰をもって私を責めないでください。

問　それは委細承知しました。

答　そうさえ、してくだされば、私はこの問題について、もはや貴下に何も申し上げません。サヨナラ。

（一九〇六年一月『聖書之研究』）

神癒について㈠*

余は神癒を信ずる。神においては癒（い）やすあたわざる病はない。されども神は一つの条件の下にのみ癒やしたもう。すなわち人が彼を信ずる場合においてのみ、癒やしたもう。そして信ずるとは、ただに神は癒やすことができると信ずることではない。そのことならば悪魔も信ずる。信ずるとは、自己を神に引き渡すことである。そして、われは無となりて、神がわれにありて万事となることである。すなわち知的信仰でなくして、道徳的または精神的信仰である。神は御自身に属する者をのみ癒

やしたもう。また、かかる者をのみ癒やすことができる。彼が癒やしたもうは、人がその生命を楽しまんがためではない。彼によりて神の聖旨（みこころ）が成らんがためである。リビングストンが言えるがごとくに、「人はその事業を終えるまでは不滅である」。そは、神はその至上至善の聖旨の、彼によりて成就（じょうじゅ）せらるるまでは、彼の死ぬことを許したまわないからである。

（一九二二年八月『聖書之研究』）

信仰治療の可否

神癒とは、信仰によって肉体の病を癒（い）やさるるという事である。神が病を癒やしたもうという事については、神を信ずる者は何びとも疑いをはさむべきはずはない。ただ所信の異なる点は、キリスト信者は医薬を用うべきや否やの一点である。そうして余は、医薬を用うることは決して聖書の教訓に反することでないと信ずる者である。しかのみならず、多くの場合においては、これを用いざることがかえって神の聖旨にそむくことであると信ずる者である。もちろん、すべての医癒は神より来たるものであるから、医薬を用うればとて、決して神にたよらないというのではない。薬はやはり神が造りたもうたもので、医師も多くの場合においては、神の命令と許可とによってその業に従事する者であるから、われらが彼らによって、われらの肉体の病を癒やされんとすることは、決して悪い事ではない。悪い事とは、医師にのみたよって、神にたよらない事である。あるいは、神の命を待たずして、医師にたよることである。しかしながら普通の常識に訴え、神の指命を乞（こ）うて、われらの信任する医師の治療を乞うことは、われら、キリストを信ずる者のなすべきことであると思う。

もちろん世には、にせ医師、一名やぶ医者なる者がある。しかしながら、それと同時にまた、にせ牧師もあれば、にせ伝道師もある。偽物のあることは真物の存在せざることの理由とはならない。神の命じない伝道師が、にせ伝道師であって、神の命じない医師が、にせ医師である。われらは、にせ伝道師にたよらざるように、また、にせ医師にたよらざるよう、用心すべきである。されども、真正の医師は真正の伝道師だけ貴むべき者である。われらは注目して彼を捜索し、もし彼を見出だすを得ば、われらの身体を彼に任すべきである。

また、にせ医師の多いのは、にせ伝道師の多いのと同一である。実に今の世においては、医師たらんと欲する者は伝道師たらんと欲する者よりも多いから、したがって、にせ医師の数は、にせ伝道師のそれよりも多い。ゆえに真個（ほんとう）の医師の捜索はすこぶる困難である。しかし彼とても全く無いとは限らない。ある時はわれらは真個の医師に遭遇することがある。すなわち謝礼を目的とするにあらず、評判を求むるにあらずして、単に人世の疾苦をぬぐわんと欲する医者に邂逅（かいこう）することがある。これはまことに貴い人物であって、もし幸いにして彼がごとき者を見出だすことを得しならば、われらはすべての礼儀を尽くして、彼を歓待、優遇すべきである。

キリストが奇跡をもって病を癒やしたまいたれば、信者たる者は何びとも、世の医師にたよらずして、直ちに奇跡的にキリストに癒やさるべきであると言う者は、いまだキリストの聖旨を知らない者であると思う。キリストは「なんじの信仰、なんじを癒やせり」とは宣（の）たまいしも、医癒の方法については、人々によってこれを異にしたもうたように見える。彼が生来（うまれつき）なる盲人を癒やしたまいし時には、「地につばきし、つばきにて、どろをつくり、そのどろを盲人の目に塗り、彼に言いけるは、シロアムの池に行きて洗え」（ヨハネ伝九章）と命じたもうた。そうして彼、行きて、主の命じたまいしがごとく、なしたれば、彼は癒えたりとしるしてある。この場合においては、主は確かに彼の能力（ちから）以外に、ある一つの方法を用いられしように見える。彼はもちろん間接の方法を用いずしては盲人を癒やすことができなかったのではない。しかし、彼がある場合においては、方法を採りたもうたことは明らかである。そのように、彼が今日、彼が造りたもうた薬品を用い、彼が命じたもうた医師を使うて、彼の医癒の聖業を遂げたもうのは、彼として必ずなしたもうことであろうと思われる。ことに彼の在世の時代とは異なり、今日のように医術の非常に進歩したる時においては、彼が普通の場合には、彼の奇跡力を使用したまわずして、医薬をもって、病める者を救いたもうのは、最も有りそうなことである。今の医術の進歩なるものは、決して神にたよらずして成ったものではない。欧米諸国の大医と称せらるる者は、わが国今日の医師のごとくに神を畏（おそ）れず人を敬わない者ではない。大医は大哲学者、大政治家、大科学者、大軍人と同じく、多くは敬虔（けいけん）なる神の信者である。そうして今日の医学なるものは、多くは、かかる大医の研磨、探究によってできたものである。われらは、わが国今日の多数の医師が不信、不敬の人であるのを見て、直ちに医術そのものが悪魔の業であるように速断してはならない。

ヤコブ書の第五章十四節以下に、「なんじらのうち誰か病める者あるか。あらば、教会の長老たちを招くべし。彼ら、主の名によりて、その人に油を注ぎ、これがために祈らん。それ信仰より出づる祈禱は病者を救うべし。主、これを起こさん」と書いてあるも、これを決して医師を招くなかれ、薬品を用うるなかれとの勧めと解してはならない。これにしるされたる油そのものが一種の薬品である。ヤコブのここに言うところは、病の時に祈禱せよとのことである。医師にたよるも、たよらざるも、神の援助を乞うことを怠るなと言うのである。われらは神にたよらざれば何事もなし得ざる者であれば、病の時にはことに祈禱の効力（ちから）にたよれと教えたのである。医師にたよるなと教えたのでなくして、神にたよれと、特に注意したのである。

かく言うて、われらはむやみに医者にかかれと言うのではない。多くの病は医師の助けを借りずともなおるものであるから、でき得るかぎりは信仰と清潔法とによって、その治療の道を講ずるに若（し）くはない。今の人は神を信ぜざる結果として医師を信じ過ぎ、それがためにかえってその身を誤るは常である。われら、神を信ずる者は、適当の範囲内において医師を信ずべきである。しかし、これに反して、医師を信ずるは不信である、薬品は悪魔の供する毒物である、キリスト信者たる者はいかなる場合においても医師の治療を受くべからずなど言うのは、これ聖書の明白なる教訓に照らして見ても、またわれらの健全なる常識に訴えて見ても、決して穏当なる思想に出でたるものとは思われない。われらは神を信じ、神に祈りつつ、医師の治療を受け、全癒の福祉（さいわい）にあずかりし時には、医師に感謝するよりも多く、医師の医師たる神に感謝すべきである。

（一九〇二年十一月『聖書之研究』）

異端

異端、異端と言う。しかし実は世に異端ほど貴いものはないのである。世に異端があればこそ、進歩があるのである。預言者は異端であった。イエスも異端であった。パウロも異端であった。ルーテルも異端であった。ウェスレーも異端であった。異端であったからこそ、彼らは今日なお世に勢力があるのである。

異端は不道徳ではない。不道徳は正教の中にもある。しかり、余輩の見るところをもってすれば、不道徳は、異端の中においてよりも正教の中において、より多くおこなわれる。異端は独創の思想である。真理を探研するにあたって、人のオーソリティーにたよらないことである。異端は真理の直参（じきさん）である。その陪臣（ばいしん）でない。人にはかまわず一直線に、真理と真理の神とに向かって進むことである。

ゆえに異端は常に新鮮である。陳腐なるは異端ではない。異端は多くの誤りにおちいる。しかしながら常に進む。異端を恐れる者は沈静の危険を冒す者である。身をいわゆる正教にゆだねて、その命これ従うにまさるの安全はあるまい。しかし、かくて奇峰によじ登りて広原を望むの快楽はない。深渓（しんけい）に下って冽水（れっすい）をすくうの愉快はない。老人はことごとく正教に帰依（きえ）すべきである。しかし青年と壮士とは異端を試むべきである。余輩は山川を跋渉（ばっしょう）するの心をもって、好んで異端に入る者である。

危険とよ、この神の造りたまいし宇宙にありて何の危険かこれあらん。父は吾人が、いずこの谷底、いずこの噴火口に至るも、吾人を守りたもうなり。彼、時には吾人の突進、軽躁（けいそう）を戒めたまわん。されども彼は永久に吾人を捨てたまわざるなり。彼は怒りやすき老爺（ろうや）にあらず。世の監督、神学博士のごとき者にあらず。吾人はただ彼を忘れざれば足る。縦横に宇宙を渉猟し、真理を採って誤謬（ごびゅう）を捨つ。なんぞ教会の放逐を恐れん。なんぞ正教の破門に怯（おじ）ん。父の庭園を跳飛するにあたって、なんぞ人の制裁に堪えん。異端は神の子たるを自認するより出づ。これその貴きゆえん。

（一九〇八年九月『聖書之研究』）

棄教者の申し分

日本の社会にキリスト教の棄教者ははなはだ多い。多くの文士、政治家、実業家、高等官吏等は、一度はバプテスマを受けて教会に入り、あるいはさらに進んで伝道に従事し、よしまた教会に入らざるも、キリスト信者なるを自認して、この腐敗せる社会にありて比較的に高き清き生涯を送った者である。しかるに一朝（いっちょう）キリスト教の信仰が彼らの身を世に処するにあたって妨害なるか、あるいは要なきを知るや、何の惜し気もなくこれを捨て去り、今は不信者たるを悲しまざるはもちろん、かえって誇りとするのである。かかる日本の「紳士」、時には「淑女」はいくらでも有る。余輩はあえて彼らをさばかんとしない。彼らには彼らが信仰を捨て去った相当の理由があるのであって、これを聞き、これについて考うるは、余輩いまだ信仰を捨てざる者にとり、大なる利益があるのである。余輩は本誌に余白のあるかぎり、棄教者が信仰と余輩とを捨て去るに際し、余輩に漏らせし言を輯録（しゅうろく）せんと欲する。いずれにしろ、日本にありては、キリストの福音は、多数のいわゆる識者によって否決されしは事実である。日本においては、キリスト教を捨つるは少しも不名誉でない。その反対に、これにとどまるは無知である。余輩はかえって棄教者たちにさばかるる者である。

（一九二三年八月『聖書之研究』）

背教者としての有島武郎氏〔注1〕

一

私は有島君にキリスト教を伝えた者の一人である。彼は一時は誠実、熱心なるキリスト信者であった。私は彼の顔に天国の希望が輝いていた時を知っている。その時、彼は歓喜にあふれる人であった。彼も私も、同じ札幌農学校の卒業生であった上から、人も私も、彼が私の後(あと)を嗣(つ)いで、日本における独立のキリスト教を伝うる者と成るのではないかと思うほどであった。有島君はたしかに一度は、信仰のエデンの園に、神と共に歩んだ人であった。彼は彼の親友、森本厚吉君と共に、キリスト教の大宣教師デビッド・リビングストンの伝記を著わした。彼はまた私の『聖書之研究』に投書してくれた。彼と私とは数年間にわたり、信仰の善き友人であった。

しかるにこの人が急に信仰を捨ててしまった。たしか明治四十一年〔注2〕であったと思う、私は札幌において彼に会うた。その時の彼は前の彼とは全く別人であった。前にはオプチミスト(楽観家)なりし彼は、その時はペシミスト(悲観家)に成っていた。彼の顔に輝きし光を、今は認めることができなかった。われら、彼の旧(ふる)い友人は、彼のためにも、またわれらのためにも、非常に悲しんだ。われらは、有島が不信者に成ったとは、どうしても信ずることができなかった。

ゆえに、彼自身は「変わった」と告白せしも、われらは「変わらざる者」として彼を扱った。ある日のことであった、私は信仰の事について彼と語るために、私が客たりし、宮部理学博士〔注3〕の家に、彼に特別に来てもらった。われらは二人、ほとんど二時間、相対して、信仰の事について論じた。有島君の心はすでに決まっておって、彼は私の言は少しも納(い)れなかった。私は「有島はもはや、われらのものにあらず」と諸友人に報告せざるを得なかった。その時のわれら友人一同の悲歎は非常であった。私は今日に至るまで、多数の背教の実例に接したが、有島君のそれは最も悲しきものであった。それより二三日後で、私は、彼の札幌郊外苗穂村の家に招かれ、昼飯の饗応(きょうおう)にあずかった。そこに新夫人もおられ、鄭重(ていちょう)なる待遇を受けたが、われら相互の心の底には堪えがたき苦痛があったゆえに、談話に興味の乗らなかったことは、今でも忘れることはできない。

有島君がいつ、どこで、キリスト教を捨てたか、その事はよくわからない。私は、彼が米国ハバフォード(ハーバードにあらず）在学中、新渡戸夫人の令兄エグレストン氏に書き贈った英文の手紙を見せてもらったことがある。その内には彼の信仰は燃えておった。聞くところによれば、有島君は後に英国に渡り、ロンドンにおいて、露国亡命者プリンス・クロポトキンに会い、その感化によってキリスト教を捨てたとのことである。あるいはその事が事実であるかも知れない。いずれにしろ、私にとっては、洋行後の有島君は、その前の彼とは全然別人であった。もちろん彼の性格に変わりはなかった。彼は正直なる、コンシェンシャス（良心の声に忠実なる）人であった。しかしながら、前のごとくに天を望んで地を楽しむ人ではなかった。その時、たしかに人生は重荷になって彼に存（のこ）ったように見受けた。そしてその重荷は彼の最後の日まで取り除かれなかったのであると思う。

二

帰朝後の有島君は札幌農科大学において英文学を教えていた。後、札幌を辞し、東京に移り、久しく閑散の生涯を送っていたが、たちまちにして彼の著作家としての声名が挙（あ）がった。何事をなしても第一位を占めざればやまざる彼のことであれば、これ彼にとっては当然のことであった。ただ、しかし、彼の著作がエデンの園の歓喜を伝うるものでなくして、楽園を離れしアダムが、他の方面における楽園回復の努力でありしことは疑うことができない。いわく『カインの裔（すえ）』、『叛逆者』、『死』と著作の題目からが凄味（すごみ）を帯びていた。小説ぎらいの私はこれに目を触れなかった。私の眼に残りし有島君は、元の晴れ晴れしい顔をしたる、歓喜にあふれたる人であった。われら、彼の旧き信仰の友は常に彼について言うた、「有島は長く今日の立場に立っていることのできる者でない。彼は必ず再び元の所に帰って来るであろう」と。われらの彼に対する信用は非常に深かった。われらは望みに反して望んだ。われらはわれらの心の中より、どうしても彼を捨て去ることができなかった。

しかるに、彼はだんだんと、われらより遠ざかった。彼は、われらに友人として取り扱わるるを、めいわくに思うように見えた。彼の友人の種類は一変したように思われた（二、三の親友を除いては）。そして特に信仰によってつながれし私のごときは、今はわずかに、はるかに彼と好意を交換するにとどまった。信仰の目的物を異にするに至って、彼と私とは相互より遠ざからざるを得なかった。ゆえに、その後の彼について、私の知るところはいたってわずかである。ただ私が従事するキリスト福音宣伝事業に彼が全く興味を有せざるに至りしことは明瞭（めいりょう）であった。

　その後に彼の最愛の妻が死んだ。そして旧友一同の同情は翕然（きゅうぜん）として彼の上に集まった。われらはその時、彼が棄教者であることを忘れた。私はちょうどその時、那須温泉に療養中であって、彼女の葬儀に列することはできなかった。しかし私の同郷同信の友にして、有島君旧友団の一人なる、田島進牧師が式をつかさどり、キリスト教によって、彼女の亡骸（なきがら）を葬った。私は帰京後、直ちに有島君を訪問した。彼はその時、非常に昔なつかしそうに見えた。われらはその時、思うた、この大なる打撃（ブロー）によって、彼は旧い札幌式の信仰に帰って来るのではないかと。彼らはどこまでも有島君を要求してやまなかったのである。

　有島君は後に詩人ホィットマンの専門家と成った。私はこの事を聞いて非常に喜んだ。ホィットマンは英米詩人中の奇形児であるが、しかし英詩人であって、いわゆる大陸詩人とは全く違う。ホィットマンは天然人であるが、同時にまた強き常識の人であった。この詩人に私淑して、有島君はあまりに遠く私より離れない。私は、いつか再び信仰上の兄弟として、彼を私の心に迎うることができるであろうと思うた。

　My rendezvous is appointed, it is certain,
　The Lord will be there and wait till I come
　　on perfect terms,
　The great Camerado, the lover true for whom
　　I pine will be there.〔注4〕

もし詩人ホィットマンに在ったこの信仰が有島君に在ったならば、彼は自殺せずして済んだのである。

三

　有島君に大なる苦悶（くもん）があった。この苦悶があったらばこそ、彼は自殺したのである。そしてその苦悶は、一婦人の愛を得んと欲する苦悶ではなかった。これは哲学者の称するコスミック・ソロー（宇宙の苦悶）であった。有島君の棄教の結果として、彼の心中深き所に大なる空虚ができた。彼はこの空虚を充（み）たすべく苦心した。彼は神によらず、キリストその他のいわゆる神の人によらずして、自分の力でこの空虚を充たさんとした。これが彼の苦悶の存せしところ、彼の奮闘、努力はここに在ったと思う。しかしながら、有島君いかに偉大なりといえども、自分の力でこの空虚は充たし得なかった。のみならず、充たさんと努むれば努むるほど、この空虚が広くなった。彼は種々の手段を試みた。著作を試みた。共産主義を試みた。そして多くの人、ことに多くの青年男女の渇仰を得て、幾分なりともこの空虚を充たし得たと思うたであろう。しかしながら彼は人の賞賛ぐらいで満足し得らるる人ではなかった。彼は社会に名を揚げて、ますます孤独、寂寥（せきりょう）の人となった。彼はついに人生を憎むに至った。神に降参するの砕けたる心は無かった。ゆえに彼は神に戦いを挑（いど）んだ。自殺死をもって彼の絶対的独立を維持せんと欲した。自殺は、有島君が近来しばしば考えたことであろう。ただし、その機会が無かったのである。

そしてその機会がついに到来した。一人の若き婦人が、彼に彼女の愛をささげた。著作においても、社会事業においても、内なる空虚を充たすの材料を発見するあたわざりし有島君は、この婦人の愛に偽りなき光を認めた。彼は喜んだ。満足した。これは棄教以来、初めて彼に臨んだ光であった。まことに小なる光であったが、長の間、暗黒に彷徨（ほうこう）せし彼にとっては、最も歓迎すべき光であった。彼はすでに人生を忌みし者、そうして婦人は夫ある身であった。この光は逸すべからず、されどとてこの世においてこれをエンジョイするあたわず、ゆえに、二人相並んで自ら死に就（つ）いたのである。正直なる有島君としては、なしそうな事である。しかし彼は大いに誤ったのである。

「人は自分のために生きず、また死せず」と有島君の捨てた聖書に書いてある。生命は自分一人のものであると思うは、大なるまちがいである。もしキリスト信者が信ずるように、生命は神のものでないとするとも、これは人類のもの、国家のもの、家庭のもの、友人のものである。有島君はキリスト教を捨てて、この簡単明瞭なる真理をも捨てたのである。背教は決して小事でない。神を、ばかにすれば、神に、ばかにせらる。有島君は、ダンテやミルトンが、神の子、人類の王としてあがめしキリストを捨て、一婦人、しかも夫ある婦人を選まねばならぬ運命におちいった。有島君のた　に計って、愛をキリストにささぐるは、某女に与うるよりもはるかに益(まし)であった。有島君は神にそむいて、国と家と友人にそむき、多くの人を迷わし、常倫破壊の罪を犯して死ぬべく余儀なくせられた。私は有島君の旧い友人の一人として、彼の最後の行為を怒らざるを得ない。

人の子の知恵も才能(ちから)も何かせん
神を捨つれば死ぬばかりなり

(一九二三年七月『万朝報』)

注1　「義と美」(二六一頁)参照。
2　実は大正元年(明治四五年)第三回札幌伝道の際。
3　宮部金吾。
4　わが面会は指定されている、たしかにまちがいない。主はかしこにいまして、わたしが欠けなきさまでそこに行くのを待ちたもう。
大いなる友、わがあこがれ慕う真理の愛好者は、かしこにいます。

〈人の本性〉

人の三性

パリサイの人の一人にして、ユダヤ人の宰(つかさ)なる、ニコデモといえる人ありたり。彼、夜、イエスに来たりて、彼に言いけるは、ラビ、われらはなんじの、神より来たりし師なるを知る。そは、神もし彼と共にあらずば、なんじがなすこの奇跡は、彼、これをなすあたわざればなりと。イエス答えて彼に言いけるは、まことにまことにわれ、なんじに言う。何びとも新たに(上より)生まるるにあらざれば、神の国を見ることあたわずと。ニコデモ、彼に言いけるは、人、はや老いぬれば、いかで生まるることを得んや。再び母の胎に入りて生まれ得んやと。イエス答えけるは、まことにまことにわれ、なんじに告ぐ。何びとも、水と霊とによりて生まれずば、神の国に入ることあたわず。肉によりて生まれし者は肉なり。霊によりて生まれし者は霊なり。われ、なんじに「なんじら新たに(上より)生まれざるべからず」と言いたればとて、怪しむなかれ。それ風は吹かんと欲するところに吹く。なんじ、その声を聞く。されども、その、いずこより来たり、いずこに行くを知らず。霊によりて生まるる者はすべてかくのごとしと(ヨハネ伝三・一―八。自訳なり。another は、『新たに』とも、または『上より』とも訳するを得べし)。

神は霊なれば、彼を拝する者は霊と実(じつ)とにおいてせざるべからず(同四・二四)

われ言う。なんじら、霊によりて歩むべし。さらば肉の欲を成すことなからん(ガラテヤ書五・一六)

聖書に従えば、人に三つの性がある(テサロニケ前書五・二三)。

その第一は肉(Flesh)である。人は肉によりて物質的宇宙とつながる。彼は肉にありて食い、飲み、育ち、殖（ふ）える。肉にありて、彼は禽獣（きんじゅう）と運命を共にする。肉なる彼は、ちりより出でて、ちりに帰り、獣と共に地にくだる（伝道の書三・二〇―二一）。

その第二は霊（Spirit）である。人は霊によりて神とつながる。彼はそこに神に接し、彼と交わる。霊にありて、彼は時間空間の制限を脱し、そこに死あらず、悲しみ、嘆き、痛み、あることなし。霊にありて、彼は全く禽獣と異なり、天にある天使（つかい）のごとく、めとらず、とつがず、したがって、ねたみ、そねみ、争い、戦うことなし。霊なる彼はまことに神にかたどられて造られし者である（マルコ伝一二・二五―二六）。

その第三は自我（Self）である。あるいはこれを霊魂（Soul）と称す。人が自己を自覚するところである。彼の意志の所在であって、善悪上下の定まるところである。自我の上に霊があり、その下に肉がある。人の自我において、霊界は物界と接し、二者の連結と調和とはこれによりて、つかさどらる。

かくのごとくにして、人もまた神に似て三位一体である。彼の中に三性がある。肉があり、霊があり、自我がある。彼は肉である。されども肉のみでない。霊である。されども霊のみでない。自我である。されども単独の自我でない。人は小宇宙であって、三性の一体となりて実在する者である。

そうして人の運命は、以上三性の相互の関係いかんによって定まるのである。自我は単独にして在（あ）ることのできる者でない。それは霊肉いずれかにその本拠を定めなければならない者である。霊において在らんか、肉において在らんか、これが自我の前に提出さるる恒久の問題である。そうして自我がその本拠を霊において定むる時に向上があり、肉において定むる時に堕落があるのである。向上といい、堕落といい、問題はいたって重大であるが、しかし事はいたって簡単であるのである。向上といいて、天の高きにのぼるのではない。われと自ら、わが自我を、わが内なる霊の内に置くことである。堕落といいて、地の低きにくだることではない。われと自ら、わが自我を、わが内なる肉の内に置くことである。のぼると、くだると、生くると、死ぬるとは、わが内において定まることである。人なる小宇宙の内に、三層の天もあれば、また地下の陰府もあるのである。

そうして人類の始祖がエデンの園において悲しむべき堕落を遂げたというは、全くこのことである。すなわち人がその自我を肉に移したということである。ここに彼は特に肉と成ったのである。

エホバ言いたまいけるは、わが霊長く人と争わじ。そは彼もまた肉なればなり。彼の日は百二十年なるべし（創世記六・三）

と。これ、堕落後の人に対して、神のいだかれし思想であった。人類は始祖の堕落によりて肉と化し去ったのである。すなわち彼の霊は顧みられずして、彼は自ら選んで、その自我の本拠を彼の肉に移し、その結果、彼は野の獣と空の鳥と性を同（とも）にする者となったのである。すなわち彼もまた彼らのごとくに肉となったのである。ここにおいて、神がその霊をもって人と争うも無益と成ったのである。人は堕落によって肉魂と化した。彼の霊は全く疎（うとん）ぜられ、彼の意嚮（インテレスト）は全く彼の肉に注集せらるるに至った。ここにおいて、彼は向上、発開、永存の特権を失い、永久なるべき彼の生命は僅々（きんきん）百二十年に減ぜられたのである。自我の本拠を肉に移して、人はただに動物の最も進化した る者となった。彼の文明はいかに進歩するも、彼はただ

滅び失（う）する獣のごとし（詩篇四九・一二）

である。肉なるがゆえに

過ぎ去れば帰り来ぬ風（同七八・三九）

にひとしき者となった。そうして一たび肉をその本拠と定めて以来、人はこれを離るることあたわず、時に不朽の霊のなお彼のものとして存するを思い出し、

わが霊魂（自我）は、ちりにつきぬ
なんじの言葉にしたがいて、われを生かしたまえ
（同一一九・二五）

と叫びて、神に離脱を懇求（もと）むるといえども、肉はその欲をもって彼を縛り、彼を虜（とりこ）にして、彼が欲するところをおこなわざらしむ。まことに肉となりし人は「なやめる人」である。人にして人にあらず、のぼり得るの資格をそなえながら、常に、へびのごとくに、はらばいて、一生の間、ちりを食らう（創世記三・一四）。人類の歴史に底なき矛盾の存するあるは、人が肉となりて、おのれに矛盾したる者となったからである。

しかしながら、人は永久にかくあるべき者でない。人の内には霊あるあり

全能者の息、彼に悟りを与う（ヨブ記三二・八）とある。人は始めに土のちりをもって造られ、後、神、その鼻に生気（霊）を吹き入れたまいたれば、人はすなわち生霊となりぬとある（創世記二・七）。人は堕落によりて肉と成れりというも、彼は霊を失ったのではない。ただ彼がこれを去りしがゆえに、神もまた、これを離れたまいて、霊は今や彼にありて、長き間の廃棄の結果、無きにひとしきものとなったのである。ここにおいて、彼に新たに、または上より、霊によりて生まるるの必要があるのでる。肉の勢力がくじかれ、神の霊は新たなる力をもって人の霊にくだり、これをその睡眠的状態より起こし、もってここに人の再生を促す必要があるのである。あるいはこれを再生と称するは、文字どおりに事実でないかも知れない。そは霊は人の内にありて、堕落と共に全く消滅に帰（き）しなかったからである。しかしながら人が実際に感ずる点においては、これは確かに再生である。彼は彼の失いし霊を再び挽回したのであって、彼はここに、彼の失いし霊なる父に会い、アバ父と呼びて彼と交わることができたのである。

そうしてこの再生たるや、人がこのんで起こすことのできるものでない。肉によりて生まれし者はドコまでも肉である。彼は庶民の上に立ち、階級を異にし、位を高くするも、肉によりて生まれし者は、自己を肉以外の者となすことはできない。彼はまた俗を避け、哲学の冥想に一生を送るも、肉によりて生まれし彼は、自己を肉以上の者となすことはできない。彼また世を去って宗教に入り、監督となり、牧師となりて、伝道、説教に日もまた足らずといえども、肉によりて生まれし彼は、自らこのんで、おのれを肉以上の者となすことができない。肉の区域は広くある。傲慢（ごうまん）も肉である。淫縦（いんじゅう）も肉である。詭譎（きけつ）も肉である。酔酒も肉である。そうして位階も、学識も、修養も、宗教も、肉によりて生まれし人を肉以上の者となすことができない。まことにイエスの眼より見て、ユダヤ人の宰（つかさ）にしてイスラエルの師なりし、パリサイのニコデモですら、肉の人でありしことを知りて、人の階級も宗教も、彼をして肉以上の者たらしむることのできないことがわかる。

かくあるがゆえに、人は新たに上よりの霊によりて、彼の霊において生まるるの必要があるのである。そうして今日まで肉に置きし自我を、今はこれを霊に移し、ここに霊なる神とつながりて、自身もまた霊なる者、すなわち神の子となるの必要があるのである。そうして人は「水と霊とによりて生まれざれば、天の国を見るあたわず」という。「水」とは、教会の唱うるがごとく洗礼ではない。教会が洗礼をもって表わさんとする、肉の死である。身を水に浸すがごとく、肉を地に葬ることである。すなわちパウロの言いしがごとく、肉をそのすべての欲と共に、キリストと共に、十字架につけることである。「水」は肉の埋没の表号である。そうしてこれが再生の一面であるのである。

そうして再生の他の一面は「霊」である。神の霊が人の霊に臨みて、これを生かすことである。神は霊であるから、直ちに人の霊において働きたもう。前にも述べたとおり、人の霊は神の霊との接触点である。ここに神は人に臨み、人は神を迎え奉るのである。

神は霊なれば、彼を拝する者は霊と実とをもってせざるべからず

とはこの事である。人にありては、肉に死して霊に生きんとし、神にありては、キリストの死をもって肉の勢力をくじき、その聖霊をもって人の霊に臨みたまいて、ここに人の再生はおこなわるるのである。すなわち、ここに旧(ふる)き人は死し、新しき人は生まるるのである。語を換えて言えば、その自我はここに初めて肉を去って霊に移るのである。ここに真正の向上がおこなわるるのである。単に思想上の向上ではない。また単に向上の決心ではない。事実上の向上である。ここに人は上より新たに生まるるのである。事実において、霊の人、新しき人となるのである。

かくのごとくにして、事は人の内における自我の本拠の移動である。そうしてその区域の狭小なるを見て、人はこれを小事と見なすのである。しかしながら、これ決して小事でない。人にかかわる事にして、これにまさりて大なる事はないのである。キリストの言いたまいしがごとく

人、もし全世界を得るとも、その霊魂(自我)を失わば、何の益あらんや

である。人の永遠の運命は、彼がその霊魂(自我)を肉において置くか、霊において置くかによって定まるのである。これを肉に置いて、全世界を彼のものとなすと

も、彼は死んだ者である。そうしてこれを霊に置いて、神とつながりて、彼は永遠に生くるのである。そうして偉人といい聖人というは他の者ではない。肉に死して霊に生くる者である。これに反して、霊に死して肉に生くる者は、富者も権者も知者も勇者も、神の眼より見て、すべてあわれむべき小人（しょうじん）である。

そうしてこの世はまことに肉の世である。その日々の新聞紙の報ずるところはすべてことごとく肉の事である。その政治は肉の事である。その外交は肉の事である。その経済は肉の事である。その実業は肉の事である。その科学は肉に関する科学である。その哲学は主として肉情、肉欲に関する研究である。そうしてその宗教すらも、多くは肉の勢力を張り、肉の救済を講じ、心の修養と称して実は肉の状態を改むる事である。まことに今に至るも人は純然たる肉である。その語るところ、思うところ、計るところ、争うところ、望むところはすべてことごとく肉である。人の内に霊ありといえども、彼は肉ありて霊なきがごとくに働く者である。

そうしてこの肉の世にありて、キリストの福音のみは霊の事である。これのみは肉に関係なきことである。肉に関係なきのみならず、肉に逆らうことである。

肉の欲は霊に逆らい、霊の欲は肉に逆らい、この二つのもの互いに相敵（もと）る（ガラテヤ書五・一七）

と。また

なんじら、世を友とするは、神に敵するなるを知らざるか。世の友とならんと思う者は神の敵なり（ヤコブ書四・四）

と。神はキリストにありて、福音をもってわれらを生みたもう。人を霊において生かすにおいて、福音は宇宙唯一の能力（ちから）である。これを除いて他に、人に霊の生涯を供するものはない。キリストを知らずして、人は霊の何たるかをさえ知らない。まことに主イエス・キリストは霊の宇宙である。漠（ばく）たる精神界ではない。確たる霊の世界である。これを語るに、やむを得ず肉の言をもってするなれども、しかし事は肉の事ではなくして霊の事である。キリストはまことに霊の食物であり、またその飲み物である。イエスがユダヤ人に向かって

まことにまことになんじらに告げん。もし人の子の肉を食らわず、その血を飲まざれば、なんじらに生命なし

と言われしと聞いて、われら、まことに彼を食い、かつ飲みし者は、少しもその言を怪しまないのである。

そうして福音をもって霊において生くるを得て、人は初めて人らしき人となるのである。かくして、彼の自我と霊とが救わるるにとどまらない。彼の肉までが救わるるのである。人は神に似て霊たるべき者であれば、彼は霊に生まれて初めて完全なる者となるのである。その時、彼の肉は彼の主たらずして、彼のしもべとなるのである。肉を従えるの点より見るも、人は霊にありて生くるより他に善き道はないのである。

ゆえにパウロは言う、

なんじら、霊によりて歩むべし。さらば肉の欲を成すことなからん

と。道徳をもって肉の欲を抑（おさ）うることはできない。霊において霊なる神に接し、ここに新たなる霊の宇宙に霊の生涯を始むるにあたって、肉はおのずとその勢力をくじかれ、霊はおのずとその善き実（み）を結ぶに至るのである。

人は霊、我（が）、肉の三性である。我を肉に置いて、彼は無限地獄におちいるの危険がある。これを霊に置いて、彼は三階の天にのぼるの希望がある。悪魔は肉に拠（よ）りて、彼を下に誘わんと努めつつあり、神は霊に宿りて、彼を上に召さんとなしたもう。危機一髪とは実に人の生涯である。彼の小なる胸の中に、人類の運命にかかわる最大戦争は常に戦われつつあるのである。

（一九一〇年十月『聖書之研究』）

聖書における人

人よりにあらず、また人に由（よ）らず、イエス・キリスト……（ガラテヤ書一・一）

聖書は人をはなはだ軽く見るものである。人？ 彼、何ものぞ、彼は「息」（創世記六・一七）なり。「滅び失（う）する獣のごとし」（詩篇四九・一二）。「彼の齢（よわい）は草のごとく、その栄えは野の花のごとし。風過ぐれば、失せて跡なく、その生（お）い出でし所に問えど、なお知らざるなり」（詩篇一〇三・一五―一六）。「なんじら、鼻より息の出で入りする人にたよることをやめよ。かかる者はな

んぞ数うるに足らん」(イザヤ書二・二二)と。これ聖書が人について語るところである。

聖書に六十六書あるが、その中に著者の判然たる書(もの)は幾つもない。否、一つも無いと言うてもよい。旧約聖書の初めの五書を『モーセの五書』と言うが、しかし、これは後世の人の附けた名であって、その、はたしてモーセの作であるか、無いかは大なる疑問である。ヨブ記は誰の作であるか。ある人はモーセの作であると言い、ある人はエレミヤの作であると言い、またある人はソロモン王の作であると言いて、これまた不明の問題である。『ソロモンの雅歌』とは言うものの、今日『雅歌』をもって彼、大王の直作(じきさく)なりと信ずる学者は一人もないと思う。下って新約聖書に至れば、マタイ伝とは言うものの、その、はたして使徒マタイの作であるか、無いか、それまた一大疑問である、それはマタイが書いたものであると言う者があるかと思えば、否、これマタイに「よりて」成りしものであって、すなわちマタイの指揮の下に、あるいはマタイの口伝(くでん)を筆記して成ったものであると言う。吾人がヨハネ伝と称する書は必ずキリストの愛弟子ヨハネの作ったものであると信じて疑わない者は、近世の聖書文学を読んで失望するに相違ない。多くの有名なる学者は、ヨハネ伝のヨハネ的起原を否定する。これは新約聖書中最も後にできた書の一つであって、おそらく十二弟子の一人の手に成ったものではあるまいとは、多くの人の信ずるところである。

また近ごろに至ってはパウロの書簡さえ、その、はたして使徒パウロによりて書かれしものなるや否やが疑われるに至った。その明白にパウロの名がしるされてあるにもかかわらず、ある批評家は、そのパウロの自作たるを否定する。ヘブル書の著者の不明なることは、今日(いま)わかったことでない。ペテロ後書の、使徒ペテロに関係ないことも、これまた昔より唱えられたところである。まことに聖書研究に従事する者にとって、聖書各書の著者問題ほど錯雑なる問題はない。これは究(きわ)めてきわまりなき問題である。聖書は誰によりて書かれしかと問うて見て、われらは、聖書は神が人をもって書かれたる書なりと答うるほかに言葉はないのである。

さらば著者の判然せざる聖書は信頼するに足らないかというに、決してそうではない。聖書は聖書そのもののために貴いのであって、その著者のために貴いのではない。真理はそのもの自身の証明者であるから、自身を人に紹介するにあたって、人の証明を待たない。なにもモーセの言であるからとて貴いのではない。神の真理であるがゆえに貴いのである。われらはダビデやソロモンに教えられんとは欲しない。神の聖霊に導かれたく欲(おも)う。預言者エレミヤはわれらのごとき弱き人であった。しかし彼の口より神の言葉が出た。われらは預言者自身をば尊まない。彼をもってわれらを教えたもう神に感謝する。

聖書著者の不明なるは、神がこれを明らかにするの要を認めたまわなかったからである。しかり、これを明らかにするの結果、人が、神を崇拝するをやめて人を崇拝するに至らんことをおそれたもうたからである。また、著者自身も努めてその名を隠さんとしたのは、全くこれがためである。ヨブ記の記者は詩人ミルトンのごとくに神の公義を弁明せんとした。そうして、この目的の達せられんがためには、彼は彼のすべての知識と精力とを注ぎ出した。彼は実に彼の沸騰(ふっとう)せる心の鼎(かなえ)より、溶けたる鉄のごときものを注ぎ出した。彼はあまりに強く神の公義について思うたゆえに、自己の存在をさえ忘れてしもうた。彼はついに彼の著作に彼の名をしるすことさえも忘れた。そうして彼の読者もまた、彼の精神に化せられて、彼の著作によりて神について思うの切なるより、ついに彼の名を忘却に附するに至った。ヨブ記がそうである。イザヤ書もダニエル書もみなそうである。聖書は神の書であるから、著者の名を問わない。その著者の名は失せてしもうて、神と聖書とのみが残っている。「人にあらず、また人に由らず」、神より直ちに人類に賜わりし書、これが聖書である。その著者の不明なるは当然のことである。

神の人モーセは紀元前何年何月何日に生まれし人なるか、彼はまた、いつ、どこに死せしか、彼の墓はどこにあるか、これ考古学者と頑迷(がんめい)信者とが知らんと欲してやまざる事柄である。しかしながら聖書はこれらの事柄については沈黙を守って語らない。

かくのごとく、エホバのしもべモーセはエホバの言のごとく、モアブの地に死ねり。エホバ、ベテペオルに対するモアブの地の谷にこれを葬りたまえり。今日までその墓を知る人なし(申命記三四・五―六)

ユダヤ国の建国者モーセは、人の手を借りずして、神御自身の葬るところとなりて、今日に至るまで、その墓の所在を知る人なしという。神はかくしてモーセ崇拝の道を絶ちたもうた。モーセは偉人たりしに相違なしといえども、彼は他の国の建設者のごとくに、民の崇敬を仰ぐべき者ではない。彼はエホバのしもべである。そうして、しもべはその主（あるじ）の用をなせば足りるのである。彼の墓を存しおけば、人のこれに参詣（さんけい）し、これに向かって崇拝を払うに至るのおそれがある。彼の死所を明らかにすれば、人のその跡に寺院を建てるの危険がある。イスラエルの民をして、神の聖名（みな）のほか何者をも尊崇（あが）めざらしめんがために、神は偉人モーセの遺跡をことごとく隠したもうたのである。

モーセに次いでの旧約時代の人物はエリヤである。彼は預言者中のかしらであって、また彼の国人より異様の敬崇を招いた者である。ゆえに彼の遺跡にして存せんか、たちまちにしてユダヤ人中にエリヤ崇拝の起こらんとする危険があった。しかしながら、エリヤの奇跡的終焉（しゅうえん）によりて、この危険は全く取り除かれた、

彼ら（エリヤとエリシヤ）進みながら語れる時、火の車と火の馬現われて、二人を隔てたり。エリヤは大風に乗りて天にのぼれり。エリシヤ見て、わが父、わが父、イスラエルの兵車よ、その騎兵よと叫びしが、再び彼を見ざりき（列王紀二・一一―一二）

かくてエリヤはその預言者の外套をエリシヤに残せしほか、他に何物をも残さずして、彼の体は天に移されしという。その終焉の状（さま）については種々の説明もあらんが、彼の国人が彼の遺骸を求めんと欲して得ざりしことは事実である。彼らはまた預言者エリヤを祭ることをも許されなかった。

モーセがそうである。エリヤがそうである。またイエス・キリストさえもそうである。女の産みし者の中に彼のみは人類の崇拝を受くるに足る者であるが、しかし彼とても偶像的崇拝を受くべき者ではない。キリストの遺骨、キリストの遺物、それは、もし残ったとしたところが、何の価値（ねうち）もないものである。キリストはナザレのイエスとして拝されんとは欲したまわなかった。ゆえに神は彼に関しても、個人的遺物としては何一つをも残したまわなかった。彼の生まれしベツレヘムの馬厩（うまや）はいずこにある。彼の生育（おいたち）しナザレの村の小屋はいずこにある。彼の葬られしアリマテ

アのヨセフの墓はいずこにあると、これ探らんと欲して探るべからざるものである。まことにキリストの在世中、彼が確かに地を踏みたまいしと思わるる所は、サマリヤ街道のヤコブの井戸の側を除いては他に一ヵ所もない。この井戸は今なお存して、彼が異邦の婦人に彼の新宗教の奥義を語られし所として、最も神聖視さるる所である。しかし、これを除きては、その他キリストの地上の生涯に関して、地理学的にわれらの確かめ得る所はほとんどない。彼がこの世に在(あ)りたまいしことは事実なれども、彼はこの地に多くの足跡を残したまわなかった。

そうしてその理由はこれを知るに難(かた)くない。キリストは新偶像教を建てんがためにこの世に下りたもうたのではない。彼の宗教は全然心霊的である。彼の示せし神は、ゲリジムの山において、またエルサレムの山において拝すべき者にあらずして、霊と真(まこと)とをもって拝すべき者である。彼はまたユダヤ人のみの救い主ではなくして、宇内万民の世々限りなき救い主である。ゆえに彼に地理学的制限があってはならない。また肉体的束縛があってもならない。彼は万世にわたる万民の霊の救い主であるから、彼は必要上、心霊的でなくてはならない。イエスの古跡を尋ね、彼を史学的に究めんと欲する者は、ついに彼を知り得ざる者である。

ゆえに後年に至って、イエスをその肉体において見たりとて誇る者あるや、パウロは彼のキリスト観について述べて言うた、

このゆえに、今より後、われら、肉体によりて人を知るまじ。われら、肉体によりてキリストを知りしかども、今より後はかくのごとくこれを知るまじ(コリント後書五・一六)

と。パウロはキリストを崇拝した。しかし、その人物を崇拝したのではない。彼は、霊なる神に仕うるその心をもって、キリストをあがめ奉ったのである。

後世に至って、キリスト教会の中に聖徒崇拝なるものが始まった。ローマに聖ペテロの遺骨なるものが発見されて、これに詣(もう)ずる者は跡を絶たざるに至った。これに触るれば病は癒(い)やさるると言われた。その一小片は数万金をもって購(あがな)わるるに至った。肉は霊を離れて功徳(くどく)あるものと信ぜられた。偶像崇拝は新たなる勢力(ちから)をもってキリスト教会内に復興した。

いわく、聖ペテロは聖パウロと同時に、キリスト降世後六十七年六月二十九日、ローマ府の西三マイルの所なるオスシヤ街道のアクアザルバという所において、パウロは首をはねられ、ペテロは逆磔刑（さかさはりつけ）に処せられたりと。あるいはしからん。たぶん、しからざらん。神の人モーセの墓を隠して、これを人に知らしめず、預言者エリヤを火の車をもって天に迎えし神は、ペテロ、パウロをも無名の所に無名の死を遂げしめたまいしならん。二者ともにキリストの忠実なるしもべ、彼らの最も忌みきらいしところのものは、人に崇拝せらるることであった。かつてルカオニヤのルステラにおいて、人々、パウロとバルナバとに子牛と花飾りとをささげて、彼らを祭らんとせし時に、衣を裂いて、「人々よ、何ゆえにこの事をなすや。われらもまた、なんじらと同じ情を持つところの人なり」と叫んで、まさにささげんとせし犠牲（いけにえ）をしりぞけしパウロは、死後に人が彼を祭らんことを思いては、死ぬるばかりに戦慄（みぶるい）せしならん。まことにパウロを拝する者のごときは、神を汚すと同時にパウロその人を侮辱する者である。

神は万有であって、人は皆無である。神の充実なるに比ぶれば、人は空（くう）の空なる者である。われら、神を追い求むる者の眼には、人が大きく見えてはならない。

もろもろの君に依（よ）り頼むことなく、人の子に依り頼むなかれ。彼らに助けあることなし（詩篇一四六・三）

エホバ、かく言いたもう。おおよそ人を頼み、肉をその腕とし、心にエホバを離るる人はのろわるべし（エレミヤ書一七・五）

（一九一〇年十月『聖書之研究』）

人と天然

天然と言い、宇宙と言い、世界と言い、単に世と言う。詞（ことば）は違うが、その指（さ）すものは一つである。すなわち物的実在物全体の称である。今や億をもって数えらるる星は天然である。太陽とその周囲に回転する遊星は天然である。地球が天然である。その内にあるすべての物が天然である。海と山と、空気と水と、魚と鳥と獣と、これを養う木と草とが天然である。電子と電気と磁気とが天然である。そしてわが身体（からだ）が天然である。その五臓六腑（ろっぷ）が天然である。脳が天然である。のみならず、情と本能とが天然である。親が子を愛するは天然性である。恋愛、友情またしかりである。星雲より愛情まで、すべてが天然である。天然は広意義の詞である。その区域たるや無限的である。われは天然の内に生き、動き、また在（あ）ると言いてさしつかえない。偉大なるかな、天然である。

　そして天然に対して、「われ」がある。自己がある。わが自覚の中心がある。これを霊と言い、霊魂と言い、精神と言いて、名は異なるも、実は一つである。天然万有の内にありて、「われ」のみはそれでない。「われ」は天然でない。天然と相対する者である。そして「われ」と同じく「他人」（ひと）がある。彼らもまた天然の内に在るが、天然の部分でない。そしてまた、われは、すべての霊を統率する霊なる「神」の在るを知る。「われ」と「他人」と「神」と、三者相関連して霊的宇宙を構成する。されども問題を簡単にするために、「天然対われ一人」として見るを便利とする。天然とわれとの関係いかに？　われすなわち私は、天然に対していかなる態度を取るべきか。これに服従すべきか、これを征すべきか、これと妥協すべきか、最も重大なる問題である。

　繰り返して言う、大天然に対して私自身は別である。私、私自身、I（アイ）、Ｉｃｈ（イッヒ）は別である。私は地球でも、アジアでも、日本でもない。私はこの身体に宿るのであって、その持ち主であって、器官でない。広い宇宙にありて、私はこれに属せず、これと相対して立つのである。必ずしもその敵ではないが、さればとてその従属ではない。私は宇宙、天然に対して独立人である。私はこれに対する和戦の権能を保有する。私は天然の強さを知る。されども、その火も風も、鉄も銅も、金も銀も、軍艦、軍隊として現われたる暴力も、私を圧伏することはできない。圧伏されてはならないのである。無形の私、私自身、思えば偉大なる者である。オライオン星の無限大をもってするも、その価値に至っては、この霊なる私には及ばないのである。

　よって知る、私は天然の間に宿るも、天然の産にあらざることを。天然の一部分なる私の身体は、土くれから発達して来たものであるかも知らずといえども、私は特殊の者であって、天然の領域に属せざる者である。そしてかかる私がこの大天然に対していかなる態度に出づべきか、それが人生の最大問題である。そして注意せよ、天然は、遠きは宇宙の外界を限る天の川より、近きは私の妻子、眷属（けんぞく）、さらに近きは私の脳髄、心臓にまで及ぶのである。思えば不幸なるは人間である。かかる大問題をもたらして生まれたのである。詩人の言が思い出さる。

われ、なんじの指のわざなる天を見
なんじの設けたまえる月と星とを見るに
人はいかなる者なれば、これを、み心にとめたもうや
人の子はいかなる者なれば、これを顧みたもうや
ただ少しく神よりも低く造りて
これに栄えと、ほまれとをこうむらせたまえり……
（詩篇八・四―五）

天然はその美をもって私を誘う。その強をもって私をおびやかす。これと相対して、私はとうていその敵手でない。しかるに私はこれに服従してはならず、これと妥協してもならず、これを征服して、その主人公とならねばならぬのである。これは私の人たるの義務また特権である。私の価値は、私が天然に対して採る態度によって決まるのである。天然に服従せんか、私は滅び、天然と妥協せんか、私は可もなき不可もなき無意義の者となる。天然に勝ち、これを征服せんか、私は人らしく生き得るのである。私が天然の内に置かれしはこれがためである。「私がこれに勝ちて生きんがためである」。人生の意義はここにある。天然に勝つか、負けるか、その事においてある。

そして天然の征服は単にその利用でない。これをして、いかなる意味においても、わが上に主たらしめざることである。天空の大をもってするも、われを威嚇（いかく）するあたわざらしめ、宝玉の小をもってするも、われを誘惑するあたわざらしむるにある。天然は無限大なりといえども、肉とその情とをもってわれに接近すれば、われはそこに彼をひしいで、彼をその全体において、ひしぐことができる。天然の征服と称して、オライオン星まで出馬するの要なし。肉とその情とを十字架につけて、その身にありて大天然を征服することができる。

そしてイエスはかくのごとくにして世に勝ちたもうた。すなわち天然を征服したもうた。「われ、すでに世に勝てり」と彼が言いたまいしはこの事である。そして彼の復活がその証拠である。彼は完全に天然に勝ちて、その法則を超越したもうたのである。そして私も彼にならい、彼の援助を得て、天然に勝たねばならぬ。パウロと共に、とにもかくにも、死にたる者の復活（よみがえり）にあずからねばならぬ（ピリピ書三・一一）。

（一九二九年十二月『聖書之研究』）

神人の乖離

神は全地を造りたまい、これを挙（あ）げて彼の愛子なる人類に与えたまいたれば、人類は彼の擁護の下にこれを耕し、これを飾りて、今日に至れり、人類が年と共になすところの開明、進歩は、神の嘉（よ）みしたもうところであって、神は人類をもって誇りとなしたまい、ますます恩恵をその上に加えたまいて、彼らを啓導、愛撫（あいぶ）したもう、よし人類の間に多くの罪悪はおこなわれ、無神論は唱えられ、悲事、惨劇は演ぜらるるも、大量、神のごとき者は少しもこれを意に介したまわず、彼らはそむくも、彼は怒りたまわず、二者の関係は今なお親密なる父子の関係にして、その間にかつて隔絶、乖離（かいり）の存せしことなしと。

これ世人によっていだかるる、神と人類とに関する観念であって、キリスト信者と称せらるる者の中にも、その近世的とか進歩派とか称するものは、これか、あるいはこれに類する観念をいだくをもって常とする。

しかしながら、驚くべきことには、聖書は決してかかる思想を伝えないのである。聖書は伝えて言う、神は全地を造りたまえりと（その事はそのとおりである）、彼は人類を造りたまい、これを愛して、これに、地とその中にある万物を与えたまえりと（その事もまたそのとおりである）、しかるに人類はすでに賜わりしこの無上の特権をもって足れりとなさず、自身も神のごとき者とならんと欲し、おのれを造りし神の命に聞かずして、神の敵なる悪魔の声に耳を傾け、これに従いて、全然神にそむきたり、ここにおいてか神と人類との間に乖離生じ、父子の関係は破れ、神は人の心を去り、人は地上に流浪人（さすらいびと）となり、彼にとりては、神は有りて無きがごとき者となりたり、ここにおいてか人は互いに相信頼せんと欲して争闘絶えず、神はその子を失いて慈愛に泣き、人は父を失うて暗夜に彷徨（ほうこう）するに至れり、これ今日に至るもこの世の状態である、もちろん愛なる神はおのれを離れし人類を捨てたまわず、しばしば義人を送り、預言者をつかわし、ついにはその一人の愛子をさえ送りたまいて、人類の反逆（そむき）を癒（い）やさんとしたまいしも、人類は度（たび）ごとに神の使者をしりぞけ、あるいは石もてこれを撃ち、あるいは剣もてこれを殺し、特に神の愛子に至っては、これを十字架に附けて、彼の愛に報いた、人類はその創造の始めより、神の敵となりて、今なお改めない、人類の憎む者にして実は真（まこと）の神のごときはない、彼らは神の手より世界を奪い、勝手にこれを開発し、神なく、キリストなく、自己の選みし道に進みつつある、

されども、かかる状態はいつまでも続くべきではない、世界の持ち主はついに来たりて、その所有権を実行したもう、彼はついに地上より反逆の民を追いたもうて、これを順良の民に与えたもう、世の終わりといい、最後の裁判というはこの事である、現時（いま）はなお暗黒の勢力である、神の忍耐の時期である、そうして神の忍耐に慣れ、彼を侮りて、人類が勝手気ままを続くる時期である、この時にあたりて、信者ははやく反逆をやめ、神に帰順し、彼に対して元始（はじめ）の父子の関係に入り、もって今やまさに世に臨まんとする神の怒りをまぬかるべきであると。

以上は、聖書が、創世記の始めより黙示録の終わりに至るまで、語を換え、調を代え、あるいは訓戒をもって、あるいは比喩（たとえ）をもって、繰り返し、繰り返し、反復、倦（う）むことなく告げ知らするところである。

人の自己（おのれ）に関する観念と、聖書の人に関する指示（しめし）と、二者いずれが真なるや、その問題は後にして、人にとり、二者いずれが快きかと問うに、それは言わずして明らかである。人は、自己は神の反逆人である、地の掠奪者（りゃくだつしゃ）である、神の怒りの宿る者である、ゆえに悔い改むるにあらざればついに滅ぼさるべき者であると聞かされて、決して喜ばない。否、かくのごとくに説き聞かされて、彼は怒りを発し、耳をお

おうて、自己を責むる者を攻む。人の好む事にして称賛、追従（ついしょう）のごときはない。彼は個人として、また国民として、また人類全体として、何よりも多く称賛さるることを好む。「人は生まれながらにして神の子なり。愛は彼の特性なり。彼は万物の長にして、生まれながらにして不死の性を有す」など言われて、彼は喜悦措（お）くところを知らず、かかる称賛の辞を彼に奉る者を称して、人類の友なり、進歩的思想家なり、よく神人の和合一致を計る者なりと言う。彼は言う、「聖書何ものぞ。神の愛を説くものにあらずや。愛に憤怒なし、刑罰なし。愛は与うるを知って求むるを知らず。人類は神の愛子にして、この世界は、父の子に賜いし絶大のおくりものなり」と。かく自ら語り、他（ひと）に説かれて、彼は人生の秘密を探り当てたりと思惟（しい）する。

しかし聖書は人類について、決してかかる提言をなさないのである。聖書ははばからずして言う、

　義人なし、一人もあるなし。る悟者なし、神を求むる者なし。みな曲がりて、全く邪（よこしま）となれり。善をなす者なし、一人も有るなし。その、のどは破れし墓なり。その舌は偽りを語り、そのくちびるにはまむしの毒を蔵（かく）す。その口は、のろいと苦きとにて満つ。その足は血を流さんために速し。破壊と悲惨とはその道に残れり。彼らは平和の道を知らず。その目の前に神を畏（おそ）るるのおそれ、あることなし（ロマ書三・一〇以下）

と。これ実に激烈なる言葉である。人類の弾劾（だんがい）にしてこれよりも強いものはない。これは今のいわゆる進歩的キリスト教を唱うる者の口調ではない。これは苦い言葉である。「高貴なる人類」の聞くに堪えない言葉である。

しかもこれ、決してパウロ一人の語調ではない。バプテスマのヨハネは当時の人を呼んで「まむしの子ら」と言うた。イエスもまたパリサイの人を呼ぶに同じ言葉をもってしたもうた（マタイ伝一二・三四）。彼は彼の敵をのみ、かく称したもうたのではない。彼の弟子に対しても言いたもうた、

　なんじら、悪しき者なるに……（同七・一一）

と。この場合において、「悪しき者」とは、「悪魔の性を帯ぶる者」との意である。後にペテロに対して、

　サタンよ、わがうしろに退け

と言いたまいしと同一である。聖きイエスの眼より見て、彼の特別に選みたまいし弟子までが、悪魔の子であったのである。

イエスは、人類の、地の掠奪者であることを、彼の宣(の)べたまいし、ぶどう園の比喩をもって、明らかに示したもうた。

ある家の主人、ぶどう園を作り、これに、かきをめぐらし、その中に酒ぶねを掘り、やぐらを建て、これを農夫に貸して、他の国へ行けり。収穫の季節、近づきければ、その分け前を取らんために、しもべを農夫のもとにつかわせり。農夫ども、そのしもべたちを捕え、一人をむち打ち、一人を殺し、一人を石にて打てり。また他のしもべを、前よりも多くつかわしけるに、これにも前のごとくなせり。主人ついに、わが子はこれを敬うならんと言いて、その子をつかわししに、農夫ども、その子を見て互いに言いけるは、「こは嗣子(あとつぎ)なり。いざ彼を殺してその財産をも奪うべし」と。すなわち、これを捕え、彼をぶどう園より追い出だして殺したり。さればぶどう園の主人帰り来たらん時に、これらの農夫に何をなすべきか……われ、なんじらに告げん。神の国を彼らより奪い、これを、その実(み)を結ぶ他の民に与うべし(マタイ伝二一・三三以下)

と。これは直接に、当時のユダヤ人に対して言われしことであるが、しかしまた間接に、人類全体について言われしことである。主人は神である、ぶどう園は、このうるわしき世界である、農夫は人類である、主人のしもべは、義人と預言者とである、嗣子は言うまでもなくイエス・キリストである、人類は神より地を掠奪し、その実をその持ち主に納めずして、自らこれを横領し、主人の使者をつかわしてこれを要求するなれば、これをむち打ち、殺し、石にて打ち、ついにその一人の嗣子を殺して、全地を永久におのがものとなさんとせり、ゆえに主人自らその所有の園に来たらん時には、悪しき人類を剿滅(そうめつ)し、これを彼の選みし善き民に与うべしと。この短き比喩の中に、人類の創始(はじめ)と、その長き悲惨なる歴史と、そのあわれむべき運命とが明らかに示されてあるのである。

その他、聖書全体を通して、この人生観はいたる所に説かれてあるのである。この人生観あって初めてキリスト降臨の必要もあり、十字架上における贖罪（しょくざい）の必要もあり、復活の必要もあり、昇天の必要もあるのである。人世をかくのごとくに見ずして、福音は意味のないものとなるのである。聖書のみ、人類の堕落を説いて、その完全なる救済法を備えた。聖書を除いて、他の宗教は、人性の全然的腐敗（total depravity）を説かない代わりに、またその完全なる救いを供えない。人の善を唱え、社会の自然的進歩を言う者は、民の傷を浅く癒やす偽りの預言者である。苦言は親友の特性である。人類の真（まこと）の友は、その罪を黙過する者でない。大胆にこれを曝露（ばくろ）し、しかる後に、キリストの血なるギレアデの乳香をもって、その深き傷を癒やす者である（エレミヤ書八・二二参照）。

（一九一八年七月『聖書之研究』）

人の性

キリスト教の立場より見て、人の性は善なりというは異端である。人の性は悪である。人の「心はすべての物よりも偽るものにして、はなはだ悪し。誰かこれを知るを得んや」（エレミヤ書一七・九）とあるがごとし。人の性は悪し。されども、光に命じて暗きより照り出でしめたる神（コリント後書四・六）は、この性を化して善に成したもうのである。そしてこれ単に教義ではない。事実である。イエス・キリストに在（あ）る神の栄光を知るの光を与えられし者はみな、おのれが生まれながらにして暗黒の子でありしことを悟るのである。人の内に光がありて、その光が増して、ついに光明の世界を出現するのではない。光、上より臨みて、暗き世を化して光明の世となすのである。救いは進化的でない。奇跡的である。教えられて光の子となるのではない。新たに造られて、神の子となりて輝くのである。キリスト教の立場より見て、神がその聖言（みことば）をもってなしたもう聖霊の働きによるほかに、人を真個の善人と成す道はないのである。

（一九一八年十月『聖書之研究』）

百姓演説

人と人

眼あり、鼻あり、二本足で、羽がなければ、人は人たるに相違ない。彼は、さるにあらず、馬にあらず、また牛にもあらざることは、動物学者の鑑定を待たずして、すぐわかる。しかも人にも幾等か種類がある。孔子(こうし)も人なれば、わが国の政治家も人である。二万巻の書を読み尽くせしというグラッドストンも人なれば、『東京日々新聞』、『京華日報』のほかは少しも他の文字に眼を触れないという人々もある。それゆえに、まず人の種類を調べて見なければ、四千万あろうが五千万あろうが、べつに驚くには及ばない。シナには四億万の人があるそうだが、その多分は、ぶたの類であるとは、よく日本の愛国者の唱うるところである。カーライルは、シェークスピア一人は、英国にとりては、二億五千万の人口を有するインド帝国よりも貴いと言うたが、まことにそうだろうと思う。

よくわが輩の聞くところだが、日本の人口は四千万余であって、英国のそれよりも多く、仏国とはほとんど同数で、わずかにドイツに劣り、またイタリアにまさるということである。これはもちろん頭の数を数えて言うたのに相違ない。なるほど人口が四千万あれば、四千万人前の米を食い、おおよそ五十年おきぐらいには四千万本の石塔を建てるに相違ない。しかもそれで必ずしも日本は英、仏、独、伊と同等の国であるとは言えない。見たまえ、日本に滞留するヨーロッパ人は僅々(きんきん)二千人にすぎないけれども、九個の日々新聞をささえているではないか。また信州の軽井沢、野州の日光、山城の比叡山等、彼ら白晳(はくせき)人種の避暑場においては、毎年、百人余の欧米人が集合すれば、直ちに特別郵便配達は開かれ、通運会社は夏期出張所を設け、西洋食品店、西洋洗濯屋等は勃々(ぼっぼつ)として起こり、さながら一市街が開かれしの観があるではないか。すなわち彼らの百人は、われら日本人の二千あるいは三千人の消費力を有し、彼ら日常生活の状態は、平均わが国の勅任官以上の資格あることを示しているではないか。

それだから、人にもいろいろ種類があると言うのである。われも人なり彼も人なりなどと威張ってもだめだ。彼は一日少なくも一円の料理を食っているのに、われは十銭で食って行けるようでは、彼はわれの十人分の人であると言わなければならない。

しかもこれは単に肉体の方面から言うたばかりであるが、知識の程度から言うても、欧米人の四千万は決して日本人の四千万の比べものではない。見たまえ、日本に雑誌らしい雑誌が幾つあるか。ほとんど無いと言うてもよいほどではないか。そうして、有るものとては実に微微たるもので、もし少しむずかしいことを書けば、じきに売れが止まると言うて、芸者の写真を入れたり、文学博士の投書を請うたりして、子供だましのようなものばかりで、ようやく、ささえて行くのではないか。かの博文館の『太陽』雑誌が、英の『コンテンポラリー』、米の『フォーラム』、伊の『ヌオバアントロジア』に対比するものだと言うたら、恥ずかしくて穴へでもはいってしまいたいほどである。日本では雑誌の購買力が足らないばかりではない。その読解力もないのである。四千万人が寄ってたかって、ようやくサッと『少年世界』や『中学新誌』の類を四、五万冊、消化しつつあるのである。実にあわれむべきありさまではないか。

しかし、これもまたよろしい。人はパンのみをもって生きるものにあらずとのことなれば、米の飯を食おうが、麦のパンを食おうが、それは彼の人格にとって、さほど大切なことではない。日本にもたいてい毎日、精養軒や帝国ホテルの西洋料理を食っている華族や御用商人等があるけれども、さりとて彼らの中に一人のグラッドストンのような政治家や、ピーボデーのような慈善家があるとのことは聞いたことはない。また知力の点においてもそうだ。イタリアには、自分の姓名さえ書けない者が幾千万というほど、たくさんあるというに、日本には七カ国の外国語を誤りなしに(?)解し得るという文学博士井上哲次郎氏のような人もある。一日の中に百一発の博士を製造し得る日本国は、決して無学文盲の国と言うことはできない。

ゆえに、もしわが輩が日本に人がないと言うならば、西洋料理を食う人がないと言うのではない。また博士、学士の類がおらないと言うのではない。言うまでもなく、人の人たるは、彼が西洋料理を食うているからではなる者と成って、人に対して恵み深き者と成って、初めて人間となるのである。それまでは、金があろうが、位があろうが、学問があろうが、人の人たる資格を備えた者ではない。

日本にはこの資格を備えた者は幾人いるか。これが最も大切なる問題である。日本に四千万の人口があるには相違ない。すなわち四千万の口があって、毎日、米の飯をかみ砕いているには相違ない。しかし、もしここに人ありて、貧民学校でも建てようとする時に、衆人に率先してその事業を助けんとする人は幾人あるか。芸者に十円の纏頭（しゅうぎ）を与うるに少しも躊躇（ちゅうちょ）しない紳士は幾人でもあろうけれども、私立学校に喜んで五円の金を寄付する者は幾人もない。愛国者の評判を取らんために、日清戦争の時に二、三万円の金を政府に献納した者は少しはあったが、戦争を利用して幾十百万の金をもうけた御用商人でさえ、資金を投じて一中学校を建った人はない、すなわち日本人の間には、人類を愛する動機からして、国のため、社会のため、同胞のために尽くさんとする人はほとんどない。ゆえに日本の金持ちより金を釣り出そうと思えば、その利欲心に訴うるにあ

ない。また金ぶちめがねにフロックコートを着けているからではない。もし、そうならば、さるでも、牛でも、馬でも、ぶたでも、国会議員となるの資格を備えていると言わなければならない。もしまた帝国大学を卒業して、それから大学院に入り、文部高等官の間を奔走し、外国に留学を命ぜられて、しかる後に博士の称号を奪い取れば、それで人となることができるならば、幇間（ほうかん）でも、どろぼうでも、骨も良心も何もない腰抜け野郎でも、少しく常識を備えたる者は、りっぱの博士となることができて、ついには分科大学長ぐらいまで、よじのぼることができる。これを見ても、人の貴きゆえんは、彼の食する食物によるのでなく、また彼の名を冠する位階、称号によるのでないことがわかる。

人の人たるはもちろん仁慈、相愛の性を備えているからである。これを備えたる者を人と言うて、これを備えておらない者は、獣類と類を同じゅうする者である。目があり、鼻があり、足が二本で、それにかむらするに大礼服をもってすれば、それで人間ができたと思えば大まちがいだ。その上に、あるいはそれなくとも、心に神の大慈を感じ、人生の真意を解し、神の前に謙遜（けんそん）

らざれば、その名誉心を動かすよりほかに方法はない。純粋なる愛人的慈善事業などは、わが輩まだ日本人の中に見たことはない。

しかるにこの事を知らないで、日本にも四千万の人口があるから、その中に人類的大事業が起こるべきはずだと思うて、しきりに奔走している人があるのは笑止千万だ。これはちょうど、さるの群中に入って教育事業の必要を説くと同然で、とうてい、おこなわるべきことではない。人らしい人がいないんだものを、その中から人の事業らしき事業の起こって来ないのはもちろんだ。世には人を見る力のない者がたくさんあるものだが、この日本国においては、有志家、才子などと、もてはやされる人に、たいていこの技倆（ぎりょう）が欠けていると思う。

それだによって、日本の今日にありては、学校や病院を作ることよりはまず人を作ることが第一の必要だ。人のない間は、いくら金があろうが、学問があろうが、人らしい事業は何もできない。四千万口ではいけない。四千万人に成らなければならない。見たまえ、オランダはわずかに四百万人の小国なれども、日本国に五、六倍もある植民地を有し、その他、有名なるレイデン大学を始めとして、百五十余の大中学を持つのみならず、下民保育の方法に至っては、これに及ぶものはないとのことである。またスイスは山中の小国であって、その人口はわずかに三百万ほどであるけれども、人らしき人の多いためにや、その自由制度は世界中最も完全なるものであるとのことである。人一人は、さる百万匹よりも貴いように、真理を愛し、神と人とを敬う人は、上等料理を食うて、その余には、賤女に戯るるにあらざれば、野外に鳥獣を猟して、天然の美を毀損（きそん）するのほか何の芸なきわが国の華族のごとき者の、千百万人よりも貴いと言わなければならない。もちろん動物学上より言えば、英国のグラッドストンも人であって、わが国の小山久之助氏も同じく人である。また統計学上より言えば、二者ともに政治家であるには相違あるまい。しかも全能全知の神の眼より見たもう時には、わが国の小山久之助と英国のグラッドストンとは、同一の人で同一の政治家とは認められまいと思う。頭数さえ備われば、それで議会が組成されるものだと思うは大まちがいだ。議会にもいろいろの種類がある。南米ブラジルの林中には、さるが相集まって会議するそうだ。そうして、もし、さるの議会なるものがあるならば、さるのように毛は生（は）えておらぬが、さるのごとき心を持つ二本足の動物の議会もあると言うことができる。

それだによって、人を作らなければ何もできない。学校もできない。政府もできない。人ならざる人の作った文字はたいてい女郎文学だ。人を作ることを努めないで、教会を作ろうとか、社会を作ろうとか、国家を作ろうとかいって、あせっている人が多いには実にびっくり仰天だ。

（一九〇〇年二月『東京独立雑誌』）

＜霊・肉＞

霊肉の関係*

「まず経済的慰安を与えよ。さらば心霊的にもまた平安なるを得べし。人は第一に肉にして、第二に霊なり。ゆえに、肉に足りずして霊に充（み）つることあたわず。肉の要求を充たすは、これ霊の要求に応ずるの道なり」と。以上は社会民主主義者（ソシャル・デモクラット）の叫びにして、また現代人全体の叫びである。そうしてキリスト教会もまたこれに和し、社会運動これキリスト教なりと称し、いわゆる「飲食の事に携わる」（使徒行伝六・二）を主として、福音宣伝を軽んず。されども聖書は明らかに示して言う、「神の国は飲食にあらず。ただ義と平和と聖霊によれる喜びにあり」（ロマ書一四・一七）と。「衣食足りて礼節を知る」というは、儒教であると同時にまた純然たる物質主義である。「患難（かんなん）も、迫害も、飢えも、裸も、われらを、わが主イエス・キリストによれる神の愛より離らすることあたわざるを、われは信ず」（同八・三五）というのがキリスト教である。聖書の示すところによれば、霊は主にして肉は属である。人は霊に充ちて、肉に足ることを知るのである。神より出でて、人のすべて思うところに過ぐる、聖霊によれる喜びは、人生のすべての悲痛（かなしみ）に勝ち得て余りあるのである。

（一九一九年九月『聖書之研究』）

霊肉の充足

肉において不足する時に、霊において充足する。肉において充足する時に、霊において不足する。恵みある神は、霊肉二つながらにおいて同時に不足せしめたまわない。また知恵に富みたもう彼は、二者二つながらにおいて同時に充足せしめたまわない。そうして霊肉いずれの充足を求むるやと問うならば、信者は無理にも答うるであろう、霊の充足を求むと。まことに霊は肉よりも貴くある。われら何びとも、肉の生命を賭（と）しても霊の繁栄を計るべきである。

されども肉の充足もまた時には願わざるを得ない。われらに日用のパンを与えたまえとは、主の祈禱の一節である。肉は霊に比しては卑しくあるが、しかし霊の器としては貴くある。霊が肉の窮乏のために飢うる場合がある。肉の事は全く霊に関係のない事ではない。悪魔が霊を誘う時は、肉をもってして、霊をもってしない。ゆえに、われらは必ずしもつねに霊において充足せんがために肉の窮乏を祈らない。聖なる貧と結婚したりしと言いし聖フランシスの宣言は、情にかない理に合うたるものではない。「われらを試みに会わせず、悪より救い出だしたまえ」との主の祈禱が、神の聖旨（みこころ）にかないたるものである。

もし聖旨にかなわば、時には肉においても足ることあらしめたまえとは、われらが祈ってさしつかえないことであると思う。そうして恵みある神は、時にはこの祈禱に応（こた）えたもうのである。彼は時にはわれらの緊縮をゆるめ、身に充足の春を感ぜしめて、口に感謝をさえずるの機会を与えたもうのである。貧は、その度を過ぐれば、霊をして峻酷（しゅんこく）ならしむるの危険がある。

そうしてわれらの弱きを知りたもう天の父は、時には充足の春風を送りて、きびしき霊を和らげたもうのである。

されども、言うまでもなく、肉の充足の危険ははるかに霊の充足の危険にまさる。永久の春は霊肉二つながらを孱弱（せんじゃく）ならしむ。寒きに失するは、暖きに失するよりも健全である。貧に失するは、富に失するよりも安全である。ただ願わくは、われらの霊の峻厳におちいらざらんことを。充足は霊魂の安全弁である。霊が内にありて充足をもって破裂せんことをおそるるがゆえに、われらは時には肉の充足を賜わりて、その放散を許らんとするのである。

（一九一〇年八月『聖書之研究』）

〈生　命〉

生命と光と愛*

神は生命である。彼はまた光である。そうして同時に生命でありまた光であるがゆえに、彼は愛である。生命は活力である。そうして光は四方に放散し、惜しげもなく自己を他に与うるものである。そうして愛は、他人のために自己を与えて惜しまざる活力である。キリストの愛はかかる愛である。すなわち同時に光でありまた生命であるところの愛である。光であるがゆえに、朽ちざる生命である。生命であるがゆえに、焼き尽くさざる光である。エホバの使者が、しばの中の炎の中にてモーセに現われし時に、しばは火にて燃えたれども、そのしばは焼けなかった（出エジプト記三・二三）。モーセはその時に、彼の面前において、愛のキリストを見たのである。火は燃えたれども、しばは焼き尽くされなかった。いかんとなれば、その場合においては、火（光）は生命であったからである。

（一九一四年二月『聖書之研究』）

人命は何ゆえに貴重なるか

これ自明理のようであって、実はずいぶん、むずかしい問題である。人命は何ゆえに貴重であるか。何ゆえに、赤子の生命は、数十万円を値するアラビヤ馬のそれよりも貴重であるか。何ゆえに、法律の前には乞食（こつじき）の生命は貴族のそれだけ貴重であるか。何ゆえに、死ぬる病人とは知りつつも、全治し得べき者と見なしてこれを看護すべきであるか。何ゆえに、わが子なればとて、もしこれを殺せば、他人を殺したと同じ罪に問われるか。何ゆえに、わが生命を奪うことなればとて自殺は極悪であるか。これ明白の真理であるが、しかし何びともよく解し得る真理ではない。

この問題に対して、普通提供せらるる解答はこれである、すなわち人類の自衛上、人命を尊重するの必要があるからであると。すなわち他人の生命を軽んぜんには、自己の生命を軽んぜらるるのおそれあるがゆえに、自己の生命を重んずる上から、他人の生命を重んずるのであると。されどもこれ、はなはだ不充分なる解答であることは、これを生涯の実際に照らして見て明らかである。人の生涯には、他人の生命を害（そこな）う方が、かえって自己の生命に利益なる場合がたくさんある。もし自衛上より言うならば、自己に敵する者の生命は、でき得るかぎりこれを芟除（せんじょ）するに若（し）くはない。そうして多くの場合において、この理からして、すなわち自衛の必要からして、戦争は起こされ、故殺、謀殺はおこなわれる。「自衛の必要」は、人命貴重の理由としてははなはだ薄弱である。

あるいは言う、これその同類的本能に存する感覚であると。牛は牛の生命を貴び、さるは、さるの生命を重んず、そのごとく、人は人の生命を貴ばざるを得ずと。しかしながら、人が人の生命を貴ぶのは、その本能性以上である。人は人命を貴重するにとどまらず、これを神聖視する。殺人罪に対して嫌悪（けんお）を感ずるにとどまらず、義憤を感ずる。わが身を害われしように感ずるのみならず、宇宙の法則の破られしように感ずる。人は人に対して同情をいだくのみならず、義務を自覚する。カイン、その弟アベルの身に関して神に答えしように、「われ、あに、わが弟の守者（まもりて）ならんや」（創世記四・九）とは、われらは言わんと欲するも得ない。同胞は同胞であるばかりではない、何か、ある他の者の代表者である。人がその生みし子を見るにあたっても、おのが子としてのみこれを見ない。大なる委託物として見る。ゆえに、これを愛するに情をもってのみしない。義務を感ずる。わが子は実はわが子ではない。われと同じだけ貴い者であって、時には自己を捨てても保護しなければならない者である。

何ゆえに人命は貴重なるか。人はその貴重なるを知る。されども神の啓示によりてのみ、よくその貴重なる理由を知る。人命の貴重なるは、これは神の生命であるからである。すなわち人は神にかたどりて造られたる者であるからである（創世記一・二六）。もちろん禽獣（きんじゅう）の生命とて貴くないではない。生命はすべて貴くある。しかしながら、人の生命は特別の意味において貴くある。すなわち、神の性を備えておるゆえに貴くある。

神にかたどりて造られたる者であるから、もちろん神ではない。されども神のごとく成り得る者である。すなわち神の子たるの可能性を備えたる者である。獣のごとく滅び失（う）することなくして、神が生きたもうがごとくに生き得る者である。馬はいかに価貴きものといえども、この性を備えない。獣はすべて今日の物である。されども人は今日をもって失すべき者ではない。この永遠の性を有する一点において、一人の乞食は千万匹の名馬よりも貴いのである。

ある人、かつて白痴教育者ジェームス・B・リッチャーズ〔注〕に語るに、ちんを教育するの、白痴を教育するにまさるをもってす。リッチャーズ、憤怒を含んで答えていわく、

卿（おんみ）は、ちんに教うるに多くの奇芸をもってするを得ん。されども余はこれらの白痴児童に永遠の神を示すを得べし

と。まことにそのとおりである。白痴の児童といえど

も、神を示さるるの一点においては、すべての動物以上である。白痴教育の必要は、これを経済の上より打算することはできない。彼らを神の子と見ざる間は、彼らのために万金を投じて彼らを教えんとするの動機は起こらない。

もちろん、神の何たるかは、自身、神を知るまではわからない。したがって人命の貴重なる理由も、自身、神を知るに至るまでは、充分に会得（えとく）することはできない。神を知ってのみ、初めて生命の貴重なるわけがわかる。真といい、善といい、美といい、これ実体的に神にありて存するものである。神を知って、最も卑しき人も非常に貴くなる。帝王よりも、学者よりも、富者よりも貴くなる。そうして、かかる最上の貴尊に達するの資格を備えておるがゆえに、すべての人の生命は非常に貴重なるのである。

人命の貴重なるは、キリストの降世とその贖罪（しょくざい）の死とによって、最も明白に人類に示された。人の生命は、宇宙の主宰なる神がそのひとり子を送ってまでもこれを救わんと欲したもうほどの価値のあるものである。人の貴重なるを知って、神子受肉の奥義の一斑を解するを得べく、また神子受肉を見て、人命貴重の理を深くわきまえることができる。一は他を解釈する。「神はその生みたまえるひとり子を賜うほどに、世の人を愛したまえり。こは、すべて彼を信ずる者に滅ぶること無くして永生を受けしめんためなり」（ヨハネ伝三・一六）と。人命の貴重なる理由を述べし言葉にして、これよりも深く、またこれよりも高いものはない。

キリストの代わりて死にたまいし弱き兄弟（コリント前書八・一一）、これが、すべての弱き人、すべての苦しめる者、すべての貧しき者を救わんとする最高最深の動機である。路頭に迷う無宿童児、警官に追い立てらるる乞食、経済的には社会に何の価値（ねうち）もなき白痴、跛者（あしなえ）、盲者（めしい）、唖者（おし）、不具者（かたわ）、これみな、「キリストの代わりて死にたまいし弱き者」である。ゆえに貴くある。彼らとても、もし聖旨（みこころ）にかなわば、信仰によりて神を見ることができ、天使のごとき者と成ることができる。彼らを害うのは、金剛石を粉砕し、名馬を屠殺（とさつ）するにまさる数層倍の罪悪である。神の像を汚す者は、神を汚したと同一の罪に問わる。人類は無意識的に人命を尊重して、

その造り主をあがめつつある。神の像、その代表者として見てのみ、人の貴い理由がわかる。ゆえに聖書は言うている、

なんじの民の間に行きめぐりて人をそしるべからず。なんじの隣人の血を流すべからず。われはエホバなり（レビ記一九・一六）

と。「われはエホバなり」と。われはエホバなり、そして人をそしり人を殺す者はわれを殺す者なりと。宗教によらざる道徳のはなはだ浅いものであることは、この一言によってでもわかる。神の代表者として人を見るにあらざれば、その生命のいかに貴いか、いかに重いかはわからない。人は、神の宮殿として貴いのである。

（一九〇六年十二月『聖書之研究』）

注　第二巻九九頁下、一七二頁、二〇五頁上参照

人の貴尊

人は人類として貴くある。人種として貴くある。国民として貴くある。家族として貴くある。個人として貴くある。帝王として貴くある。乞食（こつじき）として貴くある。代数式をもって現わさんか、

人類＝∞

一人＝∞

∴一人＝人類

である。ゆえに無限的に貴重なる人のために尽くさんと欲して、一国の大臣となるも、一人の傅輔（ふほ）となるも、その職責の軽重において、少しも違わない。おのが生みし児女を育つる母は、一国の教化をつかさどる文部大臣だけ、それだけ重要なる地位にある者である。一人の白痴童児は、一人または数人の大教育家の全精力を注いでこれを教育するだけの充分の価値があるのである。まことに一人の罪人の悔い改むる時に天において大なる喜びありというは、決して過言ではないのである。無限的に価値ある一人の罪人が、滅びずして救われし時に、大宇宙が破壊されずして完成されし時におけるがごとき喜びが、神と天使との間にあるのである。

しかり、主イエス・キリストを信じて村吏となるは、総理大臣となるだけ、それだけ貴くある。小学校の教師となるは、大学校の教授となるだけ、それだけ貴くある。

幼稚園の保姆（ほぼ）となるは、女子大学の講師となるだけ、それだけ貴くある。生蕃人の伝道師となるは、大教会の大監督となるだけ、それだけ貴くある。しかり、ナザレのイエスの弟子となりて、われらはこの世とこの世の教会とが大なりと称するものを捨て、小なりと称するものに就（つ）かんとする。われらはもちろん小成に安んぜんとはしない。われらは「さらに大いなる賜物」（コリント前書一二・三一）を慕うべきである。されども、「知者をはずかしめんとて世の愚かなる者を選び、強き者をはずかしめんとて世の弱き者を選びたもう聖父（ちち）」（同一・二七）の心にならいて、この世の小と弱とにおいて、「彼」の大と強とを全うすることをもって喜びとする。

（一九一五年二月『聖書之研究』）

＜義＞

キリスト信者の正義

聖霊の何たるかを知らない世の人はまたキリスト信者の義の何たるかを知らない。彼らは忠孝、仁義の他に神の義なるもののあることを知らない。彼らは十字架のあがないの何たるかを知らない。その人生に何の必要があるかを知らない。彼らは、神に義とせらるる事とはどんな事であるかを知らない。ゆえに彼らの眼に映ずる善良のキリスト信者とは必ず大偽善者である。自己の罪を認めながら、神の正義をもってわが正義となすキリスト信者のごときは、彼らの道徳的観念をもってしては、とうてい説明することのできないものである。キリスト信者は、彼らにとりては怪物である。そうしてこの怪物を評するに他に言葉がないから、彼らは彼を偽善者なりと称して、彼に関する彼らの不可思議を表明する。キリストの神の何たるかを知らない者は、キリスト信者の何たるかを知らない。われらは彼らに了解され得べきものではない。彼らが、もしわれらの何たるかを知らんと欲せば、われらの父なる神の何たるかを知らなければならない。キリスト、その弟子に告げて言いたまわく、「彼ら（世人）がこれらの事（これらの、ばからしき批評、これらの意味なき悪戯、迫害）をなんじらになすは、父とわれとを知らざるがゆえなり」（ヨハネ伝一六・三）と。キリスト教と孔子との絶対的区別を知らない者は、キリスト信者の正義の何たるかを知ることはできない。

（一九〇五年十月『聖書之研究』）

義の宗教

平和は貴むべくある。しかしながら、義による平和のみ貴むべくある。愛は慕うべくある。しかしながら、義による愛のみ慕うべくある。義によらざる平和は平和にあらず、義によらざる愛は愛でない、キリスト教はただに愛を教うる宗教ではない。義を満足させる愛の宗教である。それがゆえに特に貴いのである。神がイエスを立てて、信ずる者のなだめの供え物としたまえるは、その（神の）義をあらわさんため、すなわちイエスを信ずる者を義とし、なお自ら義たらんがためなり（ロマ書三・二六）という。よって知る、福音の原因が義であって、その方法が義、その結果が義であることを。義をもって始まり、義をもって終わる。それがキリストの福音である。これを十字架の福音と称するはそれがためである。十字架は神の義の表彰である。これによらずして、神の愛は臨まない。近代人は義を避けて愛を解せんとするがゆえに、真の愛を解し得ない。すべて深い愛の人は強い義の人であった。キリスト教の神は焼き尽くす火である。ゆえに、その愛は宏遠（こうえん）無量である、怒らざる、罰せざる愛は、偽りの愛である。

（一九二一年一月『聖書之研究』）

信者の義

聖書の明白に教うるところに従えば、神により、義は信者に帰せらるる（impute）のであって、吹き込まるる（infuse）のではない。すなわち、われらは義人と成りて救わるるのではなくして、罪人なるに、信仰のゆえをもって、義人として扱わるるのである。そうして義人として扱わるるの結果として、自ら努めざるに、自然と義人たり得るのである。ゆえに信者は自己（おのれ）に顧みないのである。わが罪のために十字架につけられたまいし神の子を仰ぎ見るのである。自分に罪の残るを見て失望せず、イエスにありて、わが罪の完全に除かれしを知りて喜ぶのである。何事もキリストとその十字架である。信者の善事はすべてここにあるのである。彼は自己に省みて、「善なる者は、われ、すなわちわが肉におらざるを知る」（ロマ書七・一八）といい、キリストを仰いで、「それ神の充ち足れる徳は、ことごとく、かたちをなしてキリストに住めり」（コロサイ書二・九）という。信者の生涯は戦々兢々（きょうきょう）として薄氷を踏むがごとき生涯ではない。「主、われを助くる者なれば、恐れなし。人、われに何をかなさん」と言いて進む生涯である。祝福（さいわい）の極とはこの事である。

（一九二二年一月『聖書之研究』）

義の意義

浅薄なるキリスト信者は言う、「義は、人の罪をあばいて、彼をさばくことである」と。決してしからずである。義は、人の、神と人とに対する義（ただ）しき関係である。この関係において在（あ）らずして、善き事は何事もおこなわれないのである。神は人の罪をゆるすに、義によりてゆるしたもう。人を恵むにもまた義によりて恵みたもう。彼は義の神であって、義によらずしては何事もなしたまわない。神のしもべもまた、そうである。彼もまたその主に似て、義によらずして何事をもなさない。神も神の人も、ただはゆるさず、ただは恵まない。まことに、ただゆるし、ただ恵むは、最大の不義また最大の無慈悲である。義の要求するゆるしの条件は罪の悔い改めである。恵みの条件は信頼である。絶対的の愛と称して、悔い改めざるにゆるし、信ぜざるに恵むは、愛にあらず、また恵みにあらずである。キリストの愛と阿弥陀（あみだ）の慈悲とはこの点において全然異なる。キリストに「小羊の怒り」がある。すなわち罪に対する深き嫌悪（けんお）がある。この怒りは、罪人の悔い改めによりてのみ、なだめらる。そしてその後に、完全なるゆるしと遠大なる恵みが下るのである。

（一九二三年一月『聖書之研究』）

簡単なる大福音

時々思う、最も感謝すべき事は、この宇宙はやはり正義のおこなわるる宇宙であるという事である。正義はやはり宇宙を支配する最も根本的の法則であって、正義に拠（よ）らずして、永久的の事は何も無いという。実は世に、こんなうれしい、愉快な、慰安に富める福音は無いのである。正義は必ずおこなわると。さらば俗物が跋扈（ばっこ）して、政権がその掌中に帰（き）したればとて、少しも驚きまたは憂うるに及ばない。または陋劣（ろうれつ）なる人が富を山と積みたればとて、少しも悲しみまたは憤るに足りない。正義は宇宙の法則である。ゆえに、日の照るごとに正義は実現し、風の吹くごとに正義は進捗（しんちょく）す。ただ恐るべきは、不義によりて勢力をふるい、不義によりて財を積む事である。神を信ずるまでもない。宇宙が正義の機関であると信じて、われらは躍（おど）り喜ばざるを得ない。そして世に最も愚かなる者は、この簡単なる原始的信仰をいだき得ざる者である。実にありがたいことである、正義は必ずおこなわると。われらはただ忍んで待てばよいのである。この宇宙はやはり希望に充（み）てる宇宙である。

（一九二三年四月『聖書之研究』）

美と義〔注〕

ペテロ前書一章二四―二五節
ゼカリヤ書九章一三節
八月十九日、軽井沢、鹿島の森において述ぶ

文明人種が要求するものに二つある。その一は美である。他のものは義である。美と義、二者いずれを選むかによって、国民ならびにその文明の性質が全く異なるのである。二者いずれも貴いものであるに相違ない。しか

しながら、その内いずれが最も貴いか、これまた大切なる問題であって、その解答いかんによって、人の性格が定まるのである。

国としては、ギリシャは美を追求する国でありしに対して、ユダヤは義を慕う国であった。その結果として、ギリシャとユダヤとはその文明の基礎を異にした。日本は美を愛する点においてはギリシャに似ているが、その民の内に強く義を愛する者があるがゆえに、その国民性にユダヤ的方面がある。イタリア、フランス、スペイン等、南欧諸邦は義よりも美を重んじ、英国、オランダ、スカンジナビア諸邦等、北欧の諸国は美よりも義に重きを置く。美か義か、ギリシャかユダヤか、その選択は人生重大の問題である。

美のうるわしきは、もちろん言うまでもない。ことにわれら日本人として、美を愛せざる者は一人もない。美は造化（ぞうか）の特性である。神は万物を美しく造りたもうた。花や鳥が美しくあるばかりでない。山も川も、海も陸（くが）も、空も平野も、すべて美しくある。そして単に美しいと言わるるもののみが美しいのではない。醜しと言わるるものまでが美しいのである。よく見れば、へびも、がまがえるも美しくある。岩も礫（こいし）も美しくある。物として美しくないものはない。「もろもろの天は神の栄光を現わし、大空はその聖手（みて）のわざを示す」と歌いて、われわれは造化に現われたる神の美を歌うのである。賛美歌は神の美の賛美である。美はたしかに神の一面である。美を知らずして、神を完全に解することはできない。

しかしながら美はおもに物の美である。肉体の美である。花と鳥との美である。山水の美である。水晶と宝石の美である。すなわち人間以下の物の美である。しかるにここに人間という霊的存在者が現われた時に、美以上の美が現われたのである。これを称して義と言う。義は霊魂の美である。物の美とは全く性質を異にしたる美である。そして霊が物以上であるがごとくに、義は美以上である。人間にありては、その外形（かたち）は醜くあるとも、もしその心が美しくあれば、彼は本当に美しくあるのである。預言者が、最上最大の人格者を言い表わしたる言葉に、「われらが見るべき、うるわしき姿なく、美しきかたちなく、われらが慕うべき美しさなし……われらも彼を尊まざりき」（イザヤ書五三・二―三）とある。しかもこの人が最もすぐれたる人であったのである。ソクラテスは最も醜き人であった。しかるに彼はギリシャ人中、第一人者であったのである。パウロは身長（せい）の低き、まことに風采（ふうさい）の揚がらざる人であった。しかし彼の主たりしイエス・キリストを除いて、彼よりも大なる人はなかったと言い得る。その他すべてしかりである。人間にありては、その美は内にありて、外にない。人の内なる美、それが義である。ここにおいてか義は美よりもはるかに大なる美であることがわかる。

ゴールドスミスがその名著"The Vicar of Wakefield"において言うた、「美をなす事、これ美なり」と。言葉を代えて言えば、「義これ美なり」ということである。人間の美、すなわち義は、動物や木石の美とは全く質（たち）を異にしたる美である。人間にありては、義人が本当の美人である。いわゆる美人は、低い意味においての美人である。人間が人間である以上、これはやむを得ないのである。「小羊の花嫁は、潔（きよ）くして光ある麻布を着ることを許さる。この麻布は聖徒の義なり」（黙示録一九・八）とある。聖徒の義、それが彼の美である。キリストの花嫁の美は、この世の花嫁の美とは全然違う。

この明白なる事実をわきまえずして、義の道すなわち道徳を語るは偽善者のなすことであるかのごとくに思い、自分は宗教家でないから事の善悪を差別しないと言うがごとき、これ人間が自分を人間以下の地位に置いて言うことである。文士の取り扱う問題は芸術と恋愛に限られ、道徳と宗教とは措（お）いてこれを顧みざるが現代的であると思うは、現代をもって人間の時代と見なさざる、最も誤りたる思想である。ギリシャの弱きはここにあり、ユダヤの強きは、この思想に反対したる点においてあるのである。美に足りて義に欠けていたギリシャは疾（と）うに滅び去ったに反し、義に強くして美に欠けたるユダヤは今に至るも失（う）せず、いよいよ輝きを増して昼の正午（まなか）に至らんとしている。義は、現代文士が思うがごとくにすでに過去に属するものではない。義は今になお、しかり、永遠より永遠に至るまで、世界最大の勢力である。万物の進化が逆行して、人間が再び獣類たるに至らばいざ知らず、人間が人間である以上、義がすたれて美のみが権威をふるう時のいたりようはずはない。義を追求するシオンの人々は今なお、ふるい起きて、美に耽溺（たんでき）するギリシャの人々と戦いつつある。英国の大思想家マッシュー・アーノルドは言うた、「人生の問題の十分の九は正義の問題である」と。しかるに日本今日の思想家は、正義はこれを問題の外に追い出して、ただ芸術と恋愛とのみを語っている。実に恐るべきことである。

　義は美以上である。しかし義は決して美を退けない。義は美と両立しないように思うは大なるまちがいである。真個（ほんとう）の美は、義のある所においてのみ栄える。世界第一流の芸術家は、きわめて少数の者を除くのほかは、すべて義を愛する人であった。ラファエルも、ミケランジェロも、レオナルド・ダ・ヴィンチも、すべて義に強い人であった。世界第一の劇作家は言うまでもなくシェークスピアである。そして彼の強い道徳的方面を見ずして、彼の劇を解することはできない。作曲家として、ヘンデルも、メンデルスゾーンも、ベートーヴェンも、ことごとく神を畏（おそ）れ義を愛する人であった。天主教徒がプロテスタント教徒を非難する時に、常に後者における芸術の欠陥を指摘するが、しかしプロテスタント教徒はその芸術において、少しも天主教徒に劣らざるのみならず、多くの場合において、後者の達し得ざるところに達する。レンブラントのような画家は天主教国においては起こらない。

（一九二三年十月『聖書之研究』）

注　「宗教と実際生活」（三九頁）および「背教者としての有島武郎氏」（二二二頁）参照。

宣教師

宣教師と余輩

　余輩ははばからずして言う、余輩は宣教師を好まないと。彼らの中に多くの良き人がある。しかし余輩は二、三の人を除いては、いまだ彼らの間に広き人を見たことがない。すなわち、正直なる信仰とあれば、いずれの信仰なりといえども、心の奥底よりこれを尊敬する人を見たことがない。宣教師といえば、たいていはキリスト教の宣教師ではなくして、ある教会すなわち教派の宣教師である。彼らは各自、おのが所属の教会より送られて、その俸給を受けて、われらの間に宣教する者であるゆえに、彼らがおのずから、真理のためを思うよりも、おのが教会のためを思い、われらをこれに引き入れんと努むるは、人情として、あえて怪しむに足りない。彼らにとりては、人が罪を悔いてキリスト信者となることは、さほどに喜ぶべきことではない。彼らにとりて最も大切なる事は、われらがキリスト信者となりて、彼らの教会に入ることである。

　余輩はもちろん自由を重んずる。そして自分の自由を重んずる者は他人の自由をも重んずるのである。しかるに余輩の遭遇せし宣教師の多数は、自由のこのA、B、Cをさえ知らないのである。余輩は幾たびか、余輩の面前において余輩の信仰をあざける宣教師を見た。

　ゆえに余輩は明白に言う、余輩は終生、宣教師の仲間に入らざらんと欲する。そうして余輩の子供もまた、これを彼らの手にゆだねざらんと欲する。余輩にもし二十人の子があるとするも、余輩はその一人をも宣教師学校に送らざらんと欲する。余輩は自由なるキリストの福音のために、宣教師に対し、この態度を取るのである。

（一九一四年十月『聖書之研究』）

教会と宣教師*

外国宣教師のわれらに来たるは、われらを庇保（ひほ）せんがためなり。われらの上に教権をふるわんがためなり。一言もってこれを言わんか、われらを彼らの宗旨に引き入れんがためなり。われらの同輩または友人たらんがためにあらず。もちろん、われらのしもべとなりて、われらの足を洗わんがためにあらず。彼らがかつて政治的になりとも国民を救いし例（ためし）ありや。彼らはハワイを救いしや。彼らはビルマを救いしや。マダガスカルはいかに。ペルシャはいかに。インドはいかに。彼らがシナを救い得るの希望ありや。彼ら、いずれの時にか、道徳的にまたは心霊的に日本を救い得べき。われらは信ず、キリストの福音は、すべて信ずる者を救うの神の能力（ちから）なるを。されども、われら、神の恩恵により自身を救うにあらざれば、われらは救われざるべし。しかり、外国の教会と宣教師とによりては決して救われざるべし。

（一九一六年四月『聖書之研究』）

宣教師と国語*

余輩の知れる英米の宣教師にして、日本に留まること、あるいは二十年、あるいは三十年、あるいは四十年にして、しかも今なお尋常卑しからざる日本語をさえ話し得ざる者がある。彼らは余輩との交際において、あたかも英語は日本国の官語であるかのごとくに、気ままに、かつ何の恥ずるところなくして、彼らの手前勝手の英語を用いるのである。宣教師の日本語の読書力はほとんど皆無である。彼らの中に邦語の新聞紙を読み得る者は、百人中一人とはあるまい。そうして日本文をもって普通の日本文学を読み得る者とては、余輩はその一人だもあるを知らない。事実かくのごとくであれば、彼ら宣教師が日本人を解し得ざるは、あえて怪しむに足りない。彼らはその半生をこの国に送りて、今なお、われらの真（あか）の他人として存（のこ）るのである。宣教師がわが国語を軽んじて、これを修得せんと努めざるその事が、彼らが真（まこと）の心をもってわれらの霊魂を愛せざる何よりも確かなる証拠である。

（一九一六年七月『聖書之研究』）

宣教師大会

十月二十四日より一週日の間、東京なる神田青年会館において、日本在留新教諸外国宣教師の大会ありと聞き、余輩もその中のある一人を訪問せばやと思い、一日、これに参会せり。日本にありて四百余名の外国人が一堂に会するを見るは、はなはだ、まれなることなれば、余輩もこれに臨んで一種異様の感をもって打たれたり。余輩と同一の信仰を有する外国人にして、かくも多教人がこの国に在留するかと思えば、うれしくもあり、されども彼らの中に余輩の友として呼ぶべき者は一手の指をもって算すべきを思うて、また、はなはだ悲しくもありたり。されども余輩の便益の有無にかかわらず、イエス・キリストの教えのこの国にひろまらんがためのこの会合なれば、余輩はひそかに心の中に、神の祝福のその上に加わらんことを祈りたり。

（一九〇〇年十一月『聖書之研究』）

清秋雑感

余は常に思う、余にもし二十人の子女ありとするも、余はその一人をも宣教師学校に送らざるべしと。宣教師は信者を作らんとする。ゆえに作り得ないのである。信者を作り得ないのみならず、最大の偽善者を作るのである。自分は偽善者なりと知りながら偽善をおこなう者は、その偽善を悔い改むる機会がある。しかしながら、自分はりっぱなる信者であると思いながら、偽善を偽善と知らずして、おこなう者が、その偽善を認めて排斥せんとするに至るは、ほとんど望むべからずである。そうして宣教師は信者を作らずして、信者の役者を作って、悔い改めの機会最も少なき第二種の偽善者を作るのである。かかる信者は、よく歌い、よく祈り、よく勧（すす）め、よく泣く。されどもイエス・キリストの心に至りては、彼らはその初歩をも知らないのである。人の心霊上の危険にしてこれより大なるものはない。パウロのいわゆる「敬虔（つつしみ）のかたちあれど、実は敬虔の徳を捨つ」（テモテ後書三・五）とは、この種の心的状態をさして言うたのであると思う。信仰のかたちありて信仰の実なき者、信仰を芸術として習得して、信仰そのものを実得せざる者、信仰を社会の舞台に演ずる者、信者の役者、これ宣教師学校の作る、いわゆる「信者」である。余は余の子女がかかるキリスト信者たらんよりは、むしろ純然たる不信者たらんことを欲する。不信者を信者となす希望がある。しかしながら信者の役者を真正（ほんとう）の信者と成さんことは、ほとんど不可能であると言いてさしつかえがない。今日まで最も多く余を悩ました者は、無神論者でもない、偶像信者でもない、宣教師学校にありて「信者」とせられし「信者」である。彼らは信仰について万事（すべて）を知っている。ゆえに何も知らない。彼らは余の兄弟であり姉妹であると思うている。されども彼らは余の最悪の敵である。余がきらい忌む者にして彼らのごときはない。余は彼らと信仰の根底を異にしている。まことに習慣的にキリスト教を学びてこれを異教徒に伝えんとする外国宣教師に子弟を委託するにまさる危険はない。これ霊性の破壊である。余は多くのつらき経験をなめし結果として、この不祥事を表白せざるを得ない。

多くの浅薄なる偽りのキリスト教に接触して、余は旧（ふる）き日本道徳を慕わざるを得ない。余は時には叫ぶのである、I would ratherbe a heath en than be a Christian（余はむしろキリスト信者たらんよりは、むしろヒーズンたらん）と。しかしながら余はキリスト信者として余の生涯を終わるであろう。欧米の似非なるキリスト信者にならわずして、キリストと彼の直弟子（じきでし）に従いて、単独にして厳正なる信仰の道をたどるであろう。哲人キェルケゴールにならい、万やむを得ずんば余一人だけなりとも真正（まこと）のクリスチャンたらんとの覚悟をもって、余の最善（ベスト）を試むるであろう。偽らざる日本道徳の上に、固きキリスト教の信仰を築くであろう。日本武士がキリストのしもべと成りし者と成るであろう。米国の商人や労働者が宣教師となりてわが国に伝えしキリスト教を信ずることなくして、武士らしきタルソのパウロが伝えし武士的キリスト教の誠実なる信者たるべく努力するであろう。宣教師的クリスチャンたるは、日本人として恥辱この上なしである。

（一九一九年九月『聖書之研究』）

宣教師と英文雑誌

東京の郡部に、ある雑誌店がある。そこへ、その附近に住む、ある外国宣教師が雑誌を買いに来る。ある日のことであった、彼が店頭に見えしときに、主人が、余輩発行の英文雑誌 "The Japan Christian Intelligencer" を示し、その購読を勧めしに、その宣教師は答えて言うた、「私、一冊もらって読みました。悪い雑誌あります。しかし買います。毎月送ってください」と。「悪い雑誌あります。しかし買います」と。余輩自身にとりては、買うて読んでもらえば、きらわれても憎まれてもかまわないのである。実に不思議の現象である。

これに類したることを、ある他の宣教師が言うたとのことである。「われらはすべて内村氏を好まない。しかしながら彼の書いたものは読まずにはおかれない」と。「好まない。しかし読む」と。読んでさえもらえばよい。余輩は特に注意して、宣教師に対しては広告をなさない。もちろん勧誘を試みない。しかるに彼らが、余輩をきらいながらも読んでくれるとはありがたい。

しかしながら、すべての宣教師が余輩の敵でない。彼らの内に少しは余輩の言葉の底に余輩の心を読んでくれる者がある。そして、かかる少数者は余輩の味方であり、また同情者である。余輩は宣教師を拒絶せんと欲する者でない。異教徒に対する彼らの態度を改めてもらわんと欲して、そのために努力する者である。今日、余輩を蛇蝎（だかつ）のごとくにきらう英米の宣教師は、後の世において、余輩が彼らの最も善き友人であったことを認めないともかぎらない。（一九二六年八月『聖書之研究』）

批評の標準

ある人が、ある宣教師学校の文科の教授に、明治、大正の著作にして後世に伝わるものは何であろうかと問うたら、教授は答えて言うた、「独歩または夏目氏の作であろう」と。内村の作はいかにと問うたら、彼は言うた、「さぁ、あれは狭い所でやっているので、世間に広く行き渡らずに終わるであろう」と。余はこの問答をある人より聞いて、はなはだ喜んだ。聖書には明らかに書いてある、「狭き門より入れよ。滅びに至る道は広く、その門は大なり。これより入る者多し。生命（いのち）に至る道は狭く、その門は小さし。その道を得る者まれなり」と。キリストの弟子の立場より見て、狭い事、多くの人に読まれざる事は善き事であって、感謝すべき事である。されども宣教師、ことに米国宣教師の伝えしキリスト教は、これとは正反対のことを教うる。彼らにとりては、多数の賛成は真理唯一の証明である。彼らは多数の声、これ神の声なりと信ずる。余はかく言いて、余の著作に永久的の価値があると自ら信ずるのではない。余は教授の批評は正鵠（せいこう）に当たりたるものであると思う。しかしながら注意すべきは彼の批評の標準である。これ全然米国式である。宣教師式である。某々の書は何十万冊売れたり、ゆえに大著述なり……とは、宣教師ならびに宣教師的信者の口より軽々と流れ出づる言である。そうして余輩、宣教師ならで、直ちに聖書より、または宣教師のきらう、または宣教師をきらいし、トマス・カーライルよりキリスト教を学びし者は、彼らと全然批評の標準を異にせざるを得ない。この点においては、余輩はニーチェに同情して、宣教師に反対する。ニーチェの著作は、彼の在世中、ごく少数の読者によってのみ読まれた。そのあるもののごときは、わずかに七十部を印刷して、その半数以上は読まれなかったとのことである。しかもニーチェの著作は後世に残った。そうして当分残るであろう。ニーチェと宣教師、その剛勇なる、その非俗的なる点において、余は宣教師よりもはるかにニーチェを愛する。余と主義、方針を異にする者にして宣教師のごときはない。ことに近来、米国より送りこさるる宣教師に至っては、余は彼らと何らの一致点をも発見するあたわざるを悲しむ。現世は顧るに及ばず、ただ来たらんとする神の国と、その義とをのみ追い求むべきである。

（一九一八年二月『聖書之研究』）

宣教師問題*

余はたびたび次の問題について余の意見を徴せらる。

いわく、「われら宣教師は日本に留まるべきや、または去るべきや」と。余は直ちにこれに答えて言う、「もし諸君にしてこの問題につき疑念(うたがい)をいだくならば、諸君はよろしく、すみやかに日本を去るべし。余の解するところに従えば、キリスト教伝道は確信の事にして、意見の事にあらず。クリスチャンは、神が留まるべしと命じたもう時には留まり、去るべしと命じたもう時には去る。クリスチャンは人の意見によりて留まりもせず、また去りもせず」と。余の見るところをもってすれば、この問題は要するに、ばからしき問題である。余は多数の宣教師が、かくのごとき、ばからしき問題に彼ら自身を悩ますを見て驚くのである。しかるに余の聞くところによれば、この問題は彼らの間に討議せられてすでに数年にわたり、そうして今になお的確なる解答を見ざるという。宣教師の間に知者は一人もいないのであろうか。

(一九二三年九月『聖書之研究』)

貴君は何ですか？

ある英国の老宣教師は私に問うて言うた、「貴君(あなた)はいったい何ですか？」と。その意はけだし「貴君は聖公会にもあらず、長老(日基)にもあらず、メソジストにもあらず、組合にもあらず、バプティストにもあらず、プリマスにもあらず、いったい何ですか」というのであった。この問いに対し、私は老宣教師をオッフェンドする(気持を悪くさせる)のがいやだから、ただ「私はクリスチャンであると思いますが、しかし……」と答えた。今始まったことではないが、外来いずれの教会にも属せざる日本独立キリスト信者の立場を、外国のキリスト信者、ことに宣教師に説明することの困難なるは実に大なりと言わざるを得ない。

貴君はいったい何ですか？　しかり、人であります。日本人であります。自分はキリストの弟子であると思うていますが、教会の人たちで、しからずと言う者あるを、私はよく知っています。あるいは私は信者でないかも知れません。不信者で、地獄へ行くべき者であるかも知れません。しかし私にはどうしても、欧米いずれの教会にも属することはできません。私はただイエスを信じます。できないながらも、彼の御教えに従って生涯せんと欲します。私はそのほかに、教会や宣教師たちにキリスト信者として扱ってもらいたき意志は毛頭ありません。「貴君は何ですか?」日本人です。武士の子です。ゆえに、卑しい事はできません。外国宣教師の給与するパンを食うて生きていることはできません。よし地獄へ落ちても、できません。（一九二九年十一月『聖書之研究』）

仙台東華学校外国教師総辞職につき余が感を述ぶ

去る明治二十一年（一八八八年）、余の米国より帰朝するや、当時、越後新潟において設立せし北越学館より数回の招聘（しょうへい）をこうむり、ついに辞するを得ずして、まず校況実視のために該地に赴きたり。時に米国組合教会宣教師「スカッダー」氏父子、オルブレッキ氏、ニューエル氏らすべて十余名、該校の教授に従事せらる。時の館長加藤勝弥氏、幹事阿部欽次郎氏ら、余に告げていわく、北越学館は北越有志者の設立ならびに維持によるものにして、その目的は、キリスト教主義をもって高等普通教育を施すにありと。余その言を聞くや、一聞もって事の艱難（かんなん）なるを悟れり。余、米国にありて伝道会社の目的および方針は、ほぼ知るを得たり。今、十余名の宣教師諸氏の無給にて学館教授に従事せらるるは、もちろんキリスト教伝道をなし得らるると信ずればなり。しかるにいわゆる北越の有志者とは、その宣教師より得べき普通の教育を求むる者にして、キリスト教はむしろ意に介せざる者なり。簡略に言わば、宣教師は、なるべくだけ宗教の勢力強からんことを願い、設立者は、なるべくだけ、これの弱からんことを望む者なり。すなわち両者の注文は全く趣きを異にして、この中間に立つ教師こそ実に艱難の位置と言うべけれ。ゆえに余は有志諸氏に告ぐるに、余のその任に不適当なるをもってし、もし余にして教頭の任に当たらば、遠からずして大波瀾（だいはらん）の校内に起こらんことをもってせり。しかるに館長その他の人士、余を勧めてやまず。よって試みに一カ年間、仮教頭の位置を保たんことを約せり。

余の職に就（つ）くや、余の予想せし艱難は目前に堆積（たいせき）せり。生徒中には信徒、不信徒の軋轢（あつれき）あり、設立者はしきりに校内より宗教の臭味を去らんことを勧告するあり、その他、名状すべからざるの難事ありて、余は不覚にも教頭の位置を受けしを悔いたり。有志者を満足せんか、信徒ならびに宣教師諸君の攻撃をいかにせん、宣教師を満足せんか、誰にたよりて学館の後来を計らんやと。余の位置は実に両人の主に仕うるものにして、一つを喜ばせば、一つを怒らす。進退不自由、束縛をきわめたり。よって、ついに意を決し、明白に余が意見を草し、これを発起人諸氏に送れり。いわく、北越学館をして隆盛ならしむるには、全く外国伝道会社との関係を絶つに若（し）かずと。時に量らずも生徒諸氏多数の賛成を得しかば、事、大いに物議を起こすに至れり。

かくのごときの意見はもちろん宣教師諸氏ならびに信徒社会より激烈の反対をこうむりたり。いわく、内村は政事社会に雄飛せんがために、自由党と結合してその厚意を買わんため、かくのごときの意見を呈出せりと。いわく、内村は米国在留中は信徒の仮面をかむり、帰国するや否や、その悪魔の真相を現ぜりと。故新島氏のごときも、氏にあるまじき書を寄せられて、余を詰（なじ）られたり。余は当時、弁疏（べんそ）の無益なるを知れば、余の心事は全能の神に任せ、なるべくだけ黙しおれり。心ひそかに思えらく、余を弁ずるものは時と事実ならんと。事ついに名状すべからざるの混雑となり、余は五カ月を経て新潟を去れり。発起人諸氏より余の辞職を受納せらるべき電報達せし時は、余は実に苦界より救われしの感ありて、感謝の祈禱を主にささげたりき。

宣教師の英語と学力とを無給にて利用するために、学校を挙（あ）げ伝道の一機関とするは、これ雇う者にとりては卑劣手段と言わざるを得ざるのみならず、世に対し、おのれの心に対し、潔白男子のいさぎよしとするところにあらざるなり。また学校整理上より言うも、宣教師を迎えて無報酬の労力を得るの利は、世の嫌疑（けんぎ）を招き信用を薄くするの害に比すれば、利害いずれぞや。また宣教師諸君のために計るに、かくのごとき学校において諸君の天職を満たさんとするは、決して策の得たるものにあらず。諸君のいわゆるキリスト教主義の教育を施さんとなれば、よろしくキリスト教外の有志者にたよらずして、純然たるミッション・スクールを起こすに若かず。これ、かえって世の信用を博する方なりと信ず。確か老スカッダー氏なりと信ず、日本に向かって米国、ボストン府を去るの夕べ、氏の友人に告げていわく、今やキリスト教伝道上、一大新期限の開きしあり、日本においてはいまだキリストを知らざる者、資金を投じてキリスト教学校を起こし、キリスト教の伝布を助けんとす……と。ああ氏の夢想は実に空中の画楼なりしことを歎ず。日本はいまだ氏の想像せし進歩に達せざりしを悲しむ。日本人は宣教師諸君の英語を欲するなり。そのキリスト教は意に介せざるなり。スカッダー氏の一大新期限はいまだ達せざるなり。

爾来(じらい)、余は北越学館の職員に会するごとにその景況を尋ぬるに、余を苦しめし大難事はいまだ最終の解題に達せざるがごとし。余の同館のために配慮するところ(余計なる心配なるべけれども)は、もし今日にして一刀両断の処置に出づるにあらざれば、ついには伝道会社の補助(労力上の)も、北越人士の信用も、二つながら失わんことを恐る。

『基督教新聞』第四百二十八号寄書に、仙台東華学校外国教師デフォレスト氏の、同校外国教師総辞職に関する告白文あり。余、これを読みて、うた惨然(さんぜん)たり。同校もまたついにこの決断を施すに至りたるかと。されども、これ今日伝道会社の方針より言うも、わが国教育の方向より言うも、やむを得ざるの決断と言わざるを得ず。東華学校はこれによって、善良なる英語教師を失いしなれども、また整理上、幾多の便益を得しならんと信ず。宣教師諸君は多年補翼せし学校より分離を歎ぜらるるならんなれども、爾来(じらい)遠慮なくキリスト教を世人に伝うるの自由と快楽を感ぜらるるならん。また一方より言わば、聖書を教科書として用いず、祈禱、説教を公然とせざればとて、キリスト教を学生に伝うるの道は絶えたりと言うべきにあらず。真実の親切、丁重なる教授法は、伝道上、大いに益あるものなり。余輩、今より東華学校の、東北地方の知識ならびに道徳の中心として、力あるものとならんことを信ずるなり。

(一八九一年十月『基督教新聞』)

解説

本巻は宗教、摂理、奇跡、律法、さばき、祭司、預言、預言者、予定、聖召、神学・教義、安息日、礼典、神癒、異端、背教、人および宣教師に関する論文、文章、講演など一〇五編を集め、必要に応じて各項目をさらに小項目に分類して、編集したものである。

項目	編数	項目	編数
宗教（〈宗教とは何か〉以下一一項目に分ける）	三九編	聖召	一編
摂理	一	神学・教義	一三
奇跡	二	安息日	一
律法	一	礼典	五
さばき	二	神癒	三
祭司	一	異端	一
預言	三	背教	二
預言者	二	人（〈人の本性〉以下四項目に分ける）	一七
予定	一	宣教師	一〇
		計	一〇五

ただしこれらの項目に関連するもので、編集の都合上、他の諸巻および『内村鑑三聖書注解全集』に収録されているものがたくさんにある。これらの関係については第二五巻の索引および本解説を参照されることを望む。

本巻の諸編は一八九一年（明治二四年、三十一才）十月から一九三〇年（昭和五年、七十才）二月（永眠の前月）までの三十九

年間に『聖書之研究』その他に発表されたもの、および遺稿からなる

『聖書之研究』	八九編
『東京独立雑誌』	七
『六合雑誌』	一
『基督教新聞』	一
『国民之友』	一
『万朝報』	三
遺　稿	三
その他	二
計	一〇七

備考　一、「遺稿」の中の一編は「摂理のこと」（一一八頁）の付記（一二九頁）である。
二、「その他」は単行本の中に発表されたものであるが、その中の一編は「宗教と農業」（八七頁）の後半部の「同上講演筆記」（九三頁）である。

これらの諸編は筆記者の手になる二編を除き、すべて著者自身のペンになる。

本巻の一〇五編中、長文の論文態のものはきわめて少なく、大部分は比較的短かい感想態のものか、あるいは説教・講演態のものである。ゆえに学術的な、あるいは組織的な宗教論、神学論、教義研究などを本巻に期待する者は大きな失望を覚えるであろう。しかしこれは著者の怠慢の結果ではない。もちろん無学、無識のためではない。著者の宗教観、神学・教義観に基くものである。著者にあっては、救われた結果として宗教があったのであって、宗教を学んだ結果救われたのではない。また信じた結果として神学や教義が生まれたのであって、神学や教義を究めた結果信じたのではない。すなわち著者は、後述のとおり生来この種の問題を扱うのに不適当な素質の人であったというだけでなく、この種の問題を自分の信仰や救いと離れて学問的に、あるいは理論的に扱うことに耐えられ

なかったのである。宗教も神学も、著者にとっては自分の霊魂と信仰の生死にかかわる神聖な大問題であって、従って宗教のために宗教を論じ、神学のために神学論をもてあそぶようなことは著者には死んでもできなかったのである。

かくて著者の宗教論や神学・教義論は実は著者の信仰の表白、確信の宣明となるのである。本巻の諸編が大部分きわめて短い形をとり、その文意がきわめて簡潔、鮮明であり、その論旨がきわめて痛烈、深刻であるのはこのためである。このことは既巻の教理編の諸巻においても全く同じであるが、本巻では特に顕著である。

このことは同時に、著者が宗教、神学、教義などの諸問題を学者や専門家の手から平信徒の手に奪還したことを意味する。著者は平信徒の一人としてこれらの問題に対処し、これらの問題を平信徒の信仰と信仰生活のための問題として論じ、語り、また信仰の実践のために解決したのである。神学や教義の問題をば、平信徒自身が近づき、究め、解し、実践し得るところの、平信徒自身の問題たらしめた著者の功績は偉大である。

かくて本巻の諸編はみな、著者の信仰と信仰生涯とからあふれ出たところの、苦闘と体験と、祈禱と生命と確信との記録である。すべてが涙と汗と血とをもってつづられたものばかりで、そこには、一句一行の末にいたるまで空理や空論はその影をさえとどめない。すべて、直ちに問題の核心に迫まり、明確にその真髄を把握し、確信をもってそれを端的に、明快に、かつ痛烈に語り、どんな平信徒をも納得させ、共鳴させ、心の底から彼らを慰さめ、励まし、力づけずにはおかないものばかりである。これは餓えかわくように義を慕い求める人々のために、生きた宗教と、生きた神学と、生きた教義とを語る一巻である。

宗教　〈宗教とは何か〉の三編は著者の宗教観の根幹を語るものである。

「宗教とは何ぞや」（一三頁）との問に答えて

宗教とは内的生命である（一三頁下）

> 人には外的生命のほかに内的生命がある。肉体の生命のほかに霊魂の生命がある。この世の何ものをもってしても与うることのできない生命がある（一四頁上）

とし、

> そうして、これあるがゆえに人は特別に貴いのである。財産を奪われ、名誉を剝（は）がれ、よし健康を失いても、なお、のこるものがある。それが内的生命である。そうしてそれを与うるものが宗教である（一四頁上）

とする。これはいかにも当然のことを当然に語っているように見える。しかし、それではその宗教とはどのような宗教か、またどのようにしてその内的生命が与えられるのか、という問題となると、著者は驚くべき発言をもって読む者をおどろかせる。

> ゆえに宗教は、〔第一に〕この世に在（あ）るものであって、この世の属（もの）でない。〔第二に〕直ちに神より人の霊魂に臨むものであって、政府も学府も、しかり教会も寺院も、与うることのできるものでない（一四頁上）

第一に、内的生命を与える真の宗教はこの世に在って、この世の属ではない。ゆえにこの世の哲学、思想、知識、あるいはこの世の経済、社会、政治、あるいはこの世の世界平和策、人類救済策などとは関係のないものである。第二に、内的生命は神が直接に人の霊魂に与えるものであって、この世の何者も、何物も与えることのできるものではない。この二つが著者の信じる真の宗教の本質であって、著者は終生この二つをしっかと信じとおし、またこの二つに生きとおしたのである。著者が若き日に祖国日本をキリスト教で救おうとの志を立てながら、政治運動や社会改良運動のような外的活動を一切しりぞけてただ福音の宣伝にのみつとめ、それらを福音の敵と見なしていたのはこのためである。また、著者が終生を福音の伝道にささげながら、ついにいずれの教派にも属さず、教会をも造らず、自分の唱えだした主義（いわゆる「無教会主義」を含めて）をさえ否定し、ただ福音を唱えるだけで、信者を造り、集め、組織し、指導し、牧し養おうなどとしなかったのもこのためである。著者は人をして霊に目ざめさせ、信仰を起こさせ、人を信者とし、人を救い、人の信仰を養い育てることは全能の神のみがよくなしうることであって、教会にも寺院にも、法王にも監督にも、牧師にも教師にも、絶対に不可能であると確く信じていたのである。信じていただけでなく、文字通りその信仰に生きていたのである。内村鑑三の信仰と事業とは、この二つにつきているのである。

このような宗教観は、本質的にも実際的にも、社会通念に反するものである。ゆえに著者は、キリスト教は宗教にあらず、とくり返えし言うのである。そしてそのために、著者はすべての人（教会者を始め彼自身の弟子までを含めて）から理解されず、誤解され、謎とされるのである。著者が終生、死に至るまで孤独であったのはこのためである。しかし著者のこの宗教観こそは、宗教の本質と使命とを最も純粋に、最も正確に、そのままに伝えるものである。そして

世にもし純然たる霊的宗教ありとすれば、その新約書が伝うるキリスト教を除いて他にないのである（一五頁上）

として、キリスト教を最も霊的に伝えたのである。著者のキリスト教とその伝道とにあふれる生命と力との秘密は、実にこの一事にあったのである。著者はキリスト教を完全な霊的宗教たらしめた人として、キリスト教史上に永久に輝く功績をのこしたのである。今日以後のキリスト教は、内村鑑三と彼のキリスト教とを別にしては、考えることはできないのである（第一五巻「キリスト教」および第一七巻「伝道」を参照）。

「本当の宗教」（一五頁）は外形的儀式、社交的習慣、瞑想、交霊、魔法、神癒、あるいはいわゆる奇跡の類ではなく

常識の人が常識をもって解し、感じ、実行し得る事である（一七頁上）

ゆえに

宗教はこの世の事ではないが、この世に関係の無い事でない。この世にきらわれながら、深く強くこの世を感化するものである。世に実は宗教ほど確実なるものはないのである（一七頁下）

これが本当の宗教である。それではこの本当の宗教は何から成るのであろうか。第一に本当の神、第二に聖書がなくてはならない。この二つのない宗教なるものは、実は宗教ならぬ宗教であって、よし一時的に流行することがあっても、やがては消え失せるものである。

「宗教談」（一九頁）は『東京独立雑誌』に発表されたものできわめてアイロニカルな語調のものであるが、しかし著者の宗教観はきわめてハッキリと語られている。すなわち著者は教会に出席せず、いわゆるキリスト教界の外にありながら神と聖書と奇跡と正義とを信じ、世界中で最も良き宗教は善をなす宗教であり、キリスト教こそそれであると確く信じていることを明らかにする。前掲の二編とあわせて、著者の宗教観を、キリスト教との関連において語ってあますところがない。

〈宗教の必要〉以下の各項の各編は、以上の宗教観に基いて宗教および宗教に関連する諸問題を明らかにする。

「宗教の必要(一)」（二二頁）は人は人なればこそ宗教の必要があるのであり、その宗教は真正の宗教、すなわち正義を実行するものでなくてはならぬとし、

吾人、宗教を要するゆえんは正義をその粋において求めんがためなり（二五頁下）

と結論する。著者三十五歳の時の作である。

「宗教の必要(二)」（二五頁）は

これ〔宗教〕は実に人生の必要物ではありませんか。人は実に宗教を信じなくとも何の不都合なく、この世を渡ることができますか（二七頁上）

と設問し、宗教が人という人すべてに必要であるゆえんを、第一に正義の習慣をつけ、第二に正義を行う力を与え、第三に信義を重んずる人たらしめるという宗教の実益に求めたものである。

「宗教とその必要」（三三頁）は宗教は人の内的生命であり、内的生命は内なる友なしには営み得ぬものであり、従って宗教は儀式でも宗義でもなく、この内的生命を供給するものであり、死の問題を解決するものであるとす

る。そしてその中で著者は次のような著しい発言をする。

宗教とはかかるものであれば、すなわち、わが内に永久的実在者を迎えて、そこに内的生命を営むことであれば、伝道といい布教というのは、人にかかる実在者を紹介して、各自をして、その内心において、物を離れ、世に超越したる生命を営ましむることである。かくて伝道は教勢拡張ではない。他の宗教を壊（こぼ）ちて、おのが宗教を扶殖することでない。伝道は内的生命の供給である。そうして生命は、儀式でもなければ宗義でもなければ、教会寺院などと、となえらるるこの世の勢力団体でもない。生命である。人のこれにいかなる名を附するとも、そはその人の勝手である。真の宗教家は名をもって争わない。仏教というもの、必ずしもキリスト教の敵でない。信仰の対象物をキリストに取るも、阿弥陀仏（あみだぶつ）に取るも、各人の自由である。要は、その営む内的生命の確実、旺盛（おうせい）ならんことである。その、まことに世に勝つの能力（ちから）たらんことである。……もし仏教にしてかかる生命を起こさしむるに足るならば、仏教もとより可なりである。神道にしてその宗教的使命を果たすに足るならば、神道もとより可なりである。宗教の事においては、この世のすべての事におけるがごとく、問題は実力問題である（三七頁上）

驚くべき大胆な断定である。このために著者は、これは余りにも自由に過ぎ、寛大に過ぎて、キリスト教の精神にもとるものである、神秘主義者である、ユニテリヤン的である、いな異教的でさえある、これはキリスト教ではないと、生涯誤解され、非難され、弾劾されとおしたのである。しかし著者は若き日から終生、この精神に立って動かず、いかなる非難、攻撃にもゆるがなかった。（「宗旨ちがい」（七四頁）、山本泰次郎著『内村鑑三の生涯』〈ベルへの手紙〉（角川文庫版）四〇、六〇頁、第五巻一二三、二四四頁参照）。まことにこれこそは、著者が自由と真理とを愛することにおいていかに強く、神とキリストと福音とを信ずることにおいていかに深かったかを語るものであって、内村鑑三の真面目である。著者の無教会主義も、実はこの精神にほかならないのである。これさえなければ、著者は誤解人物とならないですむのである。しかしこれがなくなれば、内村鑑三は無いも同然の人となってしまうのである。内村鑑三を知り、解するためのCrux（クラックス）である。

「宗教と実際生活」（三九頁）は人の生命は一つでなく二つであり、人は一つの世界でなく二つの世界に住む者であり、宗教はその一つなる霊界における霊的生活のために必要であることを強調したものである。これは有島武郎の情死自殺事件の直後に語られたもので、当日の日記の中に左のように記されている。

（略）自分は彼女（羽仁もと子）の後を受けて「宗教と実際生活」との題目の下に述べた。いかなる感動を与えたかは知らざれども、聴衆の一人なる若い婦人が、後で或る人に向かって、「あれでは自殺はできませんねー」というたとのことを聞いて非常に嬉しかった。本当の宗教を信じて、近頃流行する自殺は絶対的に不可能である。今や全力をそそいで、自殺防遏（ぼうあつ）を計らねばならないと思う。

後出の「背教者としての有島武郎氏」（二二二頁）および「美と義」（二六二頁）とあわせ読まれたい。

〈宗教の使命〉「大疑問とその解釈」（四六頁）は宗教の使命は悪人を善人とすることではなく、善、悪の差別をハッキリさせることであり、人がキリストに接してもし己の罪をさとってその苦痛を感じればその人は善人であり、もしキリストに救われようとせずに他人を救おうとし、自分の罪に泣かずに他人の罪を指摘すればその人は悪人である、

ひっきょうするに、善人は自己を悪人と認むる者であって、悪人とは自己を善人なりと信ずる者である。宗教そのものが大悪人の巣窟（そうくつ）である……悪人は教会の中に多く在（あ）る。しかり、聖書の言に照らして見ても、最大の悪人はキリスト信者として存在することがわかる。いわゆるアンチキリスト……とは、公然とキリストに敵する者ではない。アンチキリストとは、キリストをまねる者である（五〇頁下）

とする。実に深刻であり、痛烈である。しかし実によく著者の精神を言いつくしている。

「宗教の本領㈠㈡㈢」（五〇、五二頁）は宗教の本領は第一に神、霊魂、永生であり、従っておのずから個人的であり、第二に人と神とであり、従って真の宗教家は人事に立ち入らず、第三に人生の苦痛、特に死の苦痛を慰めるに

あるとする。次の「人生終局の目的」（五三頁）と共に、著者の立場を語ってゐますところのないものである。

〈宗教の要素〉「宗教の要素」（五五頁）は霊魂の救い、罪の赦免（ゆるし）、永生の獲得であるとし、いかなる非戦論も、経済的関係も、世に戦いをなからしむることはできぬ。戦争のやむ時は、人が来世の望みを明らかに持つ時である（五八頁下）とする。これは注目すべき言である。著者は一時熱心に社会改良運動に従事した。激烈な非戦論者であった。しかしそれによって人と世とを救い得るとは絶対に考えなかった。ゆえに決してそれらの運動に専念せず、ひたすら聖書を説き、福音を唱えた。そして最後に再臨信仰をえて始めてその信仰とキリスト教とを完成されたのである。この一編もまた著者の信仰の精髄（エッセンス）である。第二一巻の「非戦」「社会」の諸論とあわせ読まれたい。

〈真の宗教〉「真正の宗教」（六〇頁）は

真正（ほんとう）の宗教とは、事実の宗教であります。純真理の宗教と称して、哲学者を満足させる宗教ではありません。実物実力の宗教でありまして、常識の人を満足させる宗教であります（六〇頁上）

それでは真正のキリスト信者とはどのような信者であるか。

かくて、われらは真正のキリスト教を信じて、真正のキリスト信者とならなくてはなりません。教会信者や、哲学信者や、あるいは聖書的信者たるをもって満足してはなりません。事実上、神の子供となり、実際的に神の実力を授かり、キリスト教を語る者ではなくして、これを用うる、……そういう人とならなければなりません。すなわちヨブと共に、神にむかって、「われ、なんじの事を耳にて聞きいたりしが、今は目をもて、なんじを見たてまつる（ヨブ記四二・五）と断言し得るようなキリスト信者とならなくてはなりません（六二頁上）

これが著者のキリスト教であり、キリスト信者である。事実上、神の子供となり、実際的に神の実力を授かり、現実的に神を仰いで信仰に生きることである。著者はこの信仰を究極まで追求し、文字どおりにこの信仰に生きたのである。そしてその他のことは一切かえり見ず、一切を不用としたのである。著者が終生宣教師の補助や援助を峻拒しつづけたのは、単なる愛国心や独立心のためだけではなかった。またいずれの教派にも教会にも属さずに無教会主義を貫いたのは、単に教会は無くてもよい、教会は堕落しているから、という理由からではなかった。また政治運動や社会運動にたずさわらなかったのは、単に俗界をいとい、俗事をのがれようとしたためではなかった。著者はキリスト教こそこの真正の宗教であると信じ、その真正の信仰に身をもって生きた結果として、必然的に独立、無教会、孤高の信仰生涯を送ったのである。著者はキリスト教においてこの真正な宗教を発見し、それを文字通りに真正に信じ、純真に生き、勇敢に伝えた人として、近世のキリスト教史上における偉大な功績をのこした人である。この一編に著者の信仰とキリスト教はつきている。

「健全なる宗教」(六二頁)は第一に主観的でなく客観的であり、第二に批評的でなく信頼的であり、第三に明確な来世観をもつものでなくてはならないとし、「文字の排斥」(六五頁)は、かかる宗教は文字をもって伝えることはできない、霊的努力によらねばならぬとする。

「宗教の二種」(六五頁)および「二種の宗教」(六六頁)は宗教には行為本位の宗教と信仰本位の宗教と、すなわち自力宗と他力宗とがあるが、われらは信仰本位であるだけでなく、浄土門の他力本願以上の他力宗であるとして次のような注目すべき断定をくだす。

浄土門の仏教は他力宗であるが、絶対的他力宗でない。信仰を救いの条件として要求する宗教は、いまだ絶対的他力宗と称することはできない。信仰そのものまでを神のたまものとして見るに至って、宗教は絶対的他力宗となるのである。そうしてキリストの福音はかかる宗教である。すなわち絶対的他力宗である(六六頁下)すなわち救いは人の行い、努力、いさおによるのではない、しかり信仰によるのでさえない、ただ十字架上のキリストによるのである、われらのなし得ることはそのキリストを仰ぎみることだけである、その時神はキリストのゆえにわれらを救って下さるのである、信仰さえも神の賜物である、との信仰である。これは『求安録』の結論であり(第一巻一六五頁下参照)、著者が全生涯をかけて一途に信じとおし、必死に唱えつづけて来た福音である(この文は著者六十二才の時の作である)。この一文は著者の信仰とキリスト教の生命である。ゆえに晩年に至って弟子の間から「信じてさえおれば救われる」と唱える阿弥陀仏的新「無教会主義」が生まれるや、著者は沸然として「余は今日流行の無教会主義者にあらず」との宣言を遺したのである（第一八巻一三一頁下、二四七頁参照）。この二編ほど明確に著者の信仰の真髄を語るものはない。

「宗教は原理」（六八頁）は宗教は原理であって儀式、教義、神学、制度ではない、キリスト教はその生命の原理すなわち愛することによって他の宗教より区別されるとする。著者のキリスト教観がいかによくその本質を把握した健全なものであったかを示している。

「宗教は個人的である」（六九頁）は著者がパウロを解することにおいていかに深かったかを示すと同時に、パウロと共に神秘主義者と呼ばれるほどの深刻な信仰の人であった理由を語るものである。

「三種の宗教」（六九頁）は永眠の一カ月前に発表されたものであるが、

今度私が死んだとして、私は私の絶筆としてこの端文をのこして恥としない（七〇頁下）

との決意の下に書かれた著者の最後の信仰の告白である。著者は『求安録』を著わして以来三十五年間、数奇多難な、多岐多端な生涯を送りながら、その単純な信仰はついに微動だもせず、七十歳をもって生涯を終ろうとする時もこの信仰をあざやかに告白しているのである。まことに驚くべき事実であると共に、まことに記念すべき事実である。この信仰告白によって、内村鑑三は永遠に生きるであろう。

「絶対的宗教」（七一頁）と「〔無題（大〔宗教家〕は）〕」（七一頁）の二編は遺稿であるが著者の信仰の傾向を知るための貴重な資料である。

「宗派なき宗教」（七二頁）は「言葉の宗教」（六七頁）と共に、終生教派をきらい、その害を警告しつづけた著者の教派観である。

＜宗教と哲学＞「哲学と宗教」（七三頁）は二者の根本的相違を明らかにしたものである。

〈宗旨の異同〉「宗旨のちがい」（七四頁）は宗旨の異同は信仰の動機といだく人生観とによって定むべきものであるとするもので、著者の信仰の根本をなすものである。上述の「宗教とその必要」（三三頁）の解説を参照されたい。

〈宗教の敵〉「宗教の大敵」（七五頁）は一九〇二年（明治三五年、四十二才）十月十日に東京高輪の西本願寺大学で行なった「予の宗教的生涯の一班」（第一九巻に収録）と題する講演の一節を敷衍したものである。仏教とキリスト教とは相互に相互の大敵ではなく、二者は共通の大敵を持つものである、それは自身宗教を信ぜずに宗教を国家社会の具に利用しようとする福沢諭吉とその門下生らのような人々であるとして、宗教の使命を説き、宗教家の自覚をうながしたものである。次の「宗教の利用について」（七七頁）および「宗教時代の到来について」（八一頁）と共に、気概にあふれた著者の面目のおどるような諸編である。

〈仏教〉の二編は著者がいかに仏教の深い理解者また同情者であったかを示すものである。前述の「宗教とその必要」とあわせ読まれたい。日本の仏教がキリスト教界に著者のような知己を持ち得たことは実に意義深いことで、その歴史的意義は時がそれを明らかにするであろう。

〈宗教と農学・医学〉「宗教と農業」（八七頁）は第三回札幌伝道に際して行なった一連の札幌講演の一つである（『内村鑑三聖書注解全集』第一一巻三一二頁の解説参照）。宗教は農業のように実物の上に立つものであり、農業は宗教なくしては立ち得ないとして、人生最後の大問題は道徳問題であり、それを解決しうるものは最高の宗教なるキリスト教のみであると結論して、著者が農業を去って宗教家となったゆえんを語ったものである。著者の全生涯の働きの素志と意義とを語ってあますところのない一編である。なお後半の筆記は著者のいきいきとした口演をそのままいきいきと伝えた貴重なものである。著者が若い頃から大雄弁家として知られていたのも決して理由のないことではない。

「医術としての宗教」（一〇六頁）は宗教の実際的方面を医学と比較して論じたもので、大胆な、示唆に富む一編である。

＜宗教法案について＞　「宗教法案について」（一一二頁）は当時の若槻内閣（第一次）が帝国議会に提出した宗教の取締りを目的とした宗教法案に反対し、印刷して文部大臣、宗教局長、貴衆両院議員、合せて八二九人へ郵送したものである。また「完全なる自由」（一一三頁）は宗教法案反対キリスト教大会における講演の要旨である。著者のこのような活動はきわめて異例であり、著者がいかにこの問題について憂えていたかを物語るものである。この間の著者の意中は当時の著者の日記にくわしく記されている。一九二七年二月二十一、二十八日、三月十二、十六、十八、二十日の記事につかれたい。なおこの時の文部大臣岡田良平は奇しくも三十年前の「内村鑑三第一高等中学校不敬事件」当時の一高の教授であり、著者を非難排斥した側の急先鋒の一人であった。

摂理　「摂理の事」（一一七頁）は神の摂理を教理、歴史、偉人の伝記、日常の体験などによって説明したもので、慰さめにみちた、著者の代表作の一つである。

奇跡　「キリスト教の重心点」（一三一頁）は奇跡にありとし、「奇跡の存続」（一三一頁）は、キリスト教は道徳ではない、贖罪である。教理ではない、奇跡である。説伏せられて信ずるのではない、神の強き手に捕えられて、その従者となるものである（一三二頁上）とするもので、著者が奇跡（その他の教義問題）を教義として解し信じようとせず、信仰と実験によってそれに生きようとしていたことを示すものである。著者の信仰の生命と力との秘密である。

律法　「破る者破らる」（一三三頁）もまた律法を神学や教義の問題として論じたものではなく、人が神の律法を破るという。しかしながら神の律法は人に破らるべきものでない。人は神の律法を破りて、自ら、おのれを破るのである（一三三頁上）との大きな真理を語ったものである。なお著者の律法観については『内村鑑三聖書注解全集』第二巻のモーセの十戒に関する注解その他を参照されたい。

さばき　「神の裁判」（一三四頁）および「われらの味方」（一三四頁）は、神は事実をもってわれらをさばきたもう、信者の味方は神と時とであり、さばきの現われるのに年月が長くかかればかかるほど神の審判は深刻激烈であるとするもので、著者が生涯の血と涙と祈りとによって体得したさばきの恩寵の表白である。前出の「完全なる自由」とあわせ読まれたい。

祭司　「祭司とは何ぞ」（一三六頁）は祭司の職分を論じ、祭司とは職業的祭司だけでなく、トルストイもカーライルもローエルも祭司であり、われらもまたキリストによって平人の祭司たることができるとするものである。著者自身が按手礼を受けず、弟子たちにも洗礼を授けず、弟子たちもまた洗礼さえ受けずにぞくぞくと伝道者となるのは、実にこの祭司観にもとずくのである。そしてこの祭司観は強い贖罪の信仰に由来するのである。

預言　預言者　著者は生前から「日本の預言者」と呼ばれていた。そして、これは正しかった。著者は風貌、人、文などあらゆる点で「近代の預言者」カーライルに酷似して、見るからに預言者をおもわせる人であっただけでなく、その信仰においても信仰生活においても、旧約聖書の預言者らの精神を最もよく体していた人であったからである。「福音と預言」（一三九頁）以下の五編はこの著者の預言（者）観を語るものである。すなわち預言とは神の義を伝えるものであり、（「福音と預言」）、真の預言者とは神以外の何ものにも頼らずに、神に代って、世と人とを恐れずに預言する者であるとし（『偽預言者とは何ぞや』（一四八頁））、そのことを偽預言者と比較して明らかにする。著者によれば偽預言者とは神の真理を国家の利益に供し、神の事よりも国家、社会、人のことを先にするものであり、従って偽預言者とは真預言者の出現によって始めて偽であることがハッキリする者で、実はその時代の愛国者、大宗教家、聖人として世と人からあがめられる者である、ゆえに哲学者オイケンさえも偽りの預言者であると断定する(「偽りの預言者」(一三九頁)、「にせ預言者とは何ぞや」(一四八頁))。実に思い切った断定である。しかしこれはイスラエルの預言者の本質と聖書の預言の精神とを喝破したものであり、同時に著者の信仰と精神と生涯の真髄を明らかにするものである。

「農夫アモスの言」(一四〇頁)は「貞操美談ルツ記、一名、嫁としゅうとめの福音」(『内村鑑三聖書注解全集』第三巻五九頁)についでものされた著者の第二番目の聖書注解である。日清戦争直後の作であるが、今日もなおそのままに生きている。

予定　「予定の事」(一五五頁)は最も難解とされる教義問題の一つであるこの問題を、その意義と実際の上から説明し、それに伴って起こる疑問や懐疑を明快に解いたもので、著者ならではものし得ない代表的な作である。後に『苦痛の福音』と題する論文集に再録されたことでもわかるように、慰さめと励ましにあふれた力ある一編である。なおこの問題については著者の万人救済説に対する考えを参照されたい(第五巻一二六頁以下の「戦場ケ原に友人と語る―神の無窮の愛について」および「余の信仰の真髄―人類の普遍的救済」、ならびに第一二巻一五〇頁以下の「普遍的救済」および「再び万人救済説について」を参照)。

聖召　「聖召の祝福」(一六九頁)は伝道者は神に召されてなるべき者で、人が自ら選んでなるべき者ではないとするもので、著者自身の生涯の体験に基く聖召観であり、また伝道観である。第一七巻「伝道」の各編、特に三一八頁を参照されたい。なお聖召問題の詳細については『内村鑑三聖書注解全集』中のアブラハム以下の聖召に関する注解につかれたい。

神学・教義　内村は偉大な預言者ではあるがその神学はみじめなものである、彼は深遠な信仰家ではあるがその教義学は心細い、というのが一般の見方である。彼の弟子たちもその点に心細さを感じて、内村神学や内村教義学(例えば無教会主義論)の創設や体系化に腐心する。このことはいかにも当っているように見える。第一に著者は生来神学や教義の人ではなかった。学校や大学のすべての課程で常に最高の成績をかち得ていた著者が、アマスト大学の心理学では落第し、倫理哲学の成績がかんばしくなかったことや、神学校に数ヵ月以上留まれなかったことでも明らかである(第二巻二三六頁下、一三三頁以下参照)。第二に自然科学を学びまた愛していた著者は、信仰のことでも、事実を重んじ実験の上に立って信じる人であった。すなわち神学にもとずいてキリスト教を信じ、教義によって信仰を説くことはしなかった。そしてそれが著者の生命と力との秘密であった。

しかしこの事は著者が神学を無視し、教義をうとんじたということではない。著者が嫌いさけたのは、信仰をはなれたいわゆる神学と、生命を失ったいわゆる教義とであった。著者は神学と教義の神聖さと重要さとを認め、その研究に努めることでは決して人後におちなかったのである。

それでは著者は神学と教義とをいかに見、いかに解し、この問題でいかなる立場に立っていたか。「教義研究の必要」(一七二頁)は

多くの人が、キリスト教は知るにははなはだ易(やす)き宗教であると思う。キリスト教の困難なるは、これをおこのうにあって、知るにあらずと思う(一七二頁上)

しかしながら、これではいけない。神は人に理性を与えたもうて、理をもって彼らを動かしたもう(一七三頁上)道理を無視して、これを卑しめて、何事も解することができない。天啓と称して、決して道理を離れて下るものでない。われらは道理によりて知り得るだけ知りて、それ以上を天啓によって補うていただくのである(一

七三頁上）とし、最後に

道理の無きところに、迷信と教会の教権とが跋扈（ばっこ）する。慎むべきである（一七三頁上）

と結ぶ。著者の神学観と立場とを実に明快に語ったものである。

「パウロなかりせば」（一七三頁）は神学創始者としてのパウロを弁護しまた解説して、

〔第一に〕パウロはキリスト教をむずかしくしたのではない。深くしたのである。人の心の奥底にまで達する宗教としたのである。まことにパウロによってキリスト教は宗教となったのである。道理にかなうキリスト崇拝は、パウロをもって始まったのである（一七四頁上）

〔第二に〕パウロの神学たる、神学のための神学ではなかった……しかり、パウロの神学たる、新たに神学を建てるための神学ではなくして、旧（ふる）き死せる無用なる神学を壊（こぼ）つための神学である。パウロの神学は明らかに反神学的である。たぶんパウロほど神学論をきらった者はあるまい……彼の神学は神学掃攘のための神学であった。ゆえに実際的に最も有益なる神学であった。神学がことごとくパウロの神学のごときものとなって、信者も教会も神学の害をこうむらざるに至るのである（一七六頁）

とする。パウロとパウロ神学とを語って、情理ならび至る名編である。パウロが内村か、内村がパウロかとまがうばかりにパウロを熱愛してやまなかった日本の another Paul（第二のパウロ）なる著者にして始めて綴りえた一編である。同時に著者の神学の本質と精神とを語ってあますところのない一編である。

このような著者の神学は詩であり、歌であり、音楽であって、従って信者は、各自、その知識の程度に応じて神学者であり（「信仰と神学」（一七八頁））、学問としても最上の、最もうるわしい学問であり（「神学の解」（一七九頁））、客観的な旧神学は、自己意識の病的探求に没頭する主観的な現代神学にまさること数等である（「現代神学について」（一七九頁））。さらに神学は信仰の結晶したものか、さなくば化石したもので、生命なる信仰はとうてい組織され、また定義されるべきものではない（「神学瑣談」（一八〇頁））。また神学者は神学を知らず、宗教家は宗教を知って人生を知らない。ゆえに神学界にどんな動揺があろうとも少しも憂うるに足らないのである（「神学雑談」（一八三頁））。

教義の問題については著者は「教義と儀式」（一八六頁）でその立場をハッキリと表明する。

教会の信条（ドグマ）としての教義はこれを受けない。しかしながら信仰の実験の表明としての教義はこれを唱える。余輩は無教会信者であればとて教義を無視しない。外より課せらるる教義（信条）は絶対的にこれを拒否するも、内なる実験の表明としての教義はこれを唱道せざるを得ない（一八六頁上）

多くの場合において、教義なきは、信仰なきの証拠である。儀式を避くるは、勇気に欠くるの証明である。信仰は教義をもって現わるるだけの明確を要し、また公然とこれを発表するの勇気を要するのである（一八六頁下）

一点の疑義をはさむ余地のない、火を見るような、実に明快な論旨である。著者は福音を伝えたが、教義は決して強いなかった。そしてその結果信仰によって求められれば喜んで聖餐を授け、洗礼を施した。すべてこの立場から、信仰によって行なったもので、決して矛盾の多い詩人の気まぐれではなかった。この著者を指して、無洗礼、無聖餐の無教会主義の創始者と呼ぶことほど、愚かしい誤りはない。

「世界と共に醒めよ」（一八八頁）は著者がドイツ神学の危険性を指摘した注目すべき一編である。著者は晩年、弟子たちのドイツ流聖書学によって少なからず苦しめられた。

安息日　「安息日聖守の動機」（一九三頁）は信者が安息日を守るのは感謝の日として、信者として自然的に当然に守るのであるとするもので、著者の安息日観をよく示したものである。

礼典　「バプテスマと聖餐」（一九六頁）は著者がバプテスマと聖餐を信じるが、それは教会の儀式としてではなく、信仰の表号として信じるのであり、バプテスマはキリストの死と復活に関する表号であるから、必ずしも水による必要はなく、神の霊による洗礼こそ真の洗礼であり、聖餐はキリストの霊の生命の摂取の表号であるから、必ずしもパンとブドウ酒による必要はなく、聖書を研究し、霊読することこそ真の聖餐であるとするものである。著者はこの信仰に立って生涯福音を説きつづけ、聖書を伝えつづけて、無数の人に聖霊の洗礼と聖言の聖餐とを授けつづけたのである。著者の偉大な伝道の実績が、その証明である。著者は日本にあって、洗礼と聖餐とを最も霊的に解し、伝え、実行したのである。これもまたキリスト教史に特筆さるべきことである。

「洗礼晩餐廃止論」(二〇一頁)は札幌独立教会に起こった洗礼晩餐無用論について同教会の有志から意見を徴され、それに答えて綴ったもので、一九〇一年(明治三四年、四十一才)二月に『聖書之研究』に発表されたものである。この間の事情は次のとおりである。

著者たちが造った札幌教会は、一八八三年(明治一六年、二十三才)十二月に著者が東京へ去ってから三年の後、同窓の第一期生であった農学校教授の大島正健が牧師を兼務し、教勢とみにふるっていたが(第二巻六〇頁参照)、やがて面倒な問題が起こった。按手礼を受けていない素人牧師の大島が洗礼や聖餐を授けるのはけしからんという非難であった。その声は次第に高まり、越権である、違法である、無効であるとの攻撃となり、ついには札幌教会は異端邪教であると叫ぶ者さえ中央のキリスト教界の名士の中に現われるに至った。ここに至って札幌教会は新島襄の勧告をいれて大島を東京へ送り、諸教会の牧師立会の試験を受けさせた。大島は無事これに通過して按手礼を受けた。その席上、無教派の札幌教会の教義上の責任は新島の組合教派に一任された。かくて洗礼、聖餐の問題は解決したが、同時に組合派は札幌教会が同派に加わったかのように言いふらすに至ったため、札幌教会の人々は今さらに事の重大性に驚き、むしろ一平信徒なる大島君を有する方がはるかにうれしいことであった、と後悔するに至った。その後、時勢の影響もあり、教勢は次第に衰ろえ、一八九九年(明治三二年、三十九才)には、日曜礼拝に集った者は日曜学校の教師だけということさえあった。

しかし一九〇〇年(明治三三年、四十才)に入るや札幌教会はにわかに活気を取りもどし、当時農学校生徒だった有

島武郎、森本厚吉らの青年を中心に、全会員がいっせいに生き生きと動き始め、二月十八日臨時総会を開き、

一、札幌基督教会を札幌独立教会と改める
二、牧師は会衆を牧し礼拝伝道および典礼を司どる
三、牧師は教会員の総意によってえらび決定する

の三件を付議した。「独立」の文字を公然と加え、教会員は総意により按手礼を受けていない者をも牧師として選び得るようにしようとするのである。この案は六時間の激論の末通過成立し、札幌教会は二十年の長い眠りから覚めて、名実共に創始当時の独立の精神を取りもどして立ちあがったのである（第二巻五九頁上参照）。

この報は、奇しくも『東京独立雑誌』を廃刊して『聖書之研究』を創刊し、伝道の意気に燃えつつあった著者のもとへもたらされ、久しく絶えていた著者と札幌教会およびその重鎮である宮部金吾との交わりが回復された。著者は「札幌独立教会」なる一文を草して『聖書之研究』の一九〇〇年十一月号にかかげると同時に（第一八巻四六頁）、招かれるままに教会員として復帰し、（著者は不敬事件の直前退会を申出ていた—山本泰次郎著『宮部博士あての書翰による内村鑑三』第四〇信参照）、訪問伝道の求めに応じ、それに先きだち、質疑に答えて、この『洗礼聖餐廃止論』を発表した。札幌教会では有島以下の青年会員が中心となって、洗礼聖餐を廃止しようとしていたのである。

この論文は著者の信仰観、教会観、礼典観を条理をつくして理路整然と、しかも明快に、痛烈に語り、

ゆえに吾人をして、ここに断然、聖式不必要論を実行せしめよ。しかしてこれを実行して、世の形式に誇る者に、主の恩恵のいよいよ豊かなるを知らしめよ。余輩は信ず、聖式に附着する多くの迷想誤信を排し、これをして再びその真正の効果を奏せしめんためには、まず一たび、これ〔聖式〕を廃し、霊の力のみにたよって、しかる後に、その〔聖式の〕、霊の実力の表彰なるを知らしむるにあり、独立教会の天職、あるいはこのあたりに存せざるか（二〇五頁上）

と結論するものである。これを得た独立教会は翌年三月七日の総会でついに洗礼晩餐停止を決議し、その秋著者を

迎えてさかんな福音戦線を張った（第一回札幌伝道）。著者の生涯における特記すべき出来事であり、この論文は著者のかず多くの論文の中でも最もすぐれた、かつ重要なものの一つである。なおこの時札幌において、また東京において、この事に関してしきりに活躍した中心人物の有島は（前掲『宮部博士あての書翰による内村鑑三』第八章「伝道の開始―第一回札幌伝道」参照）、後年背教して著者を悲しませる。後出の「背教」の項を見られたい。

神癒　「神癒について㈠」（二〇九頁）以下の三編によって、著者は神癒を信じるが、同時に医師にかかることの必要を強調し、神は祈りにこたえて病を癒して下さると共に医師と医術とをもって病人を助けて下さるとし、ゆえに信者は熱心に神に祈ると共に医術に頼るべきであり、ヤコブ書五・一四は医師にたよるなと教えたものではないとし

祈禱で病がなおると決まりますならば、キリスト教はすみやかに俗化してしまいます（二一五頁上）

と警告する。神癒問題に対するこの態度は、著者の信仰が正統的であると同時に、いかに健全であるかを示すものである（二一九頁下の結びの句を参照）。

異端　「異端」（二二〇頁）は

異端、異端と言う。しかし実は世に異端ほど貴いものはないのである。世に異端があればこそ、進歩があるのである。預言者は異端であった。イエスも異端であった。パウロも異端であった。ルーテルも異端であった。ウェスレーも異端であった。異端であったからこそ、彼らは今日なお世に勢力があるのである。……異端は独創の思想である。……異端は真理の直参（じきさん）である。……ゆえに異端は常に新鮮である。……異端は多くの誤りにおちいる。しかしながら常に進む。……老人はことごとく正教に帰依（きえ）すべきである。……異端は青年と壮士とは異端を試むべきである。余輩は山川を跋渉（ばっしょう）するの心をもって、好んで異端に入る

者である（二二〇頁上）

と著者が異端を恐れないのみか、かえって異端の貴さを認め、自ら異端であることを宣言したものである。まことに得難い貴重な文字である。このわずか九〇〇字の短い一文ほど、内村鑑三その人を活写したものはない。これが内村鑑三である。著者は世にすね、世にいれられぬままにアウトサイダーの生涯を送ったのでは決してない。異端を愛し、真理に生き、常に新鮮な独創と、激しい自由と、燃えるような生命とにあふれていた勇ましいプロテスタントであったのである（第一五巻一五四、三二四頁参照）。

背教　著者は終生弟子たちの背教に苦しめられた。明治、大正の有為な青年は、皆一度は著者に学んだと言っても過言でないほどに、実にたくさんの群が著者のもとへ集まったが、しかし著者にそむき、キリスト教をすてたものもまた実に想像以上に多かった。有島武郎、小山内薫、志賀直哉、倉橋惣三、鹿子木員信など枚挙にいとまがないほどである。背教という文字と背教者という言葉とは柏木（著者の居住地）の特産物かと思われるばかりであった。背教者の一人である小山内薫は一九二三年（大正一二年）に『東京朝日新聞』に小説「背教者」を連載して著者の心をいたましめたが、これは著者とその弟子たちとに取材したものであった（この小説は中断された）。このように多くの背教者を生んだのは、著者の信仰とキリスト教とが余りにも深刻であり、純粋に過ぎたためであるが、そのために著者がいかに生涯苦しめられとおしたかは想像に余るものがある。著者は晩年「青年たちは皆ぼくをすてて行った、しかしそのたびにぼくを偉くしてくれた」と述懐していたが、有為な青年の背教ほど著者を悲しませたものはなかったのである。その中でも有島武郎の背教と情死とは最もきびしい衝撃を著者に与えた。事の次第は「背教者としての有島武郎氏」（三三三頁）に明らかであるが、二二三頁下段の宮部邸における会談については、後年有島もその著『リビングストン伝』の改訂版の跋文でふれている。この時有島が内村の前に、自分には贖罪の信仰がどうしても信じられない、と縷々（るる）陳べたところ、じっとそれを聞いていた内村は最後に、「ソレじゃ、マア、君の思うとおりにやって見たまえ」とつぶやくように言ったという。有島は「その時の先生の淋しそうな顔をいまでも忘れることができない」と述懐している。これは一九一二年（大正元年）秋の第三回札幌伝道中の出来事であった。ルツ子の死につづくこの時の伝道のさかんな成功の蔭に、こんな悲しいエピソードがあったのである。そしてそれから十一年の後に悲劇が起こったのである。著者が激しい感慨と憂えと怒りとに襲われたのも、決して無理からぬことである（「宗教と農業」（八七頁）、第一七巻二七一頁「北海の秋」および山本著『宮部博士あての書翰による内村鑑三』第十一章「第三回札幌伝道」参照）。

人　〈人の本性〉「人の三性」（二二八頁）については『内村鑑三聖書注解全集』第一三巻の「人の三分性」（二二六頁）をあわせ読まれたい。

「聖書における人」（二三四頁）は人を崇拝することの愚と誤りとを説いたもので、著者はこの精神に生き、実践していた。著者を崇拝し、かつぎ、祭ることほど著者を侮辱することはない。

「人と天然」（二三九頁）以下の三編は著者の人間観がいかに厳粛で、神聖なものであったかを示し、「百姓演説」（二四七頁）は、ゆえに、まず人を造らねば何事も望み得ないとする。著者の救済に関する根本精神である。

〈霊・肉〉の二編は二者の意義と関係とを、〈生命〉の各編は生命の貴重なゆえんを、それぞれ聖書とキリスト教の精神によって明らかにしたものとして、極めて明快かつ重要な文字である。

〈義〉の諸編は義の意義と義の重んずべき理由とを明らかにしたもので、著者ならでは期待し得ぬ貴重な文字である。「美と義」（二六一頁）は有島事件の直後に語られたものである。前出の「宗教と実際生活」および「背教者としての有島武郎氏」とあわせ読まれたい。

宣教師　著者は終生宣教師からの独立を叫びつづけ、自らビタ一文の補助をも受けず、内外から宣教師ぎらい、宣教師の敵として非難、攻撃の的となっていたが、それが人種問題や個人関係、あるいは偏狭な愛国心に原因するものではなく、全く著者のいだく信仰とキリスト教の根本原理と根本精神に基くものであること、すなわち全く公けの問題であることがここに明らかにされる。そして著者のこの宣教師観は、今日までの事実がすでに、その正しかった事を証明したし、今後の歴史はさらにそれを決定づけるであろう。

巻頭の写真は第三回札幌伝道の折の撮影にかかるものである。

山本泰次郎

内村鑑三信仰著作全集　第14巻
（オンデマンド版）

2005年12月1日　発行

著　者　内村　鑑三
編　者　山本泰次郎
発行者　渡部　満
発行所　株式会社 教文館
〒104-0061　東京都中央区銀座4-5-1
TEL 03(3561)5549　FAX 03(5250)5107
URL http://www.kyobunkwan.co.jp

印刷・製本　株式会社 デジタルパブリッシングサービス
URL http://www.d-pub.co.jp/

配給元　日キ販
〒162-0814　東京都新宿区新小川町9-1
TEL 03(3260)5670　FAX 03(3260)5637

AD122

ISBN4-7642-0221-2　Printed in Japan